数智化时代民营企业

转型升级机理与路径研究

陆奇岸◎著

企业管理出版社
ENTERPRISE MANAGEMENT PUBLISHING HOUSE

图书在版编目（CIP）数据

数智化时代民营企业转型升级机理与路径研究 / 陆奇岸著 . —北京：企业管理出版社，2023.6

ISBN 978-7-5164-2849-8

Ⅰ . ①数… Ⅱ . ①陆… Ⅲ . ①民营企业 – 企业改革 – 研究 – 中国 Ⅳ . ① F279.245

中国国家版本馆 CIP 数据核字 (2023) 第 100644 号

书　　名：数智化时代民营企业转型升级机理与路径研究
作　　者：陆奇岸
责任编辑：杨慧芳
书　　号：ISBN 978-7-5164-2849-8
出版发行：企业管理出版社
地　　址：北京市海淀区紫竹院南路 17 号　**邮编：**100048
网　　址：http://www.emph.cn
电　　话：发行部（010）68701816　编辑部（010）68420309
电子信箱：314819720@qq.com
印　　刷：北京虎彩文化传播有限公司
经　　销：新华书店
规　　格：710 毫米 ×1000 毫米　16 开本　16 印张　228 千字
版　　次：2023 年 6 月第 1 版　2023 年 6 月第 1 次印刷
定　　价：88.00 元

前　言

“这是最好的时代，这是最坏的时代；这是智慧的时代，这是愚蠢的时代；这是信仰的时期，这是怀疑的时期；这是光明的季节，这是黑暗的季节；这是希望之春，这是失望之冬；人们面前有着各样事物，人们面前一无所有；人们正在直登天堂，人们正在直下地狱。”

——狄更斯《双城记》

这是最好的时代，也是最坏的时代。人类历史长河中，全球经济格局正在发生重构。旧的规则正在打破，新的时代已经到来。在动荡、不确定性、复杂且模糊的VUCA时代，企业求生存求发展，实现基业长青，除了转型别无选择。“要么转型，要么死亡。”这是变革时代对民营企业发展提出的客观要求，也是必然选择。

全球经济格局的变革要求民营企业必须转型升级。全球经济下行压力使世界经济格局发生重大变化，进入中低速缓坡增长区，全球化与反全球化的博弈，国际贸易保护主义壁垒日益深化复杂，国际间的金融博弈正变得更加复杂，直接影响到世界各国的贸易。国际市场的压力从客观上要求民营企业必须加快转型升级步伐。融资困难、成本上升、通货膨胀等一系列因素，进一步加大了民营企业生产经营的压力，因此在当前经济形势下，民营企业变则通、转则存。

经济发展规律要求民营企业必须转型升级。国内外经济发展历史经验表明，在人均GDP超过3000美元后，经济发展模式会从依赖要素资源消耗向依靠科技与管理转变。2015年，我国人均GDP已超过8000美元，2018年我国经济总量超过13.6万亿美元，位居世界第二。随着供给侧结构性改革，我国产业结构调整继续深入推进，一二三产业的结构关系继续向协调化、融合化方向发展。工业继续向中高端迈进，规模以上高技术产业增加值继续保持较快增长。“十四五”期间，将是我国民营企业转型升级的重大战略机遇期，因此转型升级是民营企业抓住机遇、应对挑战、顺应经济发展规律的必然选择。

民营企业生存现状倒逼自身加快转型升级。当前我国经济进入新常态，进入高成本时代，人口红利优势显著减弱，原材料成本不断上升、环保压力不断增大、能源价格市场化改革不断推进、人力成本不断上升和社会保障水平不断提高等，这一切带来的成本提高已成为民营企业发展必须面对的新现实，以牺牲环境和劳动者福利获得低成本资源和廉价劳动力的经营模式已经不能满足新常态对企业发展的要求，民营企业亟待寻找一条新的生存和发展之路，只有向价值链中高端攀升，向智能化、绿色化产业发展，不断提升科技含量和产品附加值，才是民营企业实现可持续发展的必由之路。

企业转型升级意味着对旧规则、原有经营方式的否定，带来的是战略的重新规划、商业模式的改变、资产的重置、新技术的引进、流程的优化、管理模式的创新等。这些变革对于民营企业来说既是机遇，也是挑战。转型过程将会面对各种各样的风险，同时，转型升级对于企业人才、资金、技术等资源都有着极高的要求，这也是民营企业转型升级会面临的难题。

本书在阐述民营企业转型升级相关理论的基础上，研究了民营企业传承与转型的关系、民营企业转型升级的制度环境、民营企业转型升级的机理、路径与战略选择、民营企业转型升级的障碍及其突破、民营企业转型升级的风险及其防范等，全方位探讨民营企业转型升级问题。

本书是广西高校科学技术研究重点课题项目“广西民营企业转型升级路径研究”（ZD2014019）、广西哲学社会科学规划项目“‘一带一路’建设背景下广西中小企业国际化能力培育及其竞争优势构建研究”（15GL009)等课题的研究成果，旨在为民营企业提供可资使用的转型升级框架，增强民营企业转型升级的紧迫性与战略意识，发现、分析并解决民营企业转型升级过程中的问题与障碍，揭示民营企业转型升级的机理、路径与战略选择，帮助民营企业成功转型升级，提升其转型升级能力与抗风险能力。

在撰写本书过程中，我们尽可能做到信息丰富、紧跟时代，客观科学反映民营企业转型升级研究与实践的最新发展与成功经验。同时，在本书写作过程中，我们参考和引用了国内外大量的文献，除注明出处的部分外，限于体例未能一一说明。在此，谨向作者们表示最衷心地感谢。感谢企业管理出版社的领导和编辑对本书编写给予的指导和帮助，才使本书得以出版。虽然我们尽可能吸收管理学科的最新理论和成果，但由于水平有限，书中难免存在观点上的谬误和偏差，敬请广大读者不吝赐教。

2022 年 12 月于桂林

目　录

第3章 中国民营企业转型升级的历程与战略意义

第 4 章 民营企业转型机理与升级路径选择

第 1 章　绪　论

易穷则变，变则通，通则久。

——《周易·系辞下》

在未来，绝大部分企业都必须比原先更频繁地分析市场、调整战略、开启转型并引领转型。如果企业还固守其原有的行为模式和经营思路，将无法在新的环境中立足，最终会被市场淘汰。

——[美]拉里·博西迪，拉姆·查兰

至少有 40% 的企业将会在未来 10 年消失……如果企业无法及时转型以适应新技术。

——[美]约翰·钱伯斯

1.1 研究背景与研究意义

近年来，受经济规律和全球经济下行压力的双重影响，增速放缓成为我国经济发展的新常态，转型升级（transformation and upgrading）成为新常态下企业发展的必然选择。相对于国有企业，处于技术变革、全球竞争、经济转型、产业升级交错过程中的中小民营企业面临着更多的环境动荡性、复杂性和不确定性，如何成功实现转型升级以适应复杂多变的外部环境，推动企业可持续健康发展已成为我国中小民营企业成长亟待解决的重大课题。

1.1.1 研究背景

民营企业是人类历史上最古老、也是最普遍的企业组织形式。据美国学者克林 · 盖尔西克（1997）的研究，即使最保守的估计，家庭所有或经营的企业在全世界企业中仍占 65% 到 80%，世界 500 强企业中有 40% 由家庭所有或经营。① 在我国经济发展历程中，民营企业也扮演着极其重要的角色，是创业就业的主要领域、技术创新的重要主体，是国家税收的重要来源。根据国家市场监督总局的信息：2012-2021 年，我国民营企业数量从 1085.7 万户增长到 4457.5 万户，在企业总量中的占比由 79.4% 提高到 92.1%。民营企业税收贡献比例超过 50%，投资占比超过 60%，发明创新占比超过 70%。② 可见，民营企业已成为我国最具活力、最具创新能力、最具发展潜力的经济力量，是我国国民经济的重要组成部分。

我国民营企业虽然发展迅速，但是随着竞争的日益激烈，特别是受到复

① 赵永杰. 家族企业转型探究——基于动态能力生成机理与路径 [M]. 北京：中国时代经济出版社，2017.

② 资料引自国家市场监督总局官网 .

杂严峻的国际形势和新冠疫情的冲击，其生存与发展面临挑战。众所周知，家族企业存活的概率很低，只有不到30%的家族企业可以延续到第二代。这之中，又只有10%的企业能够成功地传到第三代。[①]Morris等人（1997）的研究也表明，全世界家族企业的平均寿命只有24年，家族企业中仅有30%能够存活到第二代，15%左右能够延续到第三代以上。我国民营企业生命周期更短。据《中国民营企业发展报告蓝皮书》报告，全国每年新生15万家民营企业，同时每年又有10万多家企业死亡，有60%的民营企业在5年内破产，有85%的企业在10年内死亡，其平均寿命只有2.9年。

目前，我国民营企业正处于第一代创业者和第二代继任者交接传承的关键时期，由于缺少有效传承的制度和战略性思考，民营企业普遍面临持续发展的制约和跨代创业成长的挑战，转型升级已成为我国民营企业发展的必由之路。特别是近年来，我国经济步入了新常态，在劳动力成本优势丧失、产能过剩问题严重、经济下行压力加大、消费需求升级的背景下，我国经济发展模式开始由投资驱动转向创新驱动，产业从低端向中高端迈进，在供给侧结构性改革背景下，民营企业加快了转型升级的步伐。“机遇就在眼前，选择只有两种：一是二次创业，二是全面转型。”[②]“错过了这班车，也许你就再也跟不上了。”[③]詹姆斯·柯林斯和杰里·波勒斯的研究认为，一些公司之所以能够基业长青，其中的一个原因是那些公司都进行过重大的变革。这些都说明民营企业转型升级的重要性和必然性。但是，民营企业为什么要转型升级，怎么转、怎么升，转型升级的关键性问题是什么，这些都成为我国民营企业当前急需解决的难题。

---

① 伊万·兰兹伯格. 家业永续——家族企业如何成功地完成代际传承 [M]. 许玉林，付亚和，等译. 北京：商务印书馆，2005.

② 拉姆·查兰. 引领转型：如何在大变革时代实现企业成功转型 [M]. 杨懿梅，译. 北京：机械工业出版社，2015.

③ 托马斯·西贝尔. 认识数字化转型 [M]. 毕崇毅，译. 北京：机械工业出版社，2022.

1.1.2 研究意义

基于以上的背景分析，本书以民营企业为样本，根据民营企业自身的特点及优势，深入分析和研究民营企业转型升级的现状、动因、影响因素、转型升级的内在机理、路径及战略选择、转型升级的关键性要素等问题。因此，本书的研究既有理论价值，又有实践意义。

从理论意义上看，本书通过对民营企业转型升级的研究，探索归纳出民营企业成功转型升级的共性机理，以丰富我国中小企业的成长理论，从而为更多的民营企业及其他中小企业找到更适合的促进其转型升级的方式与路径提供理论依据。

从实践意义上看，通过民营企业成功转型升级的机理研究，能够更准确地识别民营企业转型升级的现状、障碍，使政府在扶持和帮助民营企业发展时更有针对性，保障政府供给的有效性。同时，本书的研究成果不仅能更好地为民营企业转型升级提供理论依据，为民营企业发展提供宏观战略建议和微观行动指导，也可为我国中小企业的转型升级提供可借鉴的经验。

1.2 国内外研究现状

由于国际经济形势复杂多变，加上新冠疫情的影响，民营企业的发展面临更加严峻的困难与挑战。转型升级成为民营企业应对困难与挑战的战略选择，是促进中国经济结构调整、高质量发展重要的企业行为之一，也是 10 多年来中国企业管理领域的重大实践，受到了学术界的广泛关注。理论界的相关研究从企业转型升级的概念、动因、路径、风险以及衡量标准等多个方面展开探索，取得了一系列研究成果。特别是吴小节等人（2020）在《中国企业转型升级研究的知识结构与未来展望》一文中提到的观点，构建了该领域的“2W1H”研究框架（见图 1-1），具体包括什么是企业转型升级（what）、企业转型升级的前因后果（why）和如何推动企业转型升级（how）。

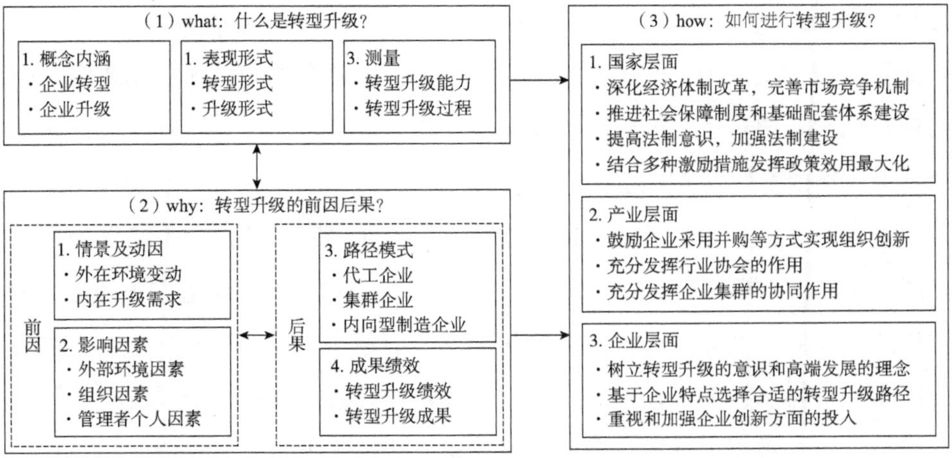

图1-1　中国企业转型升级研究领域的2W1H框架

资料来源：吴小节，谭晓霞，陈小梅，等．中国企业转型升级研究的知识结构与未来展望[J]. 研究与发展管理，2020,32(2):167-178.

首先是 what 的问题，即什么是企业转型升级。对企业转型升级概念内涵和测量方法的清晰界定是进一步科学研究的基础和前提。现有研究主要包括概念内涵、表现形式和测量 3 个方面的内容。其次是 why 的问题，主要回答企业转型升级的前因后果问题，即企业为什么进行转型升级，其影响因素有哪些。这些因素又是如何影响企业转型升级路径模式的选择，转型升级的成果绩效是什么。这部分主要包括情景及动因、影响因素、路径模式和成果绩效 4 个部分的内容。最后是 how 的问题，即如何推动企业转型升级。这部分分别从国家层面、产业层面和企业层面 3 个维度为政府推动企业转型升级提出政策建议。下面我们从内涵、类型、动因、路径及影响因素等方面进一步阐述企业转型升级的研究成果。

1.2.1　企业转型升级内涵的研究

关于企业转型升级的概念，目前理论界还没有一个统一的界定。国内外学者主要从企业转型和企业升级两个方面探讨企业转型升级的内涵。一些学者对企业转型进行了研究。Levey 和 Merry（1986）将企业转型视为一种根本性的、彻底全面的变革，认为“组织转型需要解决组织的核心流程、精神、意识、创新能力和进化等方面的问题”；Hammer 和 Champy（1993）认为，企业转型是指企业为了生存或者更好发展，在重新思考和检讨功能式组织结构的基础上，通过企业的管理改革，使组织在成本、质量、服务等关键绩效指标上获得根本性改进的过程；吴家曦和李华燊（2009）认为，企业转型是一种状态向另一种状态的转变，即企业在不同产业之间的转换和不同发展模式之间的转变。① 吴小节等人（2020）认为，转型升级是一个涵盖宏观经济、中观产业以及微观企业层面的概念。从宏观经济层面来说，转型升级主要体现为国家经济体制机制以及经济发展方式的转变升级，强调整个国民经济体制与结构的质变过程。从中观产业层面来说，转型升级主要强调产业结构和产业体系的转型升级，具体包括单一产业的价值链升级、产业内部结构优化和升级以及整体产业的转型升级 3 个方面。从微观企业层面来说，企业转型升级则主要强调企业产品或服务附加值和技术提升的过程，这既体现为企业商业模式、组织结构等方面的转变，也体现为企业价值链环节的提升或者企业的跨行业价值链发展。②

另外一些学者对企业升级进行了研究，并根据不同标准划分了不同的升级方式。Gereffi（1994）认为，企业升级是企业迈向更具获利能力的资本和技术密集型经济领域的过程，即企业在在产业链和价值链上位置的提升，一般通过创新和整合来实现。Humphrey 和 Schmitz（2000）认为，企业升级是指企业通过获得技术能力和市场能力，改善其竞争能力以及从事高附加值的活动；他们（2002）进一步指出，发展中国家企业维持其收入或者能使其收入增长，就是企业升级。Poon（2004）认为，企业升级是指企业通过获得技术能力或市场能力改善自身的竞争能力，使企业进入获利更高的资本密集型和技术密

① 吴家曦，李华燊．浙江省中小企业转型升级调查报告 [J]．管理世界，2009(8):1-9.

② 吴小节，谭晓霞，陈小梅，等．中国企业转型升级研究的知识结构与未来展望 [J]．研究与发展管理，2020,32(2):167-178.

集型经济领域的过程①。吴家曦和李华燊（2009）在总结前人研究的基础上指出，无论从哪个层面看，企业转型升级都包括由低技术水平、低附加价值状态向高技术水平、高附加价值状态演变的过程②。金碚（2011) 认为，企业转型升级是一个涉及技术、体制、利益、观念等各个方面深刻系统性变革的过程。这一转变过程与企业自主创新能力的提升是密不可分的，企业自主创新能力的形成是转型升级关键的因素。赵昌文和许召元（2013）认为，企业转型升级是指企业通过组织重构、管理变革和发展模式的转变，实现由低技术水平、低附加价值状态向高技术水平、高附加价值状态演变的过程。③

1.2.2 企业转型升级类型的研究

Bibeault（1982）将企业转型分为五种类型，即企业管理模式转型、企业商业运作模式转型、企业适应外部环境转型、产品创新转型以及与政府政策相关联的转型。Humphrey 和 Schmitz（2002）从价值链的角度总结了企业升级的方式，认为有过程升级、产品升级、功能升级和部门间的升级四种不同类型的企业升级方式。吴家曦和李华燊（2009）认为，企业转型升级可以从转型和升级两个层面来理解。转型可分为转行和转轨。前者是指企业在不同产业之间的转换，包括：（1）主业不变进入新行业；（2）主业转向新的行业，但仍保留原行业；（3）退出原行业，完全进入新行业；（4）在本行业中向上游产业延伸；（5）在本行业中向下游产业延伸；（6）从制造业领域转向服务业领域。后者是指企业在不同发展模式之间的转变，主要内容包括：（1）企业类型转型；（2）商业模式转型；（3）进入新的市场；（4）管理转型；（5）创业者自身转型。而升级是指创新，主要包括：（1）开发新产品；（2）提高产品技术含量；

① Poon，T S C. Beyond the global production networks: a case of further upgrading of Taiwan's information technology industry[J]. Technology and Globalization，2004，1(1): 130-145.

② 吴家曦，李华燊．浙江省中小企业转型升级调查报告 [J]．管理世界，2009(8):1-9.

③ 赵昌文，许召元．国际金融危机以来中国企业转型升级的调查研究 [J]．管理世界，2013(4):8-15.

（3）打造名牌产品；（4）战略重点从生产向研发转移。可见，学者们对转型升级的研究各有侧重。

1.2.3 企业转型升级动因的研究

已有的研究从不同视角研究了企业转型的动因并将各种动因划分为不同类型，如内部-外部因素、主观-客观因素、拉动-推动因素、压力-能力因素等。①

Reger（1992）认为企业变革受多种因素影响，如外部环境、科技水平、组织文化等。当外部环境稳定时，企业一般会选择渐进式变革方式。一旦外部环境出现巨变，则往往采用彻底的革命性转型。

Gersick（1994）则认为企业内部条件与外部环境改变只是产生改变的需求并不会直接产生革命性的变革，企业转型发生的主要原因之一在于领导者认知的主观条件，只要领导者认为对组织的情况有变革的需要，组织就会发生变革。

Kanter 等（1992）总结企业转型有三大动因：一是企业内部权力系统的变迁，如所有权的转移、经营控制权的转移、第二代接班等重要的人事变动；二是企业成长过程中内生的变迁力量，主要指企业生命周期阶段的转换；三是环境的变迁，如市场需求的变化、原料市场的价格变动、重要技术突破或产业结构改变等。②

Barker 和 Irene（1997）认为变革的压力（绩效压力、技术变迁）和变革的能力（资源）是企业转型的两大动因。杨振（2004）将转型动因分为内外两个原因。外部原因包括宏观经济环境变化、产业结构调整和市场竞争日趋激烈 3 个方面，而内部原因主要有获取竞争优势和企业发展需要两个方面。

吴家曦（2009）认为企业转型的动因可以分为拉动因素和推动因素。拉动因素包括对企业未来长远发展的考虑、对当前形势的判断、新的市场渠道

---

① 赵昌文，许召元．国际金融危机以来中国企业转型升级的调查研究 [J]．管理世界，2013(4):8-15.

② 同①.

和新的技术。推动因素包括产能过剩和过度竞争带来的压力、企业成本难以消化、市场萎缩、行业发展前景暗淡或受其他企业的影响。

1.2.4 企业转型升级路径的研究

从国内外现有文献，路径选择领域的文献主要关注两类问题：一是关注影响路径选择的关键因素；二是关注路径选择的空间形态。Gereffi（1999）根据东亚服装生产企业在全球价值链的升级演化过程，总结了一条企业升级的路径，即从委托组装 (OEA) 到委托加工 (OEM) 到自主设计和加工 (ODM）再到自主品牌生产 (OBM) 的升级过程。陈菲琼和王丹霞（2007）在研究国外成果的基础上，构建了一个企业升级的系统性分析框架，将企业升级与价值链的治理模式结合起来进行研究，认为企业升级与价值链的治理模式密切相关，企业的升级路径是沿着价值链治理模式动态变化的轨迹而形成的。杨桂菊(2010)以 3 家本土代工企业为案例,研究了 OEM 企业转型升级的演进路径，总结归纳了 OEM 企业转型升级路径的理论模型。曾贵和钟坚（2010）分析了我国台湾加工贸易产业由于充分发挥学习机制、集群机制、创新机制和服务机制的作用而迅猛发展，并通过价值链内的横向扩展升级路径、价值链间的纵向跃升路径和价值链“切片”外移的路径，逐渐实现了从低附加值的劳动密集型向高附加值的资本和技术密集型转型升级。余建平等人（2020）结合动态能力理论以及认识论和本体论的分析框架认为，本土企业可以从环境感知、价值链关系与结构调适、创新性学习和战略重构四种路径提升价值链动态嵌入能力，实现其转型升级[①]。郭丕斌和张爱琴（2021）基于扎根理论探讨负责任创新嵌入能源企业绿色转型升级的动因、负责任创新和动态能力协同影响企业转型升级的机制和实现路径。他们认为，企业绿色转型升级主要通过两条路径实现：一是基于内部的资源与发展压力，进行绿色工艺创新，并在

---

① 余建平，孙冰锋，胡峰. 价值链动态嵌入与本土企业转型升级：能力维度、路径及海信案例 [J]. 福建论坛 · 人文社会科学版，2020(9):97-107.

与应用型渐进式动态能力的互动提升过程中实现企业的经济价值；二是基于外部环境与竞争压力，形成绿色产品创新，并在与探索型突破式动态能力的互动提升过程中实现企业的社会价值响应。① 张晓辉等人（2021）结合民营企业的现实状况，提出民营企业转型升级的三大路径：一是企业自身的创新发展路径，需建立有效的创新机制，提高管理者的创新意识，加强创新人才的培养与引进；二是借助“一带一路”倡议，抓住跨地域发展机会，利用新的产业机会实现跨业转型和品牌升级；三是通过政府职能推动民营企业转型升级。② 刘锦英和徐海伟（2022）根据技术创新与价值创新的耦合关系，认为企业转型升级可分为技术创新独占型、价值创新独占型、技术创新与价值创新并列型、技术创新引领型、价值创新引领型以及技术创新与价值创新并进型等六种基本路径。③

1.2.5 企业转型升级影响因素的研究

Cyert 和 March（1963）指出企业的抱负是影响企业实施自主创新从而达成转型升级的重要因素，而这个抱负水平的高低由企业文化、企业家创业精神等因素决定。Pfeffer 和 Salancis（2003）认为激烈的市场竞争、组织内部的资源与能力以及外部合作伙伴的支持是企业转型升级的基础条件，而发展产业集群可以促进企业转型发展。Gans 和 Stem（2003）以及 Vergrat 和 Brown（2006）认为，政府大力营造良好技术创新环境有利于企业快速实现转型升级。张亮(2014）也认为，政府支持是决定民营企业转型升级成功与否的重要支撑条件，政府效

① 郭丕斌，张爱琴. 负责任创新、动态能力与企业绿色转型升级 [J]. 科研管理，2021,42(7):31-39.

② 张晓辉，王洋，陈捷，等. 民营企业转型升级路径研究 [J]. 长春师范大学学报，2021,40(5):45-49.

③ 刘锦英，徐海伟. 企业转型升级路径研究：技术创新与价值创新耦合视角 [J]. 科学管理研究，2022,40(2):96-104.

能越高，监管越严格，法律法规的执行度越高，越有利于民营企业的转型升级。① 张聪群（2011）也强调了地方政府在企业转型中的重要作用。产业共性技术和区域品牌都具有公共产品属性。因此，地方政府应该成为战略的制定者和战略实施的组织者。孔伟杰（2012）认为企业能力是企业转型升级最关键的因素，创新能力越强的企业越倾向转型升级。日本管理学家大前研一认为，企业要转型成功的首要条件是企业领导者要下定转型的决心，并能准确辨识企业经营基础的变化，再根据变化调整企业组织形式，将改革的重点放在企业组织如何适应环境变化及如何积极开发员工能力。②

除此之外，学者们认为影响企业转型升级的因素还有：企业规模、市场结构 (Schumpeter & Swedberg，1994；Arrow，1962；Scherer，1967)；行业和所有制特征（安同良等，2006)；集聚效应和出口（张杰等，2007)；出口贸易的技术标准化要求（孔伟杰、苏为华，2009)；产业、企业、市场、技术、资金和人才等结构问题（吴家曦，2009)；研发投入、品牌建设、管理技术与管理能力（赵昌文、许召元，2013)；环境规制（童健，刘伟，薛景，2016）；领导风格与组织创新战略导向匹配（张大鹏等，2017）；负责任创新和动态能力（郭丕斌、张爱琴，2021），等等。

综上所述，国内外学者对企业转型升级的概念、类型、动因、路径及影响因素等领域的研究还没有形成一致的认识，但对企业转型升级的实质基本达成共识，即认为企业转型升级主要是指企业通过发展模式转变和管理变革等创新活动，实现由低技术水平、低附加价值状态向高技术水平、高附加价值状态演变的过程；中小企业转型升级已呈现出多样化的特点，涵盖转型、转轨、创新等多种方式，可概括为基于创新推动的产品升级型（通过工艺的改造、新技术的引进等创新活动将产品从低端做到高端）；价值链横向升级型（企业

① 张亮. 我国民营企业转型升级的政府作用研究——基于政府行为视角的实证分析 [J]. 当代经济管理，2014(5):14-19.

② 赵昌文，许召元. 国际金融危机以来中国企业转型升级的调查研究 [J]. 管理世界，2013(4):8-15.

从以制造为主，往前后两端延伸，前端搞研发设计，后端搞品牌营销）；价值链纵向升级型（企业突破原来产业的价值链条，转到一个新的价值链）。企业创新能力是企业转型升级最为关键的因素，创新是中小企业转型升级的一个快速通道。

1.3 研究思路与内容

民营企业成长不仅是企业资源的蓄积、扩张过程，而且是其结构调整和特性革新的转型升级过程。在这一转型升级过程中，民营企业转型升级的研究需要遵循一定的研究路径，并且探讨和解决转型升级面临的路径和战略选择等一系列的关键性问题。

1.3.1 研究思路

本书的总体思路以讨论民营企业转型升级的理论研究为出发点，沿着民营企业“转”什么、如何“转”以及“转”的过程中应注意哪些关键性问题展开。首先描述我国民营企业转型升级的历程和战略意义，说明中国民营企业转型升级的重要性、迫切性和艰巨性。其次，分析和透视在数智化时代背景下民营企业转型升级的内在机理、路径选择，以及民营企业转型升级的战略定位和战略选择，并给出了一个民营企业转型升级的战略规划与执行模型；最后，围绕民营企业转型升级过程中需要解决的关键性问题，研究民营企业转型升级成功的突破之道。

1.3.2 研究内容

本书基于民营企业转型升级的约束条件，探讨如何成功实现转型升级及转型升级过程中需要解决的关键性问题，全书共分为六部分。

第一部分是绪论，主要阐述民营企业转型升级研究的背景与意义、国内外相关研究现状以及研究的思路和内容。

第二部分是相关概念和理论基础。首先对本书的相关核心概念（数智化、数字化转型、民营企业、转型升级）的内涵及其本质等进行概括性的解释，然后从经济学、管理学、社会心理学、生态学等角度对企业成长理论进行梳理，解释民营企业为什么能够成长这一客观现实，并从价值理论等方面分析企业转型升级，从而为进一步分析和研究民营企业转型升级奠定理论基础。

第三部分介绍中国民营企业转型升级的历程与战略意义。按照企业制度边际变化的显著程度和技术进步边际变化的显著程度，分别论述40多年来我国民营企业的“转型”和“升级”的历程，并揭示其转型升级的战略意义。民营企业转型升级的发展历程说明，民营企业转型升级是中国经济转型升级的重要组成部分，是实现经济增长方式阶段性跃升的关键环节。特别是面对全球经济前所未有的挑战，中国民营企业的转型升级将被迫置身于一个更加不确定性的国际贸易和全球产业链环境，民营企业高质量发展将更加困难。这也凸显了中国民营企业转型升级的重要性、迫切性和艰巨性。

第四部分是本书的核心内容，主要探讨数智化背景下民营企业转型升级的影响因素、类型及其特征，揭示民营企业转型升级的内在机理，并探讨不同视域下民营企业转型升级的路径选择。

第五部分分析了民营企业转型升级的战略选择。主要研究民营企业转型升级的战略定位、战略思维和战略选择，并分析民营企业转型升级的战略规划路径和BLM的转型升级执行模型。

第六部分主要研究民营企业转型升级过程中需要解决的关键性问题。民营企业选择什么样的转型升级路径和战略将决定转型升级的方向是否正确。要使转型升级取得成功，除了方向正确，还要考虑如何实现成功转型升级问题。民营企业成功转型升级是做正确的事和正确地做事的有机统一。为此，民营企业在转型升级过程中应思考和解决转型升级过程中的几个关键性的问题，这些问题包括深入分析外部环境、重塑战略、打造敏捷性组织能力和提升变革领导力等问题，以确保民营企业成功的转型升级，实现企业的可持续发展。

案　例　复星集团转型[①]

经过近30年的发展，复星集团从做市场调查业务起步，转型到房地产、医药领域的产业整合，从投资重化工业转型为全球资产管理集团。2015年初，通过并购法国的地中海俱乐部（全球最著名的度假企业）涉足旅游度假行业。虽然涉足多个领域，复星却认为他们一直在做一件事，就是成为一家立足于中国动力的全球资产管理集团。因此复星具有非常清晰的指导性的战略基础。通过采用集团、产业和企业三层管控体系及成熟的项目决策机制，管理层能敏锐地捕捉未来5-10年的发展趋势，进行投资决策。

除了敏锐感知行业变化外，成功的企业往往能够为新的战略预备班子。复星集团董事长郭广昌曾说过："当一个生意门庭若市的时候，也是你该转型的时候了。"1992年到1993年，复星将大部队转入房产销售业务，只留了小部分人继续做原有的市场调研业务。只用了一年，房产销售就带来了1000万元收入。1993年上半年，复星又决定将这第一桶金投入基因检测产品研发。

企业转型往往会带来一些问题，但是成功的企业能够将问题转化成机遇。2004年，德隆系资金问题引发了对包括复星在内的活跃于资本市场的民营企业的财务健康状况的质疑。由此，复星决定将集团整体拿到香港上市，香港资本市场更为规范，更利于复星加强公司治理并树立阳光透明的形象。此后到2011年，复星着手收缩战线，进行战略转型，如与美国保德信公司成立基金，并购多家保险企业，重新定位为投资集团，从依靠债务融资和股权融资进行产业经营的模式转变为以保险金来支撑的长期价值投资。此次转型使保险资产成为复星的核心资产，建立了以保险为核心的综合金融能力，以及由产业深度和全球投资能力双轮驱动的模式。

① 曼努埃尔·亨斯曼斯，格里·约翰逊，叶恩华. 战略转型：赢时思变 [M]. 扈喜林，译. 北京：机械工业出版社，2015.

在管理上，复星尊重专业能力同时强调团队精神。2012年，复星集团提出实施“平台战略”，经过“化四为一”（集团股东会、集团董事会、集团管理层和诸产业板块管理层这四层融为统一的投资决策层）之后形成了现行的投资决策层和企业运营层两层集团管控架构。企业运营层由一个个项目公司组成，部分原因是为了避免企业规模过大的问题。通过组织变革，打破部门间的阻隔，团队和个人分工明确，协作顺畅，实现了平台上资源协同利用，部门间无缝协作的管理目标。“建设性的争论”在复星集团也有尝试，例如在复星平台下要做一个养老项目，医药团队和地产团队都可以做管理，亦可以打配合，谁的优势大，谁就做管理，另一家来配合。

复星集团的转型说明，战略转型并不意味着不断地改变战略，而是保持卓越绩效的同时，允许在对的时间进行适宜的重大转变，其关键是需要找到恰当的平衡和转型能力。

第2章　转型升级研究的理论基础

大多数理论无论在过去还是将来，都将是正确的。

——［英］查尔斯·汉迪

实用主义者自认为他们不受任何学理的影响，其实他们经常是某个已故经济学家的俘虏。自以为是的当权者，他们的狂乱想法不过是从若干年前某个拙劣的作家的作品中提炼出来的。

——［英］约翰·梅纳德·凯恩斯

2.1 相关概念界定

对于相关概念的梳理，有助于我们更好地理解和把握民营企业的转型升级。下面我们主要介绍与数智化时代民营企业转型升级相关的几个核心概念及其内涵与特征。

2.1.1 数智化与数字化转型

在人类漫长的文明史上，从刀耕火种到声光化电，从工业化到信息化、数字化，每一次技术变革都会带来人类的组织方式、治理方式和制度体系的变革。随着移动互联网、AI、大数据、云计算等数字技术在全球范围内的迭代升级和广泛应用，人类正式步入数字时代。根据中国信息通信研究院发布的《中国数字经济发展白皮书（2021）》，2020 年，我国数字经济规模达到 39.2 万亿元，占 GDP 的比例为 38.6%。数字经济成为稳定经济增长的关键动力。

当前，物联网、大数据、云计算、人工智能等新一代信息通信技术加快发展演变，物理世界正在加快走向数字化、智能化和智慧化，人类开始全时空迈入数字智能的数智时代。

1. 数字化与数智化的内涵①

数字化的概念有狭义和广义之分。狭义的数字化是指利用数字技术，对具体业务、场景的数字化改造，更关注数字技术本身对业务的降本增效作用。广义的数字化是指利用数字技术，对企业、政府等各类组织的业务模式和运营方式进行系统化、整体性的变革，更关注数字技术对组织的整个体系的赋能和重塑。但无论是狭义的还是广义的数字化，均呈现为一个过程。数字化

① 张建锋，肖利华，许诗军．数智化：数字政府、数字经济与数字社会大融合 [M]．北京：电子工业出版社，2022.

的发展具有阶段化特征，一般表现为三方面：信息化、网络化和智能化。数字化为社会信息化奠定基础，其发展趋势是社会的全面数据化；网络化为信息传播提供物理载体，其发展趋势是信息物理系统（CPS）的广泛采用；智能化体现信息应用的层次与水平，其发展趋势是新一代人工智能。

信息化是充分利用信息技术，开发利用信息资源，促进信息交流和知识共享，提高经济增长质量，推动经济社会发展转型的历史进程。信息化的核心是通过数据反映和记录企业运营管理的全过程，通过信息系统固化业务流程，实现业务从线下到线上的转变。

网络化是指利用通信技术和计算机技术，把分布在不同地点的计算机及各类电子终端设备互联起来，按照一定的网络协议相互通信，以达到所有用户都可以共享软件、硬件和数据资源的目的。网络化的核心是通过物联网、移动互联网等技术实现万物互联，通过工业互联网等平台对实体产业赋能，实现产业链网络化协同。

智能化是数字化发展的高级阶段，以数字化和智能化协同来实现。在信息化的基础上，数字化首先实现数据的记录与存储，使业务全面线上化。数智化则在此基础上，将各种数据信息通过算法的形式呈现，以实现数字化，进而运用数字技术将人的智慧管理和运用起来，通过 AI、大数据等技术对数据资源进行广泛、深度的开发与利用，打通物理世界、现实业务和数字空间，以实现在线闭环。智能化的核心是通过 AI、大数据、云计算等技术对海量数据进行广泛且深度的开发与利用，实现与物理世界和现实业务的在线闭环，最终向具有自学习、自调节、自主、自治能力的智慧化方向演进。智能化涵盖了数据融合、机器智能和人文智慧三重内容，数智化的实现则是使三者结合起来实现全链路数字化，实现智联万物和万物生长。马克·拉斯金诺和格雷厄姆·沃勒合著的《商业的未来：重布行业，重构企业，重塑自我》一书中分析了营销业务层面的改变历程，如图 2-1 所示。[①] 他们认为，未来我们可能

① 拉兹·海飞门，习移山，张晓泉．数字跃迁：数字化变革的战略与战术 [M]．北京：机械工业出版社，2021.

会看到越来越多的企业实现智能运营；工厂在没有人工干预的情况下工作；自动化仓库里一堆机器人跑来跑去储存或提取产品；自动化停车场无人看管。不久的将来，我们还会看到无人驾驶汽车、无人机、仅由少数工人操作的云端服务器群等。我们正朝着自动化的未来迈进。除了可以实现这些功能以外，这些智能系统还可以相互学习、自动优化和互通互联。这些过去我们只在科幻电影中看到的神奇的事情，如今就发生在我们眼前。

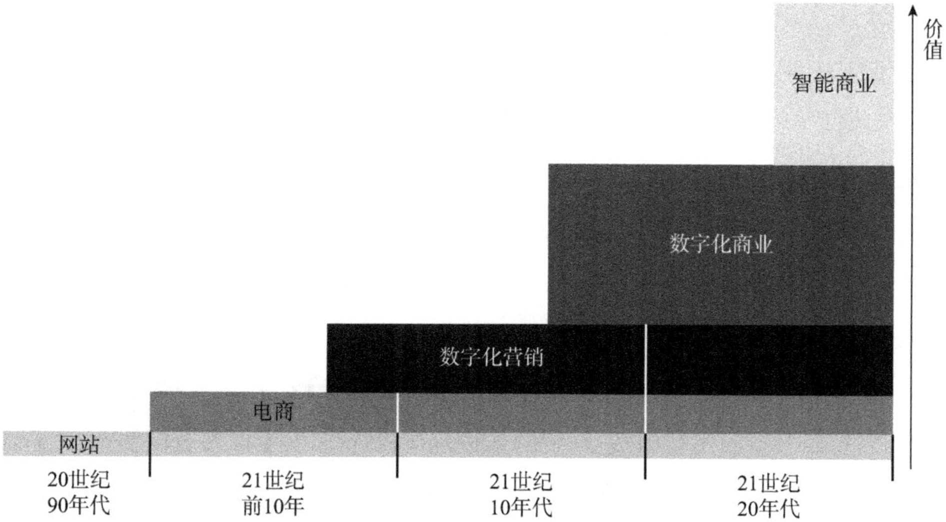

图2-1　营销业务层面的改变

阿里研究院的研究表明，在数字经济时代，最重要的两个关键元素是“数”和“智”。“数”就是数字化，每一个消费者以及产业价值链上的每一个环节，都会被数字化；“智”就是智能化，是指基于数字化的闭环进行智能决策。[①]数字化与智能化的融合，贯通多维空间，使得数据信息得以自由且有序地流动，并在各领域、行业、产业、业务中均可实现最大价值，达到最佳效率，创造最佳生态。

① 陈雪频．一本书读懂数字化转型 [M]．北京：机械工业出版社，2021.

2. 数智化的特征 ①

数智化能够通过数据和数字技术的应用实现对未来和风险的预知和防范，并基于已有的数据和信息来眺望更长远的时代。其特征主要体现在以下三方面：

（1）流动性。数智化在面向对象和应用落地方面能够横跨生产链，突破生产壁垒，实现信息流、技术流、资金流、人才流、物资流等资源的流动配置，提高资源的使用效率。在资源流动的同时，企业可以加强不同产业的交叉融合，在数智化的支持下实现不同业态的优势互补，增强数字技术的应用和推广。业态的交叉使企业的组织结构更加扁平化，数智化使企业的资源和要素同时实现平向流动和跨级流动，从单向度发展转变为全方位升级。

（2）灵活性。数智化的出现是对现代企业面临的问题和障碍的回应。数智化的重点在于通过数智化手段更为智慧和轻便地超越体制和利益格局，克服障碍，提供新的方法和路径。面对现有的问题，数智化提供了更合适的方法来解决新问题；而面对新问题，数智化能够探索新的对策和路径，并更具创造性地解决当下的问题和未来的问题。相比于之前的发展形态，数智化解决问题更具灵活性。

（3）回应性。数智化的根本在于对公众需求的识别和满足，它通过数据中台和数字技术迅速和充分地回应公众的需求。数智化以数据平台为基础，依据机器智能能够迅速区分出不同年龄人群、不同行业人群等的需求，并且通过大数据、云计算等实现精准识别，进而明确不同人群甚至个人需求的诉求点和当前的需求满足情况，形成有针对性的“痛点”“堵点”解决方案，充分回应公众的需求，提高公众的幸福感和获得感。数智化在回应性的特征下实现了人文智慧。

3. 数智化时代的数字化转型

数字化和数智化不仅改变了我们的生活方式和工作方式，也对企业产生了

① 张建锋，肖利华，许诗军．数智化：数字政府、数字经济与数字社会大融合 [M]．北京：电子工业出版社，2022.

深远的影响，企业只有不断数字化数智化才能生存。美国麻省理工学院数字商业中心与凯捷咨询公司联合开展了一项名为“数字化变革：10 亿美元的企业路线图”的研究。该研究发现了九个主要的影响领域，这些领域分为三类以及每一类所包含的主要影响领域。乔治 · 韦斯特曼等人将这三大领域归纳为数字化变革的九要素，提出了数字化影响领域的韦斯特曼模型，如图 2-2 所示。

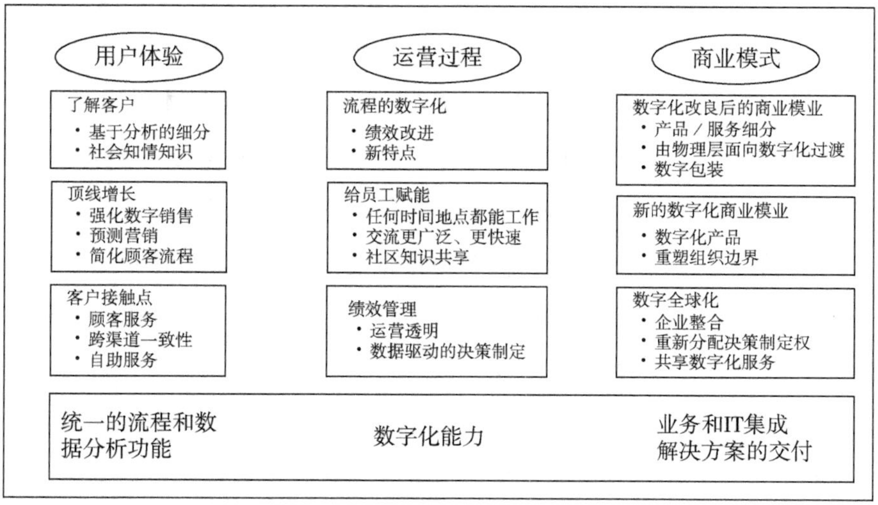

图2-2　影响领域的韦斯特曼模型

资料来源：拉兹·海飞门，习移山，张晓泉．数字跃迁：数字化变革的战略与战术[M]．北京：机械工业出版社，2021.

埃森哲针对全球 18 个行业、106 个细分市场的 1 万家上市企业的调研发现，89% 企业的数字化颠覆程度正在加速，数字化转型（Digital Transformation，DT）迫在眉睫，但不同的行业受数字化转型的影响也会有明显的差异，如图 2-3 所示。[①]

埃森哲把所有行业分为四类：一是数字化颠覆已经基本完成的行业，如高科技、软件平台等行业；二是数字化颠覆即将发生的行业，如公共事业、自然资源、资本市场等行业，它们需要为即将到来的数字化转型做好准备；三是数字化颠覆会持续发生的行业，如零售、银行、保险、交通运输等行业，除了一些个性化服务还需要有人支持外，大量流程性或重复性的工作都会被数字

① 陈雪频．一本书读懂数字化转型 [M]．北京：机械工业出版社，2021.

技术所取代；四是数字化颠覆影响较低的行业，如生命科学、医疗保健、化工等行业，这些行业的数字化更多是在前端提升客户体验，在后端提升运营效率。在所有行业中，短期和长期会受到数字化颠覆的行业加起来的比例达到 89%，受数字化颠覆影响不大的行业只占 11%。因此，对大多数企业来说，数字化转型已迫在眉睫，企业必须考虑如何结合行业特征和企业的核心竞争力进行数字化转型。

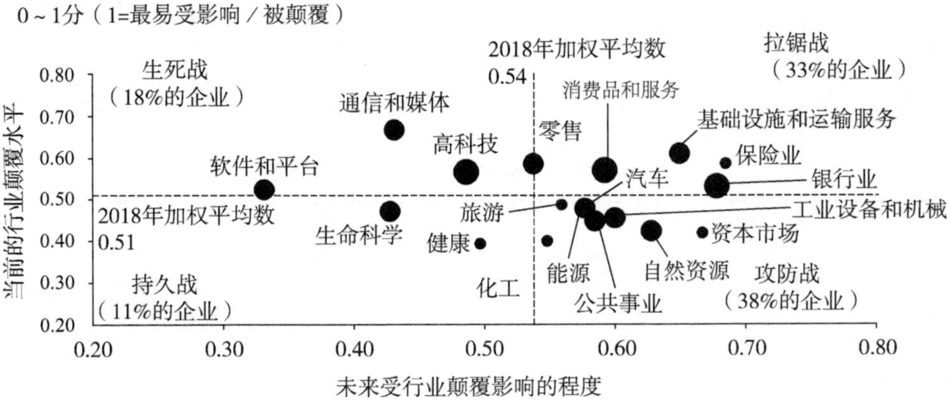

图2-3　数字化对不同行业的影响

麦肯锡的研究表明，企业所处行业的数字化程度越高，企业的盈利也越高。通过对美国的行业分析可以看到，高数字化行业平均利润增长率是低数字化行业的 2-3 倍；通过数字化，到 2030 年中国或可转变并创造 10-45% 的行业总收入。[①] 因此，数字化转型已经成为行业升级、企业竞争的重要手段，成为新产品、新服务及新商业模式的催化剂。从本质上讲，数字化转型是指以数字化技术为基础、以数据为核心、以产品 / 服务转型以及流程优化重构为手段，从而实现企业绩效与竞争力的根本性提升的一系列变革。

2.1.2　民营企业的内涵与特征

民营企业是公司或企业的类别的名称，特指所有的非公有制企业，包括

① 新华三大学．数字化转型之路 [M]．北京：机械工业出版社，2020.

我们经常说的“家族企业”。实际上，大多数的民营企业都是家族企业。因此，本书所说的民营企业主要是指家族企业。

1. 民营企业的内涵

民营企业（家族企业）是历史上最古老，也是世界上最普遍的一种企业组织形式。在美国 90% 的企业被认定为家族企业。它们创造了 50%-60% 的 GDP，提供了新增就业岗位近 80%。在东南亚华人社会中，家族企业更加普遍。① 但是，对于民营企业的界定目前还没有一个统一的标准，如表 2-1 所示。因此，定义家族企业是研究者在这一研究领域面临的首要挑战（Handler，1989）。

表 2-1　文献中关于家族企业的定义

作　者	定　义
Alcorn，1982	一个或者是独资性质，或是合伙性质，或是公司性质的经济实体……如果部分股权由公众拥有，家庭必须掌握企业的运营
Babicky，1987	一个由一人或多人创建的小型企业，通常资本规模较为有限，创建人努力工作保持企业的发展，成长中企业的大部分股权仍由创业者持有
Barnes & Hershon，1976	控股权掌握在家庭一个或多个成员手中
Bernard，1975	企业事实上为一个家庭的成员所控制
Carsrud，1994	企业所有权和决策权由“因亲缘联系在一起的团体”控制
Churchill & Hatten，1993	家庭企业的一般理解……是年轻的家庭成员将要或已经从年长的家庭成员取得控制权
Davis，1983	指企业的政策或方向受到一个或多个家庭显著影响的组织，这种影响或者是通过所有权，或者是通过家庭成员介入管理活动来得以实现
Davis & Tagiuri，1985	指两个或多个泛家庭成员对企业业务方向有重要影响的组织

① 赵永杰. 家族企业转型探究：基于动态能力生成机理与路径 [M]. 北京：中国时代经济出版社，2017.

续表

作　者	定　义
Donckels & Frohlich，1991	家庭成员至少持有企业 60% 的股权
Donnellcy，1964	企业至少与家庭的两代成员有紧密关系，并且这种关系对企业政策及家庭的利益有共同的影响
Dreux，1990	企业恰好由一个或多个家庭控制，这些家庭对企业治理有着不同程度的影响
Gallo & Sveen，1991	单一家庭拥有企业大部分股权并且对企业有完全的控制
Handler，1989	指主要动作和继任决策受到在企业中担任管理岗位或董事席位的家庭成员影响的企业
Holland & Oliver，1992	任何涉及所有权及管理决策与一个或多个家庭影响有紧密联系的企业
Lansberg，Perrow，Rogolsky，1998	家庭成员对企业所有权享有法定的控制权
Leach，et al，1990	企业 50% 以上的投票权掌握在一个家庭手中，和/或单一家庭能有效地对企业施加控制，和/或企业高层管理团队大部分由家庭的成员构成
Lyman，1991	家庭成员对企业持有完全的所有权，至少一个所有者在企业中任职，同时另一个家庭成员或者也在企业中任职，或者以非任职的方式帮助企业的日常管理
Pratt & Davis，1986	通过利用亲缘关系，管理层参与或股权参与等方式，两个或多个泛家庭成员对企业发展方向施加影响的企业
Rosenblant，deMIL，Andersson & Johnson，1985	企业大部分的所有权或控制权掌握在一个家庭手中，同时两个或多个家庭成员参与企业经营
Stern，1986	由一个或两个家庭拥有并管理的企业
Welsch，1993	企业股权高度集中，并且所有者或其亲属参与企业管理

资料来源：李新春，张书军．家族企业：组织、行为与中国经济[M]．上海：上海三联书店，2005.

总体上看，现有文献对于家族企业的定义常常是以研究目的、研究对象、研究方法及现有资料为基础的，主要采用参与要素定义法、本质定义法、连续定义法三种方法来定义家庭企业（Chrisman et al. 2005）。

（1）参与要素定义法。这一方法认为，由于家族对企业的参与和涉入使家族企业具备了相对于非家族企业的独特性。家族参与主要包括家庭对企业所有权、管理权、治理和传承的参与。美国企业史学家艾尔弗雷德·D·钱德勒（Alfred D. Chandler，1977）认为，家族企业是“企业创始者及其合伙人（和家族）一直掌握大部分股权，他们与经理人员维系紧密的私人关系，且留有高层管理的主要决策权，特别是在有关财务政策、资源分配、高层人员选择方面”。孙治本（1995）提出，如果企业的控制权直接或间接地掌握在一个家族或家族联盟当中，即可认定为家族企业。叶银华（1999）认为，应从血缘关系和控制权的综合来定义家族企业，他认为家族企业应具备三个条件：一是家族所持有股权比例大于临界比率；二是家族成员或具有二等亲以内的亲属担任董事长或总经理；三是家族成员或具有三等亲以内的亲属担任公司董事席位超过公司全部董事席位的一半以上。潘必胜（1999,2005）认为只要能够控制企业，不管这种控制力是来自于所有权还是血缘关系或政治联系，都可以认定为家族企业。

（2）本质定义法。这一方法主要是通过对家族企业本质特征的刻画来定义家族企业。克里斯曼等人（Chrisman et al.，2003; Habberson et al.，2003）强调家族对企业战略方面的控制意图，认为家族企业的本质是家族对企业的控制，以家族的特定行为与意图来判断企业是否属于家族企业。也有学者根据企业是否认定自己属于家族企业来进行定义（Westhead & Cowling，1998）。贺志峰（2004）认为，家族企业和非家族企业的重要区别在于两者之间的契约基础不同，家族企业是建立在家族契约之上的企业组织；非家族企业则是建立在市场交易基础上的企业组织。这使得家族企业建立在一种信任度更强、更重视长期受益和更注重公平的基础之上，并且导致企业在组织行为和绩效上的差别，所以据此定义家族企业。储小平（2005）认为，家族企业的定义更为复杂，其中不仅包括家族成员对企业所有权和控制权的分布状态，还包括家族、泛家族文化规则对企业组织行为的影响组合。

（3）连续定义法。连续定义法认为，参与要素定义法和本质定义法将企业划分为家族企业和非家族企业两类，这种非此即彼的定义方法过于笼统，随意性较大，并不符合现实情况。连续定义法打破家族企业与非家族企业三分法定义的传统思路，将家族对企业的参与和影响视为一个连续变化的频谱，进而开发出 F-PEC 量表，用以评估家族在权力、经验和文化三个维度上对企业的影响，通过量化方法评估家族对企业的参与和影响。Astrachan 等人（1996,2003）认为，家族企业有广义、中间和狭义之分。广义的家族企业最具有包容性，只要某个家族参与企业并且控制着企业的战略方向，它就是一个家族企业。中间层的家族企业还要家族成员对企业日常经营活动的适当直接参与；狭义的家族企业不仅如此，还要家族内几代人的参与。

以上三种定义方法各有优缺点。参与要素定义法由于具有坚实的理论基础并且在实证研究中易于操作，因而受到广泛认同。但是实证研究表明，家族参与难以有力地将家族企业和非家族企业区别开来（Chua et al.，1999）。本质定义法正是为了解决这一问题而提出，但是这种定义方法由于过于抽象，缺乏实证研究的可操作性，很容易使研究者陷入“难以准确把握概念的境地”。连续定义法开发的 F-PEC 量表是评估家族影响最可靠的工具，但是由于它并不能精确定义家族企业，也无法将家族企业和非家族企业区别开来，因此也无法解决家族企业界定的难题。我国 1988 年 6 月颁布的《中华人民共和国民营企业暂行条例》中规定：“民营企业是指企业资产属于私人所有，雇工 8 人以上的营利性的经济组织。”国家统计局和国家工商行政管理局 1998 年联合颁布的《关于划分企业登记注册类型的规定》中指出：“民营企业是指由自然人投资设立或由自然人控股，以雇佣劳动为基础的营利性经济组织。”

综上所述，根据国内外相关定义，我们将民营企业（家族企业）界定为：建立在家族契约之上的，基于血缘、亲缘关系的一种信任度更强、更注重长期受益的企业组织。我国《公司法》按照企业的资本组织形式将企业类型划分为国有独资、国有控股、有限责任公司、股份有限公司、合伙企业和个人独资企业等。按照我们对民营企业内涵的界定，除国有独资、国有控股外，其他类型的企业中只要没有国有资本，均属于民营企业。

2. 民营企业的特征[①]

与国有企业相比，民营企业在经营目标、资本构成、决策机制、制度建设等方面具有其自身的独特性，体现出不同的特征。作为一个群体，民营企业的特征主要体现在：

（1）优秀的创业精神特质。民营企业的经营目标是实现经营利润最大化，决定了其天生具有善于抓住机遇、敢于冒险、艰苦奋斗的精神，在经历商场的战斗洗礼中，铸就了优秀的品质，积累了丰富的经验，从而使民营企业焕发出无限生机。

（2）市场导向性。从资本构成方面来说，民营企业的经营目标是由实现资本增值，追求资本收益的最大化，并将利润进行再投资以实现进一步增值的内在利益驱动，决定了其经营活动完全以市场为导向，将资本向市场需要的产品上转移，向边际生产率高的产业转移。

（3）决策高效灵活。民营企业资本掌握在个体手中，处于独立的竞争主体地位，这非常有利于调动民间经济的积极性，在生产销售、人力引进、投资分配等方面都表现出极大的灵活性，尤其在机遇和挑战并存、机遇转瞬即逝的市场经济中，其高效灵活的决策能力表现为极大的竞争力。

（4）现代企业制度不完善。多数民营企业是家族式企业或有限合伙企业，从经济学角度分析，家族式集权管理在创业阶段有其独特的长处，但在企业做大、做强和规范化的过程中，需要科学合理的经营管理和与之相匹配的组织结构，而家族式管理模式的固有特征，使其在大规模生产经营和转型升级中表现出明显的局限性。现代企业制度认为，企业最有效的办法是“资合”，即以资本的趋利性为出发点，调动和吸引精英团队，从而使企业的发展始终在一个优秀团体的决策中前行。

---

① 罗伟. 经济新常态下中小型民营企业转型升级浅谈 [J]. 广东经济，2016(12).

2.1.3　转型升级的内涵及其本质

英文文献中并没有“转型升级”一词，只有“转型”(transformation)和“升级”(upgrading) 这两个术语。两者有不同的研究领域和使用情境：前者关注组织结构的调整和企业战略的转换；后者关注后发企业 (late-comer) 的学习追赶、技术进步和价值分配改善。在中文文献中同时存在着企业转型升级、企业转型、战略转型、企业升级、技术升级、技术追赶等多个相似的术语，但学者们在运用相关概念时往往阐释的是相同或相似的内涵。[①] 转型 (transformation) 是一个广义的概念，可以引申出转变 (turnaround)、变革 (change)、转移 (transition) 等。“转型” 一词最早出现在工程领域，并于 20 世纪 70 年代引入经济管理领域。此后则更多集中在研究企业组织转型、企业战略转型、企业业务转型等方面。Levey 和 Merry (1986) 将其描述为一种彻底的、全面的变革。汤姆 · 彼得斯认为，变革意味着除非管理者改变了什么事物，否则就别想得到回报。[②] 他在《乱中取胜》(Thriving on Chaos) 一书中也强调了变革对现代企业的重要性。他说：“为了增加生存机会，各级领导者必须变得醉心于变革。”“变革必须成为规范，而非对警讯的反应。”[③] 他认为，如果 “卓越” 一词在将来还能使用，那么也需要全面重新定义。也许可定义为：“卓越企业并不相信卓越本身，而只相信不断的改进和不断的变化。”[④] 克拉克也说：“从本质上看，改革才能使企业发展。这既具有必然性，又具有不可避免性。公司的伟绩不是长生的寿

① 毛蕴诗，张伟涛，魏姝羽．企业转型升级：中国管理研究的前沿领域——基于 SSCI 和 CSSCI (2002-2013 年) 的文献研究 [J]．学术研究，2015(1):72-82.

② 莱斯利 · W. 鲁，劳埃德 · L．拜厄斯．管理学：技能与应用：第 11 版 [M]．刘松柏，译．北京：北京大学出版社，2006.

③ 同②．

④ 汤姆 · 彼得斯 . 乱中取胜 [M]．朱葆琛，等译．海口：海南出版社，2000.

命，而是不断的变革。”[①] 企业转型通常是指企业在重新思考和检讨当前业务和组织结构的基础上，通过企业的管理变革，帮助企业在成本、质量、服务等绩效方面实现跳跃式改进的过程（Hammer and Champy，1993）。Bacharach（1996）认为，从某种意义上说，组织是一个转换系统，它需要通过特定的过程来实现转换。理解组织转换过程，既要考虑组织内的微观政治交换过程，也需要触发转换的宏观环境变化。企业转型是组织在认知上、思考上以及行为上的全新改变（Blumenthal & Haspeslagh，1994），是企业在经营环境发生变化时，为求生存发展、突破经营瓶颈，通过组织调整或目标转换战略，改变组织结构，创造出适应未来的新经营模式（Klein，1996）。王吉发（2006）认为，企业转型包括两种情况：一是由于自身在所处行业竞争能力降低或竞争优势衰退，促使企业通过组织变革，提升其在产业内的能力；二是由于所处行业的衰退，迫使企业不得不主动或被动地采取产业转移战略，寻求新的经济增长点。吴家曦（2009）将企业转型视为一种状态向另一种状态的转变，即企业在不同产业之间的转换和不同发展模式之间的转变。一般认为，企业转型主要有两种形式：一是企业跨行业领域转型，进入新的行业或领域；二是组织管理层面的转型（吴家曦、李华燊，2009；赵昌文、许召元，2013）。

企业升级（enterprise upgrading）概念提出于20世纪90年代末。格里芬（Gereffi）基于全球价值链分析理论提出了企业升级的概念，认为企业升级是一个企业或经济体迈向更具获得能力的资本和技术密集型经济领域的过程（Gereffi，1999），是企业向产业链或价值链附加值更高的位置或环节攀升的过程（Gereffi et al.，2001）。Kaplinsky（2001）认为企业升级就是企业制造更好的产品、更有效地制造产品或者是从事需要更多技能的活动。Schmitz 从能力视角，将其定义为发展中国家企业逐步获得技术能力，从生产劳动密集型产品向生产资本密集型产品或技术密集型产品转变，进而在GVC中改善价值

① L. 克拉克 . 改革 [M]. 张建，张兰青，译. 北京：中信出版社，PRENTICE HALL 出版公司，1999.

分配的过程（Schmitz，2007）[①]，阐述了发展中国家的企业或企业群实现升级的四种不同类型的方式，包括过程升级、产品升级、功能升级、部门间的升级（Humphrey and Schmitz，2002）。Poon（2004）认为，企业升级就是制造商成功地从生产劳动密集型的低价值产品转向生产更高价值的资本或技术密集型产品转移的过程。目前基于全球网络视角下的全球价值链分析，已成为国内外研究企业升级的主要理论依据。

程虹等人（2016）将企业转型升级定义为企业通过业务转型、增长方式转轨和产品技术升级等方式，从低技术、低附加值向高技术、高附加值转变。[②]这一定义将全球价值链嵌入企业的战略转型和技术升级视为一枚硬币不可分割的正反两面，即对普遍嵌入于全球价值链中的中国企业来说，既要持续关注环境变化并据此进行战略转型，也要不断学习先进技术并据此进行技术升级。GVC 嵌入企业的战略转型是以改善企业价值分配为目的的，要求企业以取得新的 GVC 分工角色为目的进行技术升级；而 GVC 嵌入企业的技术升级一旦实现了能力的进阶，就不仅改变企业在 GVC 内的分工角色，也驱动企业对原有战略进行重新规划。[③]因此，中文文献通常将战略转型和技术升级作为同一个过程进行研究，并将两面统合起来，这是“转型”与“升级”两词合并使用的用意所在。[④]可见，企业转型升级是企业为提高持续竞争能力以及产品、服务的附加价值，寻找新的经营方向而不断变革的过程，是产业转型升级的微观层面和最终落脚点（毛蕴诗、张伟涛、魏姝羽，2015）。

---

① Schmitz H.　Transitions and Trajectories in the Build-up of Innovation Capabilities: Insights from the Global Value Chain Approach［J］.　Asian Journal of Technology Innovation，2007,15(2)：151-160.

② 程虹，刘三江，罗连发．中国企业转型升级的基本状况与路径选择——基于 570 家企业 4794 名员工入企调查数据的分析 [J]．管理世界，2016，(2)：57-70.

③ 甄珍，王凤彬．全球价值链嵌入企业转型升级研究述评 [J]．管理评论，2020,32(8):254-268.

④ 同②．

转型升级是民营企业实现高质量发展的必经之路。基于对企业转型升级内涵的梳理和分析，本书认为民营企业的转型升级也可分成企业转型和企业升级两个方面。企业转型是指民营企业通过对业务和管理进行整体性转变以达到新的企业形态的过程，包括业务层面的转型和管理层面的转型。业务层面的转型是指民营企业进入新的行业或新的领域，而管理层面的转型是指民营企业在组织管理模式上的转变。与其他企业升级路径一样，民营企业升级也是企业向产业链或价值链附加值更高的位置或环节攀升的过程。升级的形式主要有工艺升级、功能升级、产品升级、价值链升级等。但是，企业转型与升级并不完全相同，转型可以通过升级实现，也可以不通过升级实现。

转型升级本质上是企业为提高持续竞争能力以及产品、服务的附加价值，寻找新的经营方向而不断变革的过程。民营企业转型升级主要指企业为了适应内外部环境特别是市场的变化，主动地对体制、战略、技术、组织、管理等一系列方面进行的系统性、革命性变革，从而在一定时期内形成或增强企业的核心竞争力，其直接目的是通过生产或经营方式的转型，获取更高利润，最终目标是实现企业的可持续发展。①

2.2 企业成长理论②

企业成长理论是理论界研究的热点问题，也是企业界寻求企业可持续成长的重要理论基础。这一节主要从经济学、社会心理学、管理学、生态学等视角对企业成长理论探讨进行论述和评析，使我们从不同的角度来认识民营企业的生存和发展。

① 汪碧刚．新常态下民营企业转型升级的战略与路径 [J]．财经问题研究，2016(12):99-103.

② 陆奇岸．中小企业成长机理与模式研究 [M]．南宁：广西人民出版社，2006.

2.2.1 企业成长的经济学理论

1. 新古典经济学的观点

从生物学上看，成长是指生物有机体由小到大发展的机制和过程。最早将企业比作生物有机体的经济学家是新古典经济学派的创始人、英国经济学家阿尔弗雷德·马歇尔（Alfred Marshall），他在《经济学原理》（Principles of Economics）一书中用森林中树木生长的规律来说明企业成长的规律。他指出："一个企业成长、壮大，但以后也许停滞、衰朽。在其转折点，存在着生命力与衰朽力之间的平衡或者均衡。"① 马歇尔关于企业比作生物有机体成长的原理指出了企业成长是一个适者生存、自然淘汰的过程，强调了纯粹竞争市场条件下的企业成长。不仅如此，他还指出："不论是社会的有机体还是自然的有机体发展，一方面使他的各部分之间的机能的再分部分增加，另一方面使各部分之间的关系更为密切，这个原理没有多少例外的。" ② 因此，他认为应当把源于企业的"内部"经济问题和源于企业之间相互作用的"外部"经济问题区别开来，他说："我们可把任何一种货物的生产规模之扩大而发生的经济分为两类：第一是有赖于这工业的一般发达的经济；第二是有赖于从事这工业的个别企业的资源、组织和经营效率的经济。我们可称前者为外部经济，后者为内部经济。"这意味着马歇尔已经注意到了企业内部能力的差异性和企业间的专业化分工。

但是，马歇尔新古典分析框架有意识地将生产者和消费者完全分离的假定，将人们的视野转移到了在给定分工框架下的资源分配问题上。企业内部的问题被简化为，企业的内部分工仅仅是为了更好地分配有限的资源，因而没有被新古典经济学家进一步弘扬。正如斯蒂格勒所指出的："马歇尔的企业衰亡理论也越来越不受重视，虽然其原因不像外部经济场合那么明显。马歇

① 马歇尔 . 经济学原理：上册 [M]. 朱志泰，译 . 北京：商务印书馆，1994.

② 同①.

尔的这一分析方法不能很好地和静态经济学吻合，而且不能方便地纳入成本、需求曲线（特别当我们不使用代表性厂商概念时）。”① 斯蒂格勒的分析指出了为什么绝大多数经济学不从企业内部探讨企业成长的根源，而是从市场均衡的角度分析企业的问题。这种分析的缺失为 20 世纪 90 年代以来的资源和能力理论研究留下了一个重要的研究空间。

2. 产业经济学的观点

经济学企业成长理论以产业组织理论为主，不同的学者提出了多种企业成长模型。经济学家认为，小规模经营是最优规模。古典经济理论认为，厂商单位成本曲线呈 U 型曲线，如图 2-4 所示。该曲线由各种产生规模经济性和规模不经济性的因素共同决定。无论是低于或高于最低效率规模 X_0，单位生产成本都会增加。因此，以利润最大化为目标的厂商都会选择或追求 U 型曲线的谷底为实际生产规模。

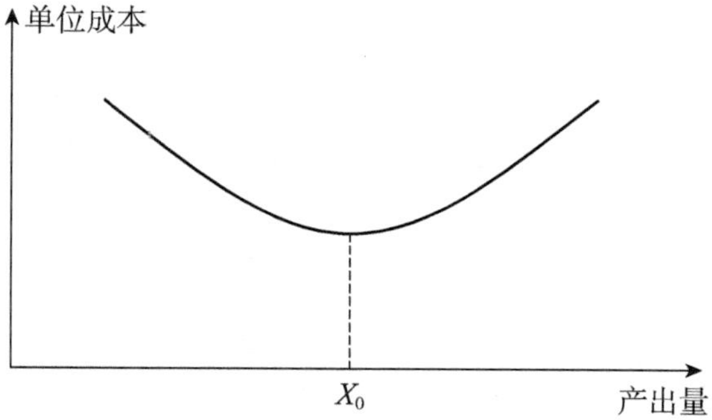

图2-4　规模经济曲线

当市场容量较小时，厂商提供的产品低于最优规模生产点，从而形成垄断或寡头垄断。在这种情况下，市场价格由垄断厂商或寡头厂商制定，生产以次优规模进行。于是，在“价格伞”的保护下，小企业也能够生存而成长。

当市场容量很大时，可能会出现两种情况：一是当最低效率规模很小

① 李品媛 . 企业核心竞争力研究——理论与实证分析 [M]. 北京：经济科学出版社，2003.

时，每个厂商都会以这种小规模生产，因而市场上都是小厂商；二是如果最小规模经济较大时，小厂商就会很难生存，但这种情况在实际生活中是很少见的。

黑尔（Hay）和莫里斯（Morris）在他们所出版的《产业经济学：理论与实证》（Industrial Economics: Theory and Evidence）一书中认为应该引入更符合现实的模型。他们认为企业成长没有极限，只是在特定的阶段存在特定的成长速度，所以规模只不过是成长速度的一个函数；在研究企业成长时应当把企业当作一个能对竞争环境产生影响的经济实体，而并非只是被动地受市场支配。莫里斯还在 1963 年发表的《经理型企业模型》论文中提出了经理型企业成长理论，并在 1964 年出版的《经理资本主义经济理论》一书中对该模型进行了修正，建立了完整的企业增长模型。他认为，在"经理资本主义"中，管理的主要目标是企业规模的增长。他运用古典经济理论的方法，在分别考察了企业成长需求和供给两方面因素之后，将二者结合起来，得出以下结论：随着企业的成长，一方面为了满足市场对产品的需求，企业需要投入更多的资源，包括物质资源和人力资源；另一方面为了避免能力或需求的过剩，企业管理者总是试图使需求和供给保持均衡，从而引致企业的成长。

此外，莫里斯还将产品多样化率作为一个政策变量，分析了企业产出和多样化率之间的关系。他认为，企业的产出（X）在开始时随多样化率（d）增加而增加，当 d 达到适度水平时，研究与开发人员能力得到了充分利用，X 达到最大化；d 超出一定限度，X 反而下降，如图 2-5 所示。

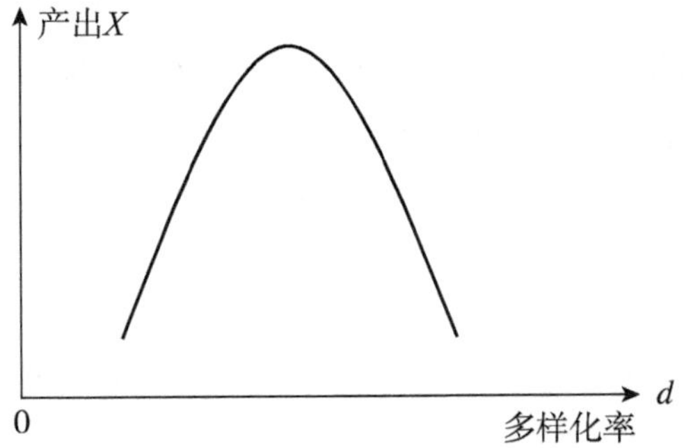

图2-5　莫里斯模型中产出与多样化率的关系

莫里斯模型对研究企业成长的理论意义在于它探讨了企业增长率与各因素之间的关系和制约，考虑了产品多样化的作用。

3. 演化经济学的观点

以演化经济学研究企业成长理论最早可以追溯到约瑟夫·熊彼特（Joseph Schumpette）和阿门·艾尔奇安（Armen Alchian）。熊彼特是在新古典经济理论兴起之后，重新界定中心经济问题并恢复企业在经济理论中的主动地位的第一个经济学家。他看到了在经济体系内部存在着自动破坏可能达到的任何均衡的能量源泉，并力图建构一个关于经济演化的理论。他认为，应该掌握的要点是，当我们研究资本主义时，我们是在研究一个进化过程（an evolutionary process）。谁都没有看到这样明显而且很久以前马克思就曾强调过的一个的事实，看来也许是一件怪事[①]。资本主义，在本质上是经济变动的一种形式或方法，它不仅从来不是，而且也永远不可能是静止的[②]。在这个被熊彼特称为“创造性的破坏”(creative destruction）的过程中，开启资本主义发动机并使它继续动作的基本推动力，来自新消费品、新的生产或运输方法、新市场及资本主义企业所创造的产业组织的新形式[③]。基于对资本主义经济体系的重新认识，熊彼特对竞争过程的基本性质进行了重新定义。他认为，实质性的市场竞争与新古典理论不同，不是价格竞争，而是创新竞争。后者与前者相比，其效力之区别就像大炮狂轰与徒手推门之间相比。在熊彼特看来，利润来自于创新，因创新而获取的暂时垄断利润则是为保持企业创新能力所必需的财务条件。熊彼特的经济发展理论是“现代经济学中的一朵奇葩”。从他对创造性毁灭的论述中，我们知道，以企业为主体的创新活动是经济演化的发动机，所以企业具有超越外部经济条件的自主能力，而且能够塑造市场条件。

① 熊彼特 . 资本主义、社会主义和民主主义 [M]. 绛枫，译 . 北京：商务印书馆，1979.

② 同① .

③ 同① .

在熊彼特之后，随着环境的复杂化，经济和管理系统的不确定性、市场的非均衡性、企业的动态性以及非利润最大化等特性使人们对经济现象的认识不断深入，因而从演化经济学视角研究企业成长的理论受到越来越多人的关注，正掀起一股新的学术思潮。安德森 (Andersen，E. S.) 指出："对这一理论贡献最大的应该是理查德 · R. 纳尔逊 (Richard R. Nelson) 和悉尼 · G. 温特 (Sideny G. Winter)，随着《经济变迁的演化理论》(An Evolutionary Theory of Economic Change)(1982) 这一著作的问世，完整严密的进化理论研究的轮廓开始形成。" ①

纳尔逊和温特除了继承艾尔奇安提出的企业生物相似性的演化思想外，他们构建了一个与生物相似的企业研究框架，特别强调了惯例、搜寻和选择在企业演化中的作用。在这一研究框架中，企业被假定为拥有路径依赖的在任何给定的时间内具有一定能力和决策规则的知识集合体，这些能力和规则由于企业解决问题的努力和偶然的事件而改变。

（1）惯例

在企业演化理论中，一切规则的和可以预测的企业的行为方式都被称为惯例 (routines)。在任何时候，企业在其内部都有一套做事的方式和决定做事的方法，包括企业的各种特点，从明确规定的生产物品的技术惯例，经过雇用和解雇、订购新商品或逐步增加高度需求的物品的生产这些程序，一直到关于投资、研究与开发或做广告的政策，以及关于产品多样化和海外投资的商业战略。② 在演化理论范式中，"惯例" 是企业有机体持久不变的特点，起着基因在生物进化理论中的作用，并决定企业可能有的行为。演化理论认为在决策和决策结果的决定中都有随机的因素，即企业的全部行为并不都属于规则的和可预测的。一个企业的惯例界定一系列函数，它

① Andersen E S. Evolutionary Economic: Post-Schunpeterian Contribution [M]. London: Pinter Publish，1994.

② 理查德 · R. 纳尔逊，悉尼 · G. 温特 . 经济变迁的演化理论 [M]. 胡世凯，译 . 北京：商务印书馆，1997.

们决定一个企业所做的事是各种外在变量和内在变量的函数。因此，具有某种惯例的有机体比其他有机体可能做得更好，在这个意义上，惯例是可以被遗传和被选择的。

企业的惯例一般可分为三类：一是“经营特点”，是与一个企业在任何时候所做的事情有关，对企业短期行为起支配作用的惯例。二是企业增长率，它决定企业的资本量从一个时期到下一个时期的增加或减少，这时企业的投资规则主要同企业的盈利能力有关，即盈利的企业将扩张，不盈利的企业将收缩。在这种情况下，选择机制类似于生物进化论中具有不同净再生产率的各种遗传类型的自然选择，一个企业增长率对繁荣或逆境的敏感程度就是企业“基因”的反映。三是企业搜寻，即企业拥有一些随时间的流逝而自动修改经营特点的许多方面的惯例。这些惯例是由规则指导的，也就是一种有较高层次程序的决策规则体系。它偶尔采取行动，去修改低层次的决策。

（2）搜寻

“搜寻”是指企业改善其现有状况的所有活动。搜寻与评价与现有的惯例有关，而且它们可能导致修改惯例，或更急剧的变化，或取代惯例。当获得足够的盈利时，企业一般不会进行“搜寻”，而只是试图保持其现有的惯例；当盈利不能达到满意程度时，企业才被迫考虑其他办法，即通过搜寻达到满意结果。因此，搜寻是企业的一种特殊组织反应，而不是一种连续的活动。企业进行“搜寻”时，一方面可能要看其他企业在做什么，如果有的企业所做的使搜寻的企业得到满意的“最佳实践”，则会发生技术和惯例的扩散，也就是模仿；另一方面搜寻也可能发生在概率分布集中在本企业现有技术和惯例的附近，如果搜寻得以实现，新规则与旧规则就不会完全相同或者完全不同，这实质就是创新。在生物进化中，具有不同遗传继承性的各类有机体，推动着生物的动态选择过程。在经济演化过程中，盈利的企业比不盈利的企业具有相对扩张的趋势，起着类似的作用。搜寻具有不确定性、不可逆性和历史性而不同于其他一般的惯例，搜寻过程总是寻找一种可供替代的新规则，而且这种新规则只有在它比企业现有规则可以为每单位资本提供更高报酬时，才会被该企业采纳。

（3）选择

一个组织的选择环境是影响它优裕情况从而影响它扩张或收缩程度的全部考虑。组织选择何种环境既要考虑环境现在对企业的影响，而且要进一步考虑环境对企业将来的影响。选择的环境部分地取决于所考虑的行业或部门里企业的外部情况，但也取决于该部门其他企业的特点和行为。影响企业选择的因素有：①某种选择是否有利可图，即企业认可的价值；②消费者对企业选择的评价；③企业选择所涉及的投资和模仿的过程。企业选择最终是要接受市场选择的评判，而选择环境的变化对企业的兴衰成败有重大的影响。

随着买方市场的形成，市场竞争日趋激烈。市场决定了企业的盈利和亏损，并将后者淘汰。市场的选择对正在进行中的事物起作用，而不是对一整套可行的事物起作用。企业在一种经济情况下接近于最大化利润的习惯性反应，在另一种情况下则可能导致盈利。而且，总是选择错误的企业有被市场淘汰的趋势。纳尔逊和温特指出，企业的搜寻和选择行为在演化过程中是同时进行、相互作用的。通过搜寻和选择的联合行动，企业随时间而演变，行业在每个时期的状况带有它在下一个时期状况的种子。企业的发展演化是一个马尔科夫过程，它不是确定的，搜寻和选择的结果具有随机性。

（4）新制度经济学的观点

“新制度经济学”（The New Institutional Economics）这一概念最早是由美国经济学家威廉姆森教授提出来的。新制度经济学把制度纳入分析范畴，与资源、技术、偏好组成一个联动的系统，使制度不再外在于经济分析之外，而成为经济研究的重要因素，包括产权、交易、组织等的起源与变迁，从而打开了企业这个经济学的“黑箱”。其核心思想在于选择和确立合理有效的制度，以降低交易成本和激励经济主体从事生产性活动，保障分工与合作的顺利进行，实现降低生产成本的生产方式，最终实现资源的优化配置和经济的持续增长。新制度经济学为我们研究和理解企业成长与发展提供了一条新的思路。

①交易费用理论

交易费用理论产生于美国芝加哥大学法学院罗纳德·哈里·科斯教授（R. H. Coase）1937年在美国《经济学》（Economica）新系列十一号上发表的文章——《企业的性质》（The Nature of The Firm）。在这篇开拓性的论文里，科斯突破了新古典经济学的假设，提出了一个不同于新古典经济学研究模式的新范式。在新古典经济学中，企业被视为一个生产函数，是一个已经存在的事实，是经济学研究的基本前提，同时也是研究的基本单位。企业的职能是按照既定的生产技术，按给定的投入产出生产函数把各种要素进行加工组合，使这些要素转换成产品，提供给市场。因此，市场才是新古典经济学研究的对象。新古典经济学在充分揭示市场机制对资源配置作用的同时，忽略了对企业自身的研究，以至于在资源配置机制的理解上不可避免地存在一定的偏颇。他们认为，市场机制是唯一的资源配置机制，资源的流动和协调直接依赖于价格机制，市场关系由供求曲线来表示，不存在交易费用，亚当·斯密“看不见的手”能够使资源配置达到帕累托最优。但是，科斯提出，既然市场如此美妙，为什么生产不可以在没有组织的情况下进行呢，为什么要有企业这种组织呢，企业的规模为什么会变化呢，企业的边界由什么决定呢。为了解释这些问题，科斯修正了新古典经济学模型关于市场交易可以顺利进行的假设，认为市场运行本身是有成本的，并提出了“交易费用”这一概念，包括市场信息的搜寻成本、寻找交易对象的成本、发现相对价格的工作、谈判和签约的成本、监督合约实施的成本、违约处理的成本等等。企业可以节约因市场磨擦而产生的交易费用，即用费用较低的企业内交易替代费用较高的市场交易。于是，科斯把企业的起源归因于市场交易过程中的磨擦，而企业的本质特征是对价格机制的取代。[①]

按照科斯的理论，企业通过内化市场交易而减少交易费用。就一笔交易来说，假如企业内部的交易费用低于市场的交易费用，企业就是比市场更有

---

① 罗纳德·科斯，路易斯·普特曼，等.企业的经济性质[M].孙经纬译.上海：上海财经大学出版社，2000.

效率的交易管理机制，内化就是有利可图的行为。也就是说，这一内化源于人们对更高经济利益的追求。科斯在《企业的性质》一文中指出，正是因为价格机制的运行会产生一定成本，才使得建立企业变得有利可图。通过价格机制来组织生产所带来的最大成本就是因寻求相关信息形成的费用，通过与了解信息的专家进行交易可以降低这一成本，但不会从根本上消除。同时我们还必须考虑订立市场合同、进行决策所带来的成本。可以相信，由于企业的存在，尽管不能完全消除但已经大大降低了这些费用。生产者（或企业主）只需与企业内部员工订立一个长期而稳定的合同，而在价格机制条件下，他必须按照市场价格签订一系列合同。企业的存在使得交易能够以一个总的协定代替一系列分散的协定。这项合同使得企业能够在一定限度内对某些要素行使指挥权。①

科斯不仅用“交易费用”概念解释了企业存在的原因，而且以其分析了企业规模的边界。科斯认为，企业是由行政命令来管理和指挥的。管理过程本身就会产生管理费用或组织费用，例如雇佣管理人员，购买办公用品等等，所有这些都是管理费用。企业的规模越大，管理费用就越高，企业不断扩大，管理费用就不断增加，最终以扩大企业规模来内化一笔额外交易所节省的费用刚好被增加的管理费用所抵消。这时候，企业不能靠继续扩大自己的规模而赢利了，企业就会停止增长，企业的规模就达到了一个均衡点。因此，企业的最优边界在于市场的边际交易费用等于企业的边际组织费用。如果市场的边际交易费用大于企业的边际组织费用，新增的生产活动应当内化到企业中，由企业组织来完成，企业应当扩大。如果新增生产活动的交易费用小于企业组织费用，这项生产活动就应当由市场交易来完成，企业就应当缩小。比如说，某项零部件是由企业自己生产还是购买其他企业生产的这种零部件来满足自己的需要，这一选择取决于零部件的商场交易费用与企业自己生产时额外增加的组织管理费用之间的比较，从中选择一种费用较小的方法。因

① 罗纳德・科斯，路易斯・普特曼，等．企业的经济性质 [M]. 孙经纬，译 . 上海：上海财经大学出版社，2000.

此，一个有效率的组织不仅要有外部的市场交易，而且还要有适度规模的内部协调。

威廉姆森对交易费用理论进行了系统的分析，他把交易费用的决定因素分为两方面：一是交易因素，尤其是市场的不确定性和潜在的交易对手的数量；二是人的因素，包括有限理性和机会主义。他认为，企业的存在与这些因素有关：

一是有限理性（bounded rationality）。在新古典经济学中，人被假设为“经济人”。“经济人”能够在给定的条件和环境中做出充分合理的决定，总能作出最优的决定和选择。但是我们知道，人是不可能永远完全有理性的。西蒙认为，人们做事时理性有限却刻意为之。也就是说，人们做事时总是企图运用理智，但人的理性是有限的，因此在现实经济生活中，人的理性会受到信息传播的效率和接受信息的能力等诸种因素的限制。这样，如果要提高理性程度，就必须得到充分的信息，而要获得充分的信息，就要付出更大的交易费用。因此从本质上说，交易费用限制了市场机制作用的发挥。

二是机会主义（opportunism）的存在。威廉姆森接受了西蒙对“人”作为经济角色的分析，并提出了人的机会主义的假设。经济中的人总是尽最大能力保护和增加自己的利益，也就是说，经济中的人都是自私的。人不但自私，而且只要能够利己，就不惜去损人。威廉姆森把人的这种“本性”称之为机会主义。只要一有机会，人就会不惜损人而利己。

威廉姆森认为，从更一般的意义上说，机会主义是指不充分揭示有关信息，或者歪曲信息，特别是指那些精心策划的误导、歪曲、颠倒或其他种种混淆视听的行为。[①] 这些原因，直接或间接地导致了信息不对称性问题，从而使经济组织中的问题极大地复杂化了，并直接影响了市场的效率。因为市场上交易的双方不但要保护自己的利益，还要随时提防对方机会主义的行为。每一方都不知道对方是否诚实，都不敢轻率地在对方提供的信息的基础上作决定，

① 奥利弗・E・威廉姆森．资本主义经济制度——论企业签约与市场签约 [M]．段毅才，王伟，译．北京：商务印书馆，2002.

因此，机会主义的存在使交易费用增加。一笔交易越复杂，交易费用就越高，人在市场中机会主义的行为与交易费用有着密切的关系。

三是不确定性。现实经济生活中总存在着许多不确定性。不确定性增加了交易的风险。探讨市场交易的效率必须将人的有限理性、机会主义以及经济中的不确定性等因素综合起来分析，以防止机会主义行为的发生。因此，一项交易本身越复杂，合约条款越细，签约的时间越长，交易的费用也就越高。威廉姆森认为，不确定性不仅意味着增加谈判的难度和费用，而且包括谈判失败的可能性，这就是人们在使用市场机制时会遇到的麻烦，也就是市场机制的失灵。

四是厂商数目。竞争机制可以有利于市场机制的作用，减少机会主义的行为。如果市场上有许多卖者和买者，机会主义的行为就很难产生，市场的效率就会增强。这是因为市场上的竞争性越强，买卖的一方对另一方的依赖性越小，经济利益使机会主义的行为或企图受到压抑。当市场为垄断结构所控制，依赖垄断的另一方就要付出很高的代价，也就是说，对于非垄断的一方，市场交易费用十分高。

因此，威廉姆森认为，市场作为一种交易管理机制在以上四种基本条件综合相互作用时就会失灵。正是在市场作为交易管理机制失灵的情况下，企业制度就应运而生了。

此外，威廉姆森还用交易费用理论的方法研究纵向一体化理论，认为纵向一体化的基本动力是现有的和潜在的交易费用。威廉姆森认为，纵向一体化的关键在于资产专用性（asset specificity）。资产专用性是指为支撑某种具体交易而进行的耐久性投资。[①] 资产专用性越高，市场交易的潜在费用越大，纵向一体化的可能性就越大。资产有四种专用性[②]：一是专用实物资产的专用性。如为生产零部件所需的专用模具，为加工某种原料的设备所进行的特殊设计等等；

---

① 奥利弗・E・威廉姆森 . 资本主义经济制度——论企业签约与市场签约 [M]. 段毅才，王伟，译 . 北京：商务印书馆，2002.

② 同① .

二是专用场地的专用性。为节省运输费用，设备一般坐落在原料附近，一旦建成投产，移动的费用就会很高；三是人力资产专用性。“非流动性”是企业内部结构的主要决定因素。企业是一种合作契约。即使所有的成员在加入企业时是可流动的，他们也可能因进入和退出企业的交易费用或者不可转换的人力资本的积累而变得难以流动。对于一家企业，它的员工就是它的资产。如果是低技术岗位，这些人力资产就无专用性可言。如果是高技术岗位，就需要专业技术人才，尤其是员工在工作中又积累了丰富的工作经验，他的经验技术又特定于这家企业，这就体现了人力资产专用性。对于企业来说，重新培训这样的员工要花很多时间和费用。同时，他也更适合在本企业工作。因此，维持长期的用工关系对于企业和员工均有好处。四是特定用途资产（dedicated assets）的专用性。特定用途资产是指为提高通用生产能力而进行的分期投资所形成的资产。如果不是为了把大量产品卖给特定的顾客群，就不会进行这种投资。这四种资产专用性的任何一种都很能促使企业纵向一体化。

威廉姆森认为，纵向联合问题的关键在于“资产专用性”。当资产专用性达到一定高度，市场交易的潜在费用就会阻止企业继续依赖市场，这时纵向联合就会出现，如“内化”石油产业这个环节。当石油生产成为企业内部的一个生产过程，炼油设备的原料供应得到保障，被人“卡脖子”或讹诈的潜在损失也就消失了。因此，一个产业中资产专用性越高，纵向一体化的现象就应该越普遍。反之，如果一个产业的资产专用性越低，纵向一体化的现象应该越少。从这个逻辑推下去，产业标准化的进程应促使纵向一体化解体，竞争增加，从而增加社会的经济效益与财富。

运用交易费用理论来分析中小企业存在的原因可以发现[①]：一方面，市场环境中确实存在着最低效率规模较小的行业，企业的纵向整合只会增加生产成本，在这种情况下，企业以特定的、较小的规模进行生产是最优的选择；另一方面，企业是通过签订一系列正式和非形式的合约来进行生产经营活动的，

① 张玉利，任学锋．小企业成长的管理障碍 [M]. 天津：天津大学出版社，2001.

每家企业都希望与供应商和顾客建立良好的关系。在这方面，中小企业具有比较优势，因为中小企业的重要决策一般都由企业主亲自制定，而大企业存在着复杂的委托代理关系，决策不仅慢且难协调，而中小企业的决策趋向相对一致，使得其他厂商更容易与之建立稳定的合作关系。

但是，交易费用理论研究的是企业组织的“规制”问题，它没有探讨企业的“生产”属性问题。在企业决策、供应、生产、销售机制等方面只关注交易成本，而忽略了生产成本，因此，未能触及企业实际运作中企业能力、企业发展和企业战略等经营管理中的根本问题，使这一理论在管理实践中的运用十分有限。

②制度变迁的路径依赖理论

制度变迁是指一个制度的替代、转换和交换的过程。制度变迁能否发生取决于很多因素，如相对价格的变化、制度变迁的代理人以及制度变迁的成本与预期收益的比较等。根据达尔文的进化理论和有效竞争原理，社会、政治和经济的长期演变会朝着一个方向收敛，没有发达与不发达之分。但是，现实中不同国家的社会经济演进方向与速度不尽相同，经济贫困国家仍然长期存在。“人类历史中的一个关键疑难问题是，如何解释历史变迁路径差异甚大的原因”。为什么制度变迁和经济增长的路径会不同，由什么因素决定。诺思认为，有必要废除作为经济理论基础的理性假设。他认为思想、意识形态、神话、教义和偏见是起作用的，理性选择假设人们知道什么符合自己的利益，并且采取相应的行动，但是在条件下不确定的情况下，该假设是错误的。这种不确定性是形成历史变迁的政治和经济选择的特性，路径依赖（path dependence）是对长期经济变化作分析性理解的关键。诺思关于制度变迁具有路径依赖性质的论述是他对新制度经济学的一大贡献。

诺思把阿瑟（W.Brian Arthur）关于技术演变过程中的自增强机制理论运用于制度变迁研究，从而提出了制度变迁中的路径依赖问题。阿瑟指出，新技术的采用往往具有报酬递增的性质。由于某种原因首先发展起来的技术通常可以凭借先占的优势地位，利用规模效应降低成本，而技术的普遍流行导致学习效应的提高，以及许多行为者采取相同技术产生的协调效应，在市场上越是流行就促使人们相信它会进一步流行的心理预期等等，实现了自我增强的良性循环，从而在竞争中战胜竞争者。反之，一种具有较其他技术更优品质的技术却可能由于落后一步，没能获得足够的追随者而陷入恶性循环，甚至被“锁定”（lack-in）在某种被动的状态下，难以发展。因此，细小的事件和偶然的情况常常会把技术发展引入特定的路径，而不同的路径最终会导致完全不同的结果。技术轨迹依赖的特征就在于自行强化机制的内在作用。这种自行强化机制主要包括四个方面：一是大量的初始成本或固定成本，随着产量的增加，会产生规模经济效应。二是学习效应。随着这项技术流行，人们会改进产品或降低成本。三是协调效应。由于其他经济当事人采取相配合的行为，会产生合作利益。四是适应性预期。这项技术在市场上使用的增加，有利于进一步扩展。其结果是：①多种均衡。可能会有多种解决方法，所以结果不一定总是唯一的。②一项技术可能一开始总是有效的，但发展下去，可能会失去效率。③模式的固化。选择某种技术容易，而放弃却非常困难。④路径依赖。一次或偶然的机会可能会引出一种解决方法，而一旦这种方法流行起来，它又会导致这种方法进入一个特定的轨迹。

诺思认为，在制度变迁中同样存在着报酬递增和自增强机制。这种机制使制度变迁一旦走上了某一路径，其既定的方向就会在以后的发展中得到自我强化。他指出：“人们过去做出的选择决定了他们现在可能的选择。”[①] 沿着既定的路径，经济和政治制度的变迁可能进入良性循环的轨道，迅速优化；也可能顺着原来的错误路径往下滑，甚至被“锁定”在某种无效率的状态下。一旦进入了锁定状态，要摆脱原有的状态就会十分困难。正如诺思所说的，既有方向的扭转，往往要借助于外部效应，因此，必须引入外生变量或依靠政权的变化。可见，组织一旦被锁定在无效率状态下，也就是说，路径选择一旦出现错误，那么改变这种状态需要进行组织变革（即引入外生变量）；否则，

① 卢现祥 . 西方新制度经济学 [M]. 北京：中国发展出版社，2003.

组织就会消失。

自增强机制在制度变迁中的作用主要体现在[①]：一是设计一项制度需要大量的初始设置成本，而随着这项制度的推行，单位成本和边际成本都会下降，这是制度创新中的规模经济效应；二是学习效应，适应制度而产生的组织会抓住制度框架提供的获利机会。制度变迁的速度是学习速度的函数，但变迁的方向却取决于不同知识的预期回报率；三是协调效应，通过适应制度而产生的组织与其他组织缔约，以及具有互利性的组织的产生与对制度的进一步投资，从而实现协调效应。更为重要的是，一项正式规则的产生将导致其他正式规则和一系列非正式规则的产生，以补充和协调这项正式规则发挥作用；四是适应性预期。随着以特定制度为基础的契约流行，将减少这项制度变迁的不确定性。

在制度变迁过程中，制度向量的相互联系网络就会产生自增强机制效应，这种自增强机制效应又保持了特定制度的路径，从而决定了经济长期运行的轨迹。新制度经济学的分析表明，只要市场是竞争性的、完全的市场，制度变迁的轨迹将是有效的，经济长期运行的轨迹也是有效的，即经济总会保持增长的势头，也就不会出现发散的轨迹和持久的贫困。但是，如果市场是不完全的，信息是不充分的，那么交易成本就会增加，根据不完全信息建立的主观模型也是不完全的，且是多种多样的，因而制度变迁的轨迹必然是发散的，并使无效的制度保持下去，其结果是贫困不可避免。诺思认为，制度变迁的路径依赖有两种类型[②]

诺思路径依赖 I：一旦一种独特的发展轨迹建立以后，一系列的外在性、组织学习过程、主观模型都会加强这一轨迹。一种具有适应性的有效制度演进轨迹将允许组织在不确定性的环境下选择最大化的目标，允许组织进行各种试验，允许组织建立有效的反馈机制，去识别和消除相对无效的选择，并保护组织的产权，从而引致长期的经济增长。

---

① 卢现祥 . 西方新制度经济学 [M]. 北京：中国发展出版社，2003.

② 同①.

诺思路径依赖Ⅱ：一旦在起始阶段带来报酬递增的制度，在市场不完全、组织无效的情况下，阻碍了生产活动的发展，并会产生一些与现有制度共存共荣的组织和利益集团，那么这些组织和利益集团就不会进一步追加投资，而只会加强现有制度，由此产生维持现有制度的政治组织，从而使这种无效的制度变迁的轨迹持续下去。这种制度只能鼓励进行简单的财富再分配，却给生产活动带来较少的报酬，也不鼓励增加和扩散有关生产活动的特殊知识，结果不仅会出现不佳的增长实绩，而且会使其保持下去。

诺思认为，路径依赖是对长期经济变化作分析性理解的关键，正是“由于缺少进入有法律约束和其他制度化社会的机会，造成了现今发展中国家的经济长期停滞不前。”① 初始的制度选择会强化现存制度的刺激和惯性，因为沿着现有制度变迁的路径和既定方向前进，比搜寻新路径成本更低；另一方面，一种制度形成以后，就会形成某种在现存体制中的既得利益集团，他们力求巩固现有制度，阻碍进一步的改革，哪怕新的体制较现在体制更有效率。因此，路径依赖形成的深层原因是利益驱动。由于利益集团的阻力及原有制度的“惯性”，使得制度变迁中的路径依赖形成以后，制度变迁就有可能变成“修修补补”的游戏。因此，体制转轨时期的国家要不断解决“路径依赖”问题。

总之，制度变迁的路径依赖理论不仅说明制度选择的重要性，而且也说明企业成长中技术选择、产品选择、市场选择和产业选择的重要性。企业成长的多样性从某种程度上说，是路径选择的差异性。因此，制度变迁的路径依赖理论对中小企业成长路径选择以及我国促进中小企业发展的政策制定和制度安排都具有重要的指导意义。

2.2.2 企业成长的管理学理论

1. 彭罗斯的企业成长论

安蒂思·彭罗斯是约翰·霍普金斯大学教授，她在 1959 年出版了《企业

① 卢现祥. 西方新制度经济学 [M]. 北京：中国发展出版社，2003.

成长理论》，该书继承了熊彼特传统，集中研究企业内部动态活动，以揭示企业成长的动态过程，被认为是关于企业能力理论最丰富的著作。

彭罗斯在该书中从企业的定义出发提出的中心问题是：在企业的本性中，是否存在着什么内在的力量既促进企业的成长又限制企业成长的速率。她认为，工业企业的基本职能是为了向国民经济提供产品和服务，依照在企业内部形成和执行的计划来利用生产性资源。根据这一职能，她进一步区分了企业内部经济活动和市场上的经济活动，两者的区别在于前者是在一个行政组织内部进行的。因此，彭罗斯把企业界定为：被一个行政管理框架限定边界的资源集合。从这一定义出发，彭罗斯集中讨论企业的内部资源。她认为，生产性资源和生产性服务是不同的，资源本身从来不可能是生产过程的“投入品”，投入品只能是资源所带来的服务。同样的资源当被用于不同的目的或不同方式，并与不同类型或数量的其他资源相组合时，会产生不同的服务。因此，组成一组潜在服务的资源可以在不涉及其使用的条件下被定义，而服务却不能在这个条件下被定义。“服务”这个词本身就意味着一种功能，一个活动。由于服务只能产生于对资源的使用过程，所以每个企业在其经营活动中所产生的生产性服务必然是独特的（Unique），即企业特定的（Firm specific）或其他企业难以模仿的。因此，彭罗斯认为，企业使用自己拥有的生产资源所产生的服务是企业成长的原动力，企业的成长并非由市场的均衡力量决定，而是由每个企业自身的独特力量（即由使用资源所产生的服务或能力）所推动的。

彭罗斯否认新古典经济理论认定的限制企业成长的三个因素：管理能力、产品或要素市场以及不确定性和风险。她认为，真正限制企业成长的因素来自企业内部。企业现存管理人员的力量（Capacities）必然在任何给定的期限内限制企业的扩张。但是，由管理力量所决定的企业扩张的限度不是固定不变的，是一个可以随着管理力量的扩展而不断退却的限度（The receding limit）。这就是说，既然企业的成长主要受制于管理力量，那么管理力量的增长也必然会推动企业的增长。在企业成长的过程中，也可以通过逐步吸收新的管理人员来增加管理服务。更重要的是，企业不仅生产产品，而且生产知识。管理服务的实践可以产生新的知识，而知识的增加又会导致管理力量的增长，从而推动企业的成长。

彭罗斯把知识分为客观知识和经验知识，认为客观知识独立于个人或团体之外，可以通过书籍、蓝图和语言向任何人传播，但经验知识却无法通过这些途径来传播。它引起个人的变化——经常是微妙的变化，而且无法与个人分开。而企业又是一个有一起工作之经验的个人的集合，因为只有这样才发展“团队合作”。因此，管理经验会产生于企业内在的知识。而企业运营的经验所获得的知识增加会创造出许多生产性服务，如果企业不增长，新增的服务就会得不到利用。所以这些服务提供了企业扩张的内部诱因。彭罗斯关于经验积累——知识增加——服务增长的企业成长的动态框架实际上否定了新古典经济理论对企业行为静态均衡分析的假设。在新古典经济理论中，企业的知识在给定的时间内是不变的，所以管理服务的供给是固定的，只要经济体系的参数不变，个别企业的生产机会就不会发生变化。但是，彭罗斯认为，一旦承认运营和扩张过程本身与知识增长密切相连，那么立刻就会清楚，一个企业的生产机会甚至在外部条件或基本技术知识没有发生任何变化时都将发生变化。所以，企业是一个学习的企业、动态的企业。

彭罗斯关于经验知识的论述对研究企业成长理论，尤其是企业能力理论，产生重要的影响。因为从团队合作中获得的经验不仅使个人的集合能够成为一个工作单位，而且发展出关于行动可能性和团队自身即企业行动方式的不断增长的知识。这种知识的增加不仅引起企业与外部环境变化无关的生产机会的变化，而且对每一个企业生产机会的“独特性”（Uniqueness）发生作用。有效的管理服务来自团队合作的经验，而知识的经验性则决定生产机会的独特性。这种资源的独特性和不可模仿性，正是后来企业能力理论所研究的重要内容。

2. 企业成长的战略理论

最早把战略思想引入经济管理中的是美国制度经济学家康芒斯（John

R.Commons），他把“战略因素”这一词用于企业经济制度中管理经济活动和交易活动的某些方面，用于说明在不同的情况下决定事物发展的关键变数。后来，美国管理学家巴纳德（Chester I.Barnard）将康芒斯的“战略因素”这一概念首次引入企业管理中，他在《经理人员的职能》一书中写道：“决策所要求的分析，事实上是一种对‘战略因素’的探求。我从约翰·R·康芒斯教授那里借来的‘战略因素’这个概念同科学工作中普遍都有的‘制约因素’这个词有关。康芒斯把战略这个词的用法限制在企业经济制度中管理经济活动和交易活动的某些方面。但把它限制在这些领域是没有必要的，在需要作决策的任何情况中，涉及的原则都是相同的。要正确认识决策过程，从而理解组织和经理人员的职能，也许还包括个人的有目的的行为，都必须有战略因素的理论。”①

巴纳德关于“战略因素”的论述，虽然有别于我们所说的战略或企业战略，但其基本思想是一致的。巴纳德明确指出了解决问题必须找出其决定性的关键因素，而在企业战略中制约企业进一步发展的因素就是战略性因素。生产问题、资源问题、技术问题、创新问题在不同的条件下，都有可能成为抑制企业发展的战略因素。在制定企业发展战略时，首要的一点就是要解决这些“瓶颈”问题。

企业战略理论产生较晚，但对企业生存和成长起了重要的作用，从战略家对企业战略的界定中，我们可以看出企业战略与企业成长的关系。

美国著名的战略专家乔治·达伊认为，战略是“追求竞争优势中的整体行动，有用的战略核心应包括：①业务界定：描述选定要进行竞争的市场领域（尤其是所要满足的顾客需求、为满足这引起需求应采用的技术，以及目标细分市场）、价值链中活动的规模和范围以及用于赢得进入竞争领域的渠道。②战略部署：表明业务单位如何获得和保持竞争优势，以及支持该战略所需的投资方式和现金流量。③目标：是业务单位期望将来获得的执行结果。”②

美国著名的战略学家大卫·J. 科利斯和辛西娅·A. 蒙哥马利认为：“所谓

① C.I. 巴纳德 . 经理人员的职能 [M]. 孙耀君，等译 . 北京：中国社会科学出版社，1997.

② 乔治·达伊，市场驱动战略——价值创造过程 [M]. 牛海鹏，等译 . 北京：华夏出版社，2000.

公司战略，就是公司通过协调和配置或构造其在多个市场上的活动来创造价值的方式。”① 他们认为，这个定义包括三个方面的重要内容：第一，它特别强调把创造价值作为公司战略的最终目的；第二，它对公司的多市场范围（即配置或构造）给予关注，包括公司的产品界限、地理界限和垂直界限；第三，它强调公司如何管理发生于公司层阶制度之中的活动与业务（即协调）。

日本著名的战略学家伊丹敬之认为，战略决定公司业务活动的框架并对协调活动提供指导，以使公司能应付并影响不断变化的环境。战略将公司偏爱的环境和它希望成为的组织类型结合起来。②

美国著名的企业战略理论专家安索夫（H. I. Ansoff）在 1965 年出版的《企业战略》一书中论述了企业产品—市场的战略决策过程，探讨了企业成长的范围和方向，分析了企业成长的战略性问题。他认为，企业战略应包括四个构成要素③：一是产品与市场范围，即确定企业在所处行业中的产品结构与市场范围及其未来可能的发展趋势；二是成长向量，即对企业成长和发展方向的选择；三是协同效果，即“大于由企业各部分资源独立创造的总和的联合资源回报效果”。强调对于多品种经营的企业，应有一个共同的战略，以便为所有经营的产品活动提供一个统一的目标，并寻求企业在不同行业和不同经营活动之间的协同效能，追求企业运作中在资源、技术、管理和价值链活动等各主要业务的相互匹配关系的作用，产生协同效应；四是竞争优势，即企业及产品和市场所具备的区别于竞争对手并能为企业带来竞争优势的要素。因此，安索夫强调企业成长中的“能力概况”和“协同作用”。前者表现为企业现有技能和资源的特征，是趋势反映企业强弱的现实能力；后者反映企业现有经营项目和新办经营项目之间的关联性。它预示着有利于企业的成长方向和范围，是一种“成长向量”。

---

① 大卫・J. 科利斯，辛西娅・A. 蒙哥马利 . 公司战略：企业的资源与范围 [M]. 王永贵，等译 . 大连：东北财经大学出版社，2000.

② 戴维・贝赞可，戴维・德雷诺夫，马克・尚利 . 公司战略经济学 [M]. 武亚军，译 . 北京：北京大学出版社，1999.

③ 李品媛 . 企业核心竞争力研究——理论与实证分析 [M]. 北京：经济科学出版社，2003.

安索夫认为，企业成长要向其自身特长的领域发展，尽可能向有关联的领域发展，以获得较有利的竞争位势。他从产品和市场需求两个参数，刻画了企业成长的四类战略，即市场渗透战略、开发新产品战略、开拓新市场战略和多元化经营战略（图 2-6）。

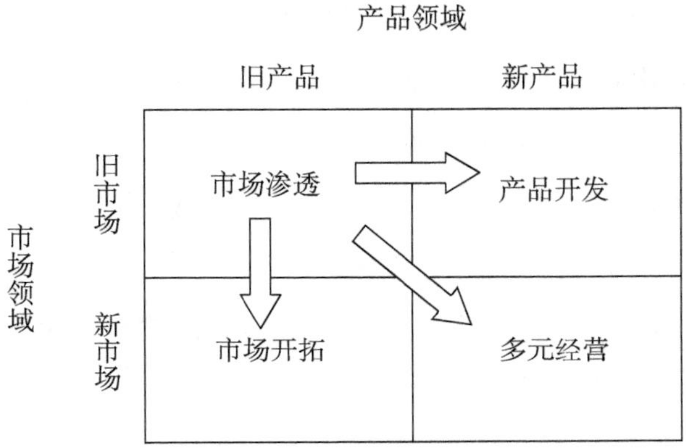

图2-6　企业成长向量图

美国著名的营销学家科特勒（Kottler）在其所出版的《市场营销管理》中指出，企业战略可分三类，如表 2-2 所示。

表 2-2　主要的成长机会类型

密集性成长	一体化成长	多元化成长
●市场渗透 ●市场开发 ●产品开发	●后向一体化 ●前向一体化 ●横向一体化	●同心多元化 ●水平多元化 ●综合多元化

一是密集性成长战略。企业的现有产品和现有市场如果还有营利潜力，可采用密集性成长战略。这一战略主要有市场渗透战略、市场开发战略和产品开发战略三种形式。

二是一体化成长战略。如果企业所属行业的吸引力和成长潜力大，或实行一体化后可提高企业效率，提高营利能力和控制能力，则可采取一体化成长战略。通过一体化战略可以增强企业的竞争力，达到资源的优化配置，实现产业结构的合理化和优化，从而有利于提高整个社会的经济效率。这一战略主要有后向一体化、前向一体化和横向一体化三种形式。

三是多元化成长战略。多元化成长是指向本行业以外发展，扩大业务范围，向其他行业投资，实行跨行业经营，当企业所属行业缺乏有利的营销机会或其他行业的吸引力更大，且企业具备成功所必需的业务优势组合时，可实行多元化成长战略。这一战略主要有同心多元化、水平多元化和综合多元化三种形式。

但是，多元化并不意味着企业可以毫无选择地利用一切可获得的机会，而是要扬长避短，结合自身的资源优势来选择市场机会，以充分发挥资源潜力并分散经营风险。如果企业不慎重决策，贸然进入陌生行业，就有可能由于经营不善给企业造成重大损失甚至破产。

由上可见，企业的经营领域及其发展是企业战略制定的重要内容，企业成长的方向是其经营领域变动发展的一种体现。

3. 钱德勒的管理成长理论

美国著名的企业史学家小艾尔弗雷德·钱德勒运用大量的史料分析了现代工商企业的产生和成长的历程。他认为，现代企业是指“由一组支薪的中、高层经理人员所管理的多单位企业”。[①] 它有两个特点，即包含许多不同的营业单位，且由各层级支薪的行政人员所管理。其主要观点是[②]：

①现代企业的产生是节约交易费用的结果。他认为，当管理上的协调比市场机制的协调能带来更大的生产力、较低的成本和较高的利润时，现代多单位的工商企业就会取代传统的小公司。这种内部化给企业带来许多好处，如由于单位间交易之例行化，降低了交易成本，由于生产单位和采购及分配单位的管理连结在一起，从而降低了获得了商场和供应来源信息的成本，更重要的是多单位的内部化使商品从一个单位到其他单位的流量得以在管理上进行协调，这种协调使现金的流动更可靠、更稳定，付款更迅速，从而大大节约了交易费用。

---

① 小艾尔弗雷德·D. 钱德勒 . 看得见的手——美国企业的管理革命 [M]. 重武，译 . 北京：商务印书馆，1997.

② 同①.

因此，钱德勒认为，“现代工商企业是当经济活动量达到这样一个水平，即管理上的协调比市场的协调更有利可图时，才首次在历史上出现的。”①

②管理层级制的存在是现代工商企业的一个显著特征。钱德勒认为，传统的单一单位的企业的活动是由市场机制所控制和协调的，而现代工商企业内生产和分配单位则由中层管理人员控制和协调。高层管理人员除了评价和协调中层管理人员的工作外，还取代市场而为未来的生产和协调资源。因此，管理层级制（图 2-7）是现代工商企业的重要特征。“如果没有此种管理人员的存在，多单位企业只不过是一些自主营业单位的联合体而已。”②“此种联合体通常可以稍微降低信息和交易成本，但不能经由生产率的提高来降低成本。它们无法提高管理协调的功能，而此种功能才是现代工商企业的最重要的功能。”③管理层级制一旦形成并有效地实现了它的协调功能后，层级制本身也就变成了持久性、权力和持续成长的源泉。

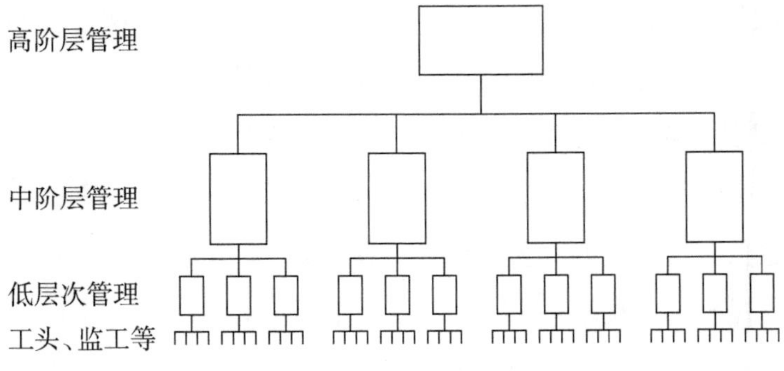

注：每一方块代表一办事处

图2-7　现代工商企业的基本层级结构

资料来源：小艾尔弗雷德・D.钱德勒.看得见的手——美国企业的管理革命[M].重武，译.北京：商务印书馆，1997.

③现代工商企业成长是支薪经理层职业化的结果。钱德勒认为，随着现

① 小艾尔弗雷德・D. 钱德勒 . 看得见的手——美国企业的管理革命 [M]. 重武，译 . 北京：商务印书馆，1997.

② 同① .

③ 同① .

代工商企业的出现和发展，指导各级工作的支薪经理这一职业变得越来越技术性和职业化。当多单位工商企业在规模和经营多样化方面发展到一定水平，其经理变得越来越职业化时，企业的管理权与所有权就会分离。“股东并不具备参与高阶层管理的影响力、知识、经验或义务。支薪经理人员既管理短期经营活动，也决定长远政策。他们支配了中低层和高阶层的管理。这种被经理人员所控制的企业可以称之为经理式的企业，而此种公司占支配地位的经济系统则可称之为经理或资本主义。”① 对支薪经理人员而言，公司的持续成长对其职业是至关重要的。他们的主要目标是确保其设备能连续使用和得到原料。他们比股东更愿意减少甚至放弃眼前的利益，以维持其组织长远的活力。如果利润很高，他们宁愿再投资于企业而不愿作为股息而支出。因此，经理人员要维持其组织被充分利用的愿望变成了使企业进一步发展的持续力量。随着大企业的成长和对主要经济部门的支配，少数大量生产、大量零售和大量运输的企业的支薪经理人员，已经在协调通过生产和分配过程的商品的日常流量，并为未来的生产分配资源，从而改变了这些部门乃至整个经济的基本结构。这时，“美国企业界的管理革命乃告实现”②。

此外，钱德勒在 1962 年出版的《战略与结构：美国工业企业史上的篇章》一书中通过美国历史上四大公司成长历程的研究，分析了企业战略与结构发展的问题，提出了“战略决定结构”的著名论断。他认为，企业的经营战略要适应环境的变化，而企业的组织结构必须随着企业的战略需求的变化而变化。其核心思想有以下几点。

①企业的建立是资源积聚的结果。企业需要通过资源的初期积累经受住建立初期的压力，并不断壮大，在市场上占有一席之地。企业经营战略应当适应环境，而组织结构必须适应企业战略，随战略的变化而变化。

②企业的成长是资源的合理化使用。企业生存的根本是资源在企业内的

---

① 小艾尔弗雷德·D. 钱德勒 . 看得见的手——美国企业的管理革命 [M]. 重武，译 . 北京：商务印书馆，1997.

② 同①.

各项合理分配，即企业内各项关系的确立与稳定，保证资源能够在企业运作中的合理使用。如果企业确立新的发展目标，要对现有的资源分配及使用效果进行新的分析和资源的重新分配，使资源能够配置在产生最大效益的业务领域。因此，企业内部资源的优化配置与使用是企业成长的内在动因。

③对扩充资源的合理使用是企业保持持续竞争优势的关键要素。企业资源的扩充是建立在对新业务充分分析的基础上，并舍弃那些实际上不能为企业提供较高效益的业务内容，以使企业不断适应外部环境的变化，获得持续发展。因此，他认为，企业多角化和纵向一体化是现代企业成长的主要策略。对采取直线职能制结构的企业来说，企业的扩张应采取纵向一体化战略。而对于采取事业部制的企业来说，企业的扩张应采取多元化发展的战略。

4. 德鲁克的经营成长理论

彼得·德鲁克（Peter F. Drucker）1909 年生于奥匈帝国的维也纳，1937 年定居美国，是美国当代著名的管理学家。他认为，企业成长来源于对机会的利用。企业管理层应该看一看市场、人口、经济、社会和技术，以便确定最可能发生的变化及其方向，想一想"已经发生了哪些很可能带来长远影响的变化。"企业成长中比预计变化能力更重要的是企业本身具有成长潜力的人为组织，企业管理层不能仅抱着对成长的希望和承诺，而必须有一个切实可行的目标和一套相应的成长战略。他认为，经营成长是企业最高管理层所面临的主要任务，需要最高管理层进行谋划和组织。成长战略中的第一步骤不是要决定在何处、用何种方法成长，而是要决定应该抛弃什么。企业必须有一种系统的政策去停止生产那些生产过度、已经过时且无生产率的产品，把资源从那些不再可能获得结果或生产回报正在迅速减少的领域、产品、服务、市场和技术中抽出来。因此，最高管理层必须从思想到行动做好不断创新的准备，尤其重要的是要不断保持和加强企业的创业精神和创新精神。其次，成长战略应该集中，必须以"那些机会之靶"为中心，也就是那些最有可能使某个公司的力量创造突出成绩的领域。最后，成长战略应能区分健康成长、肥胖和癌肿，三者都表现为“增长”，但通货膨胀时期的大量增长纯属肥胖，而且其中的有些部分还属早期癌肿。因此，健康成长应该是生产效率和生产绩效的增长。

德鲁克认为，企业发展是对工作成就的回报，应该感到高兴。但是，对许许多多中小企业来说，发展却成了十分可怕的事情。要使中小企业得到发展而又不至于失控，不至于遭受发展危机的痛苦折磨，企业成长中需要遵循以下五条简单的规律。①

①发展需要投资。除非企业对现金流量控制得较好，否则发展就会给企业的清偿能力带来压力，甚至可能迫使发展中的企业资不抵债，宣布破产。在这样的企业中，利润是第二位的。其实，在迅速发展中的企业，利润是一种会计上的错觉，应该把利润视为应急储备金。

②发展中的企业，尤其是发展中的中小企业，需要至少提前 2 年——最好提前 3 年——预见届时需要的金融结构及财力，需要现在就着手从外部筹措维持其发展势头所需的资金。

③企业要发展而又不至于陷入发展危机，还需要预见到将来对信息的需求，不仅要有财会系统提供的信息，还需要企业以外的当前信息，特别是市场方面当前的信息。渴望发展的中小企业有必要搞清楚要真正控制自己的企业、要知道自己企业的真实进展情况，我们还需要哪些信息；本企业取得了哪些真正的结果，实际的代价又怎么样。

④中小企业要发展就要集中力量解决技术、产品、市场问题，必须摆脱其他事务的干扰。企业要发展就要投入大量的精力，特别是管理方面的精力，需要把精力集中在真正出成果的方面。

⑤中小企业通常无力实施一流的管理。但是，要想求得发展，最好及早作好实施一流管理的准备，以免将来发展后管理跟不上。企业成长总会提出新的要求，事先不做准备就会影响企业的发展。企业必须弄清楚这个企业里

① 彼得·德鲁克．变动中的管理界 [M]. 王喜六，等译．上海：上海译文出版社，1999.

哪些活动具有关键意义（不言而喻，在每个企业中，人和钱的问题总是关键问题，但关键问题绝不只限于这两者）。企业最高层必须弄清哪些关键性活动适合最高层人士干。

与大型企业不同，中小企业成长中一旦出现发展危机，治愈几乎是不可能的，至少是十分困难的。但是，预防出现危机倒是相当容易的，因此关键在于预防。

此外，在企业成长理论的研究中，还有许多学者侧重于企业成长的历程和阶段的研究，这部分的内容我们将在第四章中详细介绍。

2.2.3 企业成长的社会心理学理论①

1. 心理学理论的观点

在心理学领域，对企业成长的研究主要在于对企业家心理素质的研究。许多学者认为，创办企业的人往往具有相同的个性，如成就欲望强、愿意承担风险、高度自信等等。哈佛大学的心理学家大卫·迈克利兰 (David C. McClelland) 曾对企业家特质进行了大量的调查和研究工作。他得出以下结论：

（1）成就欲与创业行为存在正相关关系。迈克利兰认为，人们对成就的追求程度存在差异，有的人比较容易满足现状，有的人则竭力追求更高目标，并为之而奋斗。迈克兰的研究表明，小企业主的成就欲一般高于普通人群，追求成功的行为表现为独立创业并自主经营。

（2）愿意承担风险是企业家普遍具有的个性。因为在创办和经营企业的过程中，企业主需要投入资金，因而承担经济风险；需要放弃稳定的工作，因而承担职业风险；需要投入时间、精力，因而承担家庭风险。迈克利兰在研究中发现，那些强烈追求成功的人往往愿意承担较高的风险。

（3）高度自信。这是企业家对风险的承受力的重要表现。只有具备高度自信的心理素质，才能使创业者应对各种挑战，他们总是认为能够控制事态

① 张玉利，任学锋 . 小企业成长的管理障碍 [M]. 天津：天津大学出版社，2001.

的发展，识别企业面临的问题，并坚信能够克服困难，所以自信度也是衡量企业家的一个重要指标。

2. 社会学理论的观点

社会学对企业成长的研究主要在企业的社会行为以及企业与社会关系方面。社会行为理论强调，要把企业作为一个社会群体研究其内在的社会逻辑。社会学家认为，寻求创业活动的关键要素在于了解与企业相关的人的内心意图，企业是由企业内外的人的意图及其行为相互作用而构成的社会实体。这种社会学观点突破了传统心理学的理论范畴，它不仅考虑个人心理特征，而且还考虑企业所处的社会环境。在研究方法论上，社会学家认为，应该放弃使用传统经济学试图按照逻辑推理和特定的方式去分析研究对象的过于简化的研究模型，应尽量去理解研究对象的意图以及这些意图的变化过程。只有这样，才能得出较为合理的解释。社会学提供的解释包括了能对企业人员产生影响的各种内外因素，因为人们究竟会采取哪种行动取决于他们所处的整个社会环境状况。[①]

由于中小企业的成长在很大程度上取决于业主的行为模式，因此，社会学家对企业成长的研究重心在于创业者与其所处社会环境的关系上。迪克·克拉克（Dickie Clark）提出了“社会边缘化”（Social Marginality）理论。克拉克认为，如果个体的身体特征、智力特征、社会行为方式等属性特征与其所处的社会环境所承担的角色发生冲突时，个体就处于社会边缘状态。错综复杂的社会环境会使某一特定的社会群体（如犹太人）处于高度的社会边缘状态。无论具有什么样的智力条件和什么样的个性特征，他们往往都会被非犹太社会所排斥。解决这一问题的途径之一就是成立自己的社会群体；另一途径就是创办自己的企业。在这种情况下，他们创办企业所追求的目标不在于获得利润，而在于找到一种能够控制自己生活的感觉。这就是为什么一些企业在不盈利或微利的情况下仍会继续经营的原因之一。

① Stanworth M J K，Curran J. Growth and Small Firm—an alternative view [J]. The Journal of Management of Studies，1976，5 (13):95-110.

2.2.4　企业成长的生态学理论

任何生命体都植根于其所栖息的自然环境与政治、经济、社会文化环境之中，和周围的环境发生这样那样的关系。如果将企业与其所处的环境看作一个整体，便构成了一个具有一般系统属性的企业生态系统。

20 世纪 90 年代以前的战略管理理论，比较偏重于竞争和竞争优势理论，这对战略管理理论的发展和企业经营业绩的提高曾起到积极的促进作用。但进入 90 年代以后，随着产业环境的日益动态化、技术创新的加剧、竞争的国际化和顾客需求的多样化和个性化，创新和创造未来日益成为企业战略管理研究的重点。在此背景下，超越竞争成为战略管理理论发展的一个新热点。其中，较有代表性的是达韦尼（1994）提出的超级竞争模型，德—博诺（1996）提出的超越竞争理论，肯・巴斯金（1998）提出的公司 DNA 理论，莫尔（1999）提出的企业生态系统演化理论等。这些理论分别从不同的角度提出了自己的观点，如德—博诺是从价值创造与创造性思维角度分析的，莫尔是从企业生态系统均衡的演化角度分析的，达韦尼是从竞争创新角度分析的，肯・巴斯金是从市场生态与协同进化角度分析的。他们的主要观点体现在以下几方面。[①]

（1）在现代产业边界日益模糊的情况下，企业不应把自己看作是单个的企业或扩展的企业，而应把自己视为企业生态系统的一个成员。这个生态系统包括供应商、主要生产者、竞争者和其他利益相关者。随着时间变化，它们常常倾向于围绕其中一个或多个核心企业指引的方向，合作演进各自的能力和角色。这些领导企业的角色可能会随时间而发生变化，但其发挥的功能对整个系统有重要价值，因为它使其成员朝着共同愿景来配置资源并且相互支持。在这个系统中，企业的投资与回报是建立在网络系统的双循环效益递增经济模型基础之上的。

（2）在企业生态系统中，企业战略的制定不同于传统的战略。产业边界不是给定的，而是可选择的；战略制定的基本单位不再是企业或产业，而是合

① 韩福荣，徐艳梅 . 企业仿生学 [M]. 北京：企业管理出版社，2002.

作演化的生态系统；企业经营绩效不只是企业内部管理优劣和行业平均利润的函数，还是企业在生态系统中联盟和网络关系管理好坏的函数；企业成长的重点不是个别企业的成长，而是整个经济网络的发展和公司在其中的地位成就；合作不再局限于直接的供应商和顾客，而是扩展到整个生态系统内的所有企业；竞争不是在产品与产品、公司与公司之间竞争，而是在企业生态系统之间以及在系统内取得领导和中心地位间的竞争。

（3）一个企业生态系统的合作演化大约经历开拓、扩展、权威、重振或死亡四个阶段。

开拓阶段的重点是要形成生态系统的基本范式，即要综合各种能力创造生态系统赖以建立的核心贡献。企业面临的合作性挑战是同顾客和供应商一起工作，以确定新的价值主张，更有效实现它的基本途经，竞争性挑战是自我保护以防止其他企业模仿，此阶段对企业谋求领导地位的最大挑战是能否提供比原来状态大得多的价值。

扩展阶段的重点是要开始建立一系列重要的协作关系并进行投资以增强其规模和范围。企业面临的合作性挑战是与伙伴和供应商协作向更大市场提供新贡献，要取得最大的市场覆盖和大批量，竞争性挑战是要让你的方法成为市场标准并占据主要市场区域，以及强化同客户、重要供应商和主渠道的关系，此阶段对企业谋求领导地位的最大挑战是及时形成大批量。

权威阶段的重点是要关注于使自己的贡献成为系统的核心。企业面临的合作性挑战是提供有号召力的未来远景以鼓励供应商和顾客共同改善系统，竞争性挑战是保持与系统内的供应商和顾客的强议价能力，此阶段对企业谋求领导地位的最大挑战是领导合作演进。

重振或死亡阶段的重点是要发现用新创意改造旧秩序的方法。企业面临的合作性挑战是同创新者一起给现有系统带来新创意，竞争性挑战是构建高的进入障碍防止创新者建立其他系统，保持高的顾客转换成本以获得时间，从而在现有产品或服务中增加新内容，此阶段对企业谋求领导地位的最大挑战是持续进行绩效改善，否则就会衰退或死亡。

（4）管理一个企业生态系统要考虑顾客、市场、产品或服务、经营过程、组织、利益相关者、社会价值和政府政策等七个维度。在合作演化的每一阶段，管理者可从这七个方面根据各阶段的主要任务和挑战的特征进行管理，以最终达到在成功的企业生态系统中取得领导地位的目的。

企业生态理论弥补了 20 世纪 90 年代以前战略管理理论偏重竞争而忽视合作的缺陷，给出了在产业融合环境下理解企业经营的整体结构，企业生态系统的基本框架，以及企业如何在其中发展并取得领导地位的战略管理方法，这是企业生态系统合作演化理论的一个贡献。从产生背景看，它适应了 20 世纪 90 年代以来产业环境的激烈变化、创新和创造未来成为发展战略焦点的趋势要求，并吸收了产品生命周期理论、生态进化理论的合理成分。从理论的经济学基础看，它把理论建立在网络经济而不是传统的规模经济或范围经济的基础上，并且从均衡演化的角度进行分析。与超越竞争的其他理论相比，其研究的时间视野相对较长，因而更具前瞻性。

2.3　企业转型升级理论

企业转型升级的理论依据除了资源能力理论之外，最为广泛使用的理论基础是哈佛大学的迈克尔·波特提出的价值链（Value Chain）和随着跨国公司全球扩张而兴起的全球价值链（Global Value Chain）理论。此外，在中国当前的情境下，转型升级是企业战略转型的一种特殊类型，它更强调企业摆脱既有资源基础、思维定式、制度惯性等的约束，实现在行业、盈利模式、企业性质、产业价值链地位的改变和提升。因此，有关战略转型的研究也为本书研究提供了重要的理论基础。

2.3.1　资源能力理论

从管理学角度看，资源（Resource）是组织或企业在经营过程中所投入的各种要素的统称，即资源是企业所拥有的、能够为顾客创造价值的资本、财务、实物、社会、人力、技术和组织的要素禀赋。[①]资源基础理论认为，不同的企业所拥有的资源的价值是不同的。企业要拥有持续的竞争优势，并获得稳定的收益，就必须拥有某些独特资源。如何利用企业独特的资源建立和保持竞争优势，是决策制定者在分析企业内部环境时应当实现的一个关键目标。一个企业的竞争优势依赖于其所拥有的独特资源，或不容易被其他企业获取的资源。具有稀缺性、不可移植以及不可替代的资源对于企业来说，可以确保企业获得竞争优势，因为其他竞争对手并不拥有这样的资源，也无法购买或取得替代资源。实践表明，某项资源的模仿成本和难度越大，它的潜在竞争价值就越大。难以复制的资源往往能够限制竞争对手，从而使资源所带来的利润具有持久性。

核心能力（Core competence）是组织中的积累性学识，特别是关于如何协调生产技能和有机结合各种技术流的学识（Prahalad & Hamel，1990）[②]。核心能力也称核心竞争力，是在一个组织内部经过整合了的知识和技能，尤其是关于如何协调多种生产技能和整合不同技术的知识和技能。核心能力理论认为，并不是企业所有的资源、知识和能力都能形成持续的竞争优势。与独特资源相似，一种能力要成为核心能力，它应该是独一无二的，并且能为客户创造更大的价值。为了保持竞争优势的持续性，核心能力必须是难以模仿的，而且对于竞争者来说是无法替代的。也就是说，一种能力要成为核心能力，它需要具有四个方面的特征：价值性、稀缺性、难以模仿性和难以替代性。只有运用那些有价值的、稀缺的、难以模仿以及难以替代的能力，企业才能获得可持续的竞争优势。Sanchez（2004）在核心能力的基础上，提出强化企业核心能力的两种途径：一是能力构建，即使现存资产与能力获得数量增加和质量提高；二是能力利用，即运用现有能力满足现有或新的市场机会。

---

① C. W. L. 希尔，G.R. 琼斯．战略管理 [M]．孙忠，译．北京：中国市场出版社，2005.

② Prahalad C K，Hamel G. The core competence of the corporation[J]. Harvard Business Review，1990，5 (6) 79-91.

2.3.2　价值链理论

价值链（Value chain）的概念是迈克尔·波特在其 1985 年所著的《竞争优势》一书中首先提出的。价值链将一个企业分解为战略性相关的许多活动。企业正是通过比其竞争对手更廉价或更出色地开展这些重要的战略活动来赢得竞争优势的。[①] 波特认为，每一个企业都是用来进行设计、生产、营销、交货以及对产品起辅助作用的各种活动的集合。所有这些活动都可以用价值链表示出来。[②] 价值链是企业创造产品或者服务一系列的活动。这些活动可分为：基本活动（Primary activities），指那些在为客户创造价值中最重要的活动；辅助活动（Support activities），对主要活动起到促进作用的活动，如图 2-8 所示。

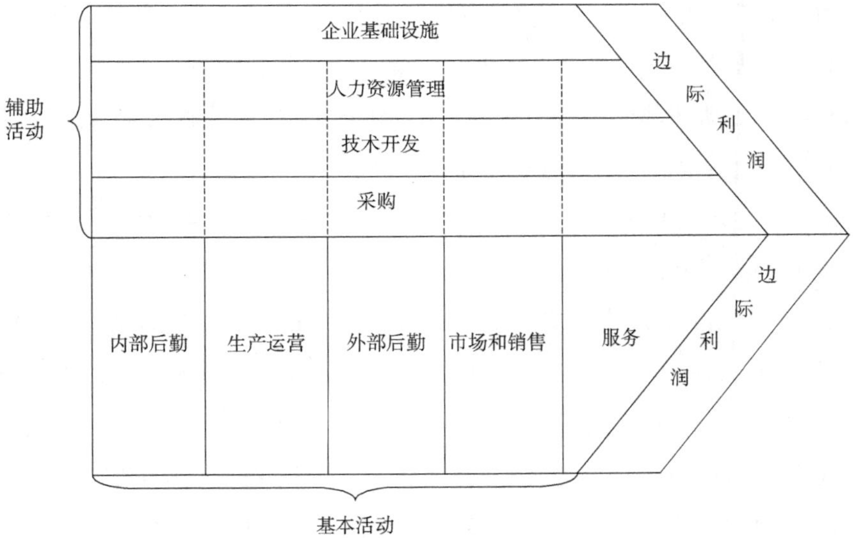

图2-8　企业中的价值链

波特认为，竞争优势的内涵就是如何让你的价值链与众不同，以及如何让你的业绩优于行业平均水平。[③] 价值链活动要成为竞争优势的来源，它必须

① 迈克尔·波特. 竞争优势 [M]. 陈小悦，译. 北京：华夏出版社，1997.

② 同①.

③ 琼·玛格丽塔. 竞争战略论：一本书读懂迈克尔·波特 [M]. 蒋宗强，译. 北京：中信出版社，2012.

满足两个条件：让公司在开展一个活动时能创造出比竞争对手更高的价值；让公司能够举办竞争对手无法举办的价值创造活动。只有满足这两个条件，公司才能不断为顾客创造价值，并有机会收获这一价值。因此，如果能比竞争对手更好地管理其价值链活动，企业就能够培养起有价值的能力和潜力，并充分利用这些能力和潜力形成持续竞争优势。从价值链中获取竞争优势的关键在于，不仅需要开发出与竞争对手不同的价值链活动，而且还需要将这些活动整合为难以模仿的系统，或让竞争对手不做出重大取舍就无法模仿。①

2.3.3 全球价值链理论

如上所述，Porter（1985）指出，每一个企业都是在设计、生产、销售、发送和辅助其产品的过程中进行种种活动的集合体。所有这些活动可以用一个价值链来表明。企业的任务是创造价值，公司的价值创造过程主要由基本活动和辅助活动两部分组成，这些互不相同但又相互关联的生产经营活动，构成了一个创造价值的动态过程，即价值链。

在经济全球化的背景下，生产过程的“分割化”与生产“任务和活动”的“国际离散”（International dispersion）导致“无国界生产体系”（Borderless production systems）逐步形成（UNCTAD，2013），并在参与生产组织的各国或地区之间形成一个“全球生产网络”（Ernst，2002、2004）。Gereffi（1999）和一些学者将价值链的概念与产业的全球组织网络直接联系起来，提出了全球价值链（GVC，Global Value Chain）理论。从全球价值链的角度进行分析，Gereffi（2005）认为后进国家的产业升级是由领袖企业主导的全球价值链的学习过程，通过这一学习过程，企业从事高附加值、高技术含量的资本和技术密集型经济活动的能力不断得到增强。

全球价值链是指在全球范围内为实现产品或服务的价值而连接生产、销售、回收处理等过程的全球性跨国企业网路组织，涉及从采购和运输原材料到生产和销售半成品和成品，直至最终在市场上消费和回收处理的整个过程

① 陆奇岸．战略管理——基业长青之道：第二版 [M]．桂林：广西师范大学出版社，2019.

（UNIDO，2002）。它包括了所有参与者以及生产、销售等活动的组织及其价值和利润分配机制，并且通过自动化的商业流程，以及通过供应商、竞争对手、合作伙伴以及客户的互动来支持企业的能力和效率。全球价值链的提出提供了一种基于网络的，用于分析国际性生产的地理和组织特征的分析方法，揭示了全球产业的动态性特征，考察价值在哪里、由谁创造和分配的（汪斌、侯茂章，2007）。并不是全球价值链上的每一个环节都创造价值，价值链上的战略环节才是最重要的环节（Kaplinsky，Morris，2001）。

根据全球价值链驱动方向的不同，可以将企业嵌入价值链分为生产者驱动型和购买者驱动型两种类型（Gereffi，1994、1999）。生产者驱动型是指价值链的主要战略环节在研发和生产领域，是以发达国家跨国制造商为代表的生产者通过投资形成全球生产网络的纵向分工体系，而发展中国家企业则是通过合资、合作或并购等方式参与到生产制造环节中；购买者驱动型是指以国际品牌制造商、国际零售商为代表的购买者，通过全球采购或 OEM、ODM 等方式组织的国际商品流通网络。在国家产业分工体系中，发达国家主要处于价值链的高端，掌握着高附加值的研发和营销环节。而大部分发展中国家则利用廉价的劳动力和低成本制造的能力，通过参与低端产品的制造参与全球价值链。发达国家全球整合资源生产产品的国际分工布局如图 2-9 所示。

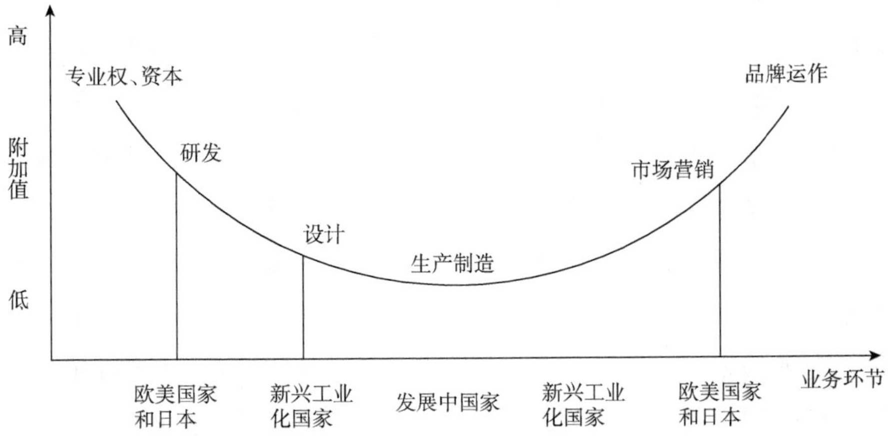

图2-9　全球价值链环节的分布

资料来源：毛蕴诗，张伟涛，魏姝羽. 企业转型升级：中国管理研究的前沿领域——基于SSCI和CSSCI（2002—2013年）的文献研究[J]. 学术研究，2015(1):72-82.

2.3.4 战略转型理论

环境的变化会引发战略的转型与变革，环境变化的动态性、复杂性与不连续性隐含着无数现实的或潜在的机会与威胁，制约着战略变革的决策与实施。而随着环境的变迁，企业的战略也可能会过时，从而需要进行调整与变革。

环境的不确定性、决策信息的不完全性和企业自身系统的复杂性使其与环境进行协调和匹配的目标很难达成，甚至会与环境要求产生越来越大的偏差。这种偏差的扩大迫使企业在某一特定时期内超越循序渐进的管理优化和自我改良，实施全面系统的变革——企业战略转型。此外，企业在发展的过程中，由于自身的经营状况发生了变化，而导致战略的制定与实施发生改变。由企业原因所带来的战略转型与变革因素主要有企业生命周期、企业的资源与能力、企业利益相关者、企业的战略弹性等。

据企业成长趋势（图 2-10），在 A 点时，企业如不进行自我的优化和变革，则必然会沿着放任自流线向下发展，直至走向衰亡。因此大部分企业会自发地进行变革，不断改善和优化管理水平，提高管理效率，从而使企业沿着 A 至 B 的方向前进。但是，企业的成长环境是不确定和不可预测的，而且变化趋势也呈现加速的趋势。因此，企业的自发的、循序渐进的变革会越来越跟不上环境的变化速度，企业状态也会与环境越来越不匹配，如不进行重大的变革，企业也会进入衰退通道，最终走向衰亡。而部分意识到这一点的企业会在某一时点 B 采取重大的变革措施，扭转企业发展的趋势，脱离衰退曲线，重新形成良性发展的动能，从而通过成功的转型把企业带入一段新的稳定发展期。

企业的战略转型与变革本质上是一种选择与判断。① 由于领导者的思维逻辑方式不同，所采取的变革方式也不相同。虽然这种选择与判断是重要的，但是会受到它们所在社会的局限、企业目标和偏好的约束，尤其是领导者的偏好和判断确实在决定企业战略和它采用的特定方法中起着重要作用。变革

① 陆奇岸．战略管理——基业长青之道：第二版 [M]．桂林：广西师范大学出版社，2019.

的进化论强调了领导者在根据机会或威胁做出关键决策时迅速和敏锐的必要性。领导者是整个战略过程的中心，这个中心决定了企业从自己的成功和失败中学习的能力，以及向外部利益相关者和环境力量变化的学习能力。只要领导者认为需要变革时，企业就会产生变革；反之，即使其他因素发生了变化，而领导者不同意变革，则变革仍难以启动。因此，企业战略变革发生的主要原因在于领导者的主观认知与意愿。而随着企业内部领导的更替、权力的变动，不同的领导者给企业注入不同的经营理念，也会直接或间接地导致企业战略、企业结构以及制度、文化的变革。

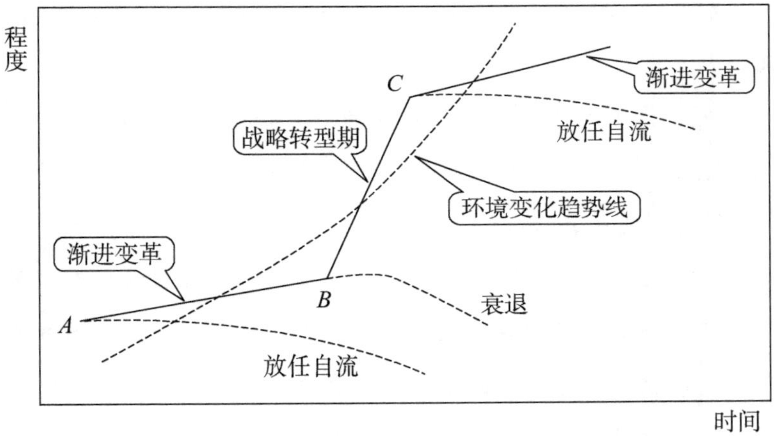

图2-10　企业成长趋势

资料来源：赵金航，孙善勇．略论企业战略转型——基于价值链重构的思想[J]．兰州学刊，2006(6):127-129.

案　例　汤姆森公司转型[①]

1997年，当理查德·哈林顿就任汤姆森公司首席执行官时，公司形势一片大好，不像需要转型的样子。该公司年销售额高达88亿美元，过去的传奇经

① 拉里·博西迪，拉姆·查兰，查尔斯·伯克．开启转型 [M]．杨懿梅，译．北京：机械工业出版社，2015.

历也在业内广为传颂。20世纪30年代，公司创始人罗伊·汤姆森从加拿大安大略北部一个采矿小镇起家，创办了一份当地报纸。由此为起点，他把自己的企业一步步打造成了庞大的商业帝国，不仅在加拿大、美国和英国拥有100多家报纸，还拥有一家石油企业。之后，他的儿子肯尼思子承父业，公司在他的治理下，又增加了180家报纸，并开始经营几家专业刊物，从《简氏战船年鉴》到各种晦涩难懂的行业期刊，到教材，再到医疗、法律、保健及教育领域的专业杂志，不一而足。最后，公司还在英国开了一家旅行社，业绩很好，销售额占公司总收入的1/3。尽管开展了多元化经营，公司仍旧保持了其著名的节俭作风，增长速度在北美排名第一，盈利能力排名第二，仅次于甘乃特集团。

当时公司整体状况良好：销售收入的年复合增长率为8%，息税折旧摊销前利润（EBITDA）增长为11%，营业利润增长在11%上下，投资收益率为10%，自由现金流达到了2.64亿美元。

除此之外，更加令人欣慰的是，罗伊·汤姆森的创业精神仍然深深根植于企业文化之中。当时，汤姆森家族拥有公司73%的股份，他们和董事会永远在寻找新的发展机会。更重要的是，他们靠坚定的信心和强大的决心抵御短期业绩的诱惑，放眼长远，追求企业的基业长青、持续发展。其实他们在聘请哈林顿前的两年里，公司已经出售了部分报纸，以便把业务重点放在拓展专业期刊业务及进军电子出版市场上。

哈林顿加入汤姆森之前的四年，他也经营过报纸和专业刊物。在对企业外部环境进行细致分析、深入思考之后，他对报业的未来产生了深深的忧虑。原因之一是该行业周期性强，随着经济大势的变化上下波动。原因之二是行业外的新兴对手正在迅速蚕食公司的广告客户。

哈林顿对公司是否能长期留住忠实读者也没有把握。他说："我的另一个忧虑是我们能带给读者的价值。原来我们在读者及广告客户方面做得很好，也因此实现了快速增长。但是如果收入来源锐减，我们还能像原来一样让读者满意吗？"很多企业领导者一般都会埋头重新制定发展战略：如何吸引新的广告客户，如何提高发行量；是否应该收购更多的地区性小报，那样能否创造再增长，能否带来规模效应。

但哈林顿没有这么做，他决定通盘考虑整个商业模式的现实状况，真正解答他的核心问题：以地区性小报为基础的商业模式是不是即将走到尽头，无论什么样的新战略都不能逆转这样的大趋势。通过把外部环境与财务目标结合起来分析，他确定上述商业模式是无法为继的，无法在未来持续为股东创造价值。也许能想办法扩大销售规模，但盈利能力持续下滑的现实状况表明，该商业模式根本无法达成自由现金流、EBITDA和投资收益率等方面的财务目标。

他的上述分析提出了一个看似简单但其实极为关键的问题：如果现有商业模式不足以支撑企业的未来，那么哪些要素应当发生根本性改变呢？如果希望商业模式创造长期价值，则应当进入哪些领域呢？除此之外，还有一个重要问题是，虽然公司股价表现良好，但管理层始终觉得被低估了，因为投资人看不到企业清晰的业务重点。为此，公司一直在筹划出售其旅行社业务。在哈林顿及高管团队认真研究了外部环境及企业经营之后，他们清晰地看到了公司全新商业模式的基本框架。

当时，公司的专业及行业刊物都以平面媒体为主，电子出版只是个补充。很多期刊是在公司进入美国市场的过程中收购的，当时的业务战略用哈林顿的话来说就是客户订购，他人埋单。比如教育行业，教授选定教材，书店提供教材，但付钱的是学生。法律与其他领域也是如此，律师选购产品，开展调查，但账都是记在其客户身上的。哈林顿解释道，这就意味着这些领域对经济周期不会那么敏感。

专业出版本身是个快速增长的细分市场。在知识经济的大环境下，随着越来越多信息的数字化，人们对信息的渴求呈现出爆炸式的增长。哈林顿回忆道："我们认为这是一个未来前景诱人的高潜力市场。我们正在这些市场之中，我们对这些市场也有所了解。我们相信由于美国必须大力推动知识经济，这些市场肯定会持续增长。我们还知道技术早晚会发生巨变，整个行业的游戏规则也会随之改变。于是按照这个思路，我们想哪些细分市场最可靠呢？于是我们选择了法律法规、科学研究、医疗保健、学校教育以及金融服务信息。”

哈林顿及高管团队最终认定，公司新的商业模式应当聚焦于电子出版业务。他们要打造一家综合信息服务企业，能真正为股东创造价值，而且在经济效益上还能达到财务目标，实现长远的、可持续的成功。鉴于哈林顿的转型举措旨在为股东创造长期价值，董事会和汤姆森家族认为值得冒险，放手一搏，于是给予了哈林顿大力支持。

哈林顿提出的转型方案一般人难以接受。他建议公司剥离报纸业务，这一公司最熟悉的领域，而且还是在其业绩表现处于巅峰的时候；他还建议公司进入一个全新的市场，与励德·爱思唯尔集团、麦格劳-希尔集团和威科集团这样经验丰富、涉猎广泛的全球专业出版巨头展开激烈竞争。虽然报纸并非资本密集型行业，但其扩张之举却需要大量资金支持。公司不得不斥重金完成初期投资，尤其是电子出版所需要的巨额前期投入。如此大规模的业务转型对公司领导者无疑是个巨大的挑战：他们需要培养新能力、学习新行业以及融合两种不同风格形成公司统一的企业文化。

哈林顿雷厉风行，说干就干。1998年3月，汤姆森的旅游业务被拍卖，售价约为28亿美元，作为转型启动资金。接着剥离报纸业务，这些报纸虽然当时正为公司创造着源源不断的丰厚利润，但是哈林顿认定，好日子就要到头了。2000年，他终于迈出了这一步。

但是问题就来了，哈林顿说：“我们怎么才能在各个细分市场发展壮大，成为举足轻重的主导企业呢？我们如何实现从信息出版商到综合信息服务商的转型呢？”

公司首先进行了组织架构调整，按其核心能力成立了四大战略事业部，为各大机构及专业人士提供行业信息、数据库、教材之类的信息服务。法律法规事业部主要面向法律、税务、财务、合法合规及知识产权方面的专家；学校教育事业部面向大中专、大学，以及企业内部培训与专业培训机构；金融服务事业部面向整个金融行业；科学及保健事业部则面向研究人员、临床医生、图书馆管理员以及其他专业人士。

此后的几年中，汤姆森完成了转型大手笔，斥资约70亿美元并购了200多家企业。哈林顿从四个重点细分市场出发，审视公司自身的不足，然后再仔细研究每个潜在的收购对象，是否能加强其业务能力、扩大业务范围、提升业务规模。并购完成后，还要大力推动企业转型，让他们很快融入全新的商业模式之中。

汤姆森公司十分清楚并购必须符合战略要求，满足财务原则。并购对象必须是各自领域的优秀企业，在战略上、财务上都能为公司带来价值。战略层面的契合意味着，这些并购对象必须能带来重要的业务模块，或能加强公司整体的专业能力。财务层面的契合意味着，这些被并购企业必须很快达到或是超出公司整体的财务目标。此后的转型则围绕着财务目标展开，即商业模式的第二个要素。哈林顿发现，很多企业为筹集足够资金用于并购而负债累累，结果因此陷入泥潭。他认为成功转型的前提就是有稳健现金流的保驾护航。在汤姆森的并购过程中，杜绝了因并购而债台高筑的问题。

基于商业模式的深入分析，对并购对象也提出了更高的要求。并购对象必须是各自领域的翘楚，其财务及管理状况要十分健康，不仅能达到公司整体投资收益率的目标，而且能尽可能早地产生丰厚的收益。除此之外，还要能融入汤姆森的企业文化。

出版商的价值在于提供信息。在电子出版早期，出版商通过软盘提供电子信息。在互联网时代，其价值在提供信息之外，还有信息的时效性和互动性。汤姆森从一开始就在提供信息的基础上，给客户提供了其他价值。随着公司规模不断扩大，业务范围也不断扩充，最终成为一家大型综合数字信息解决方案的供应商。比如法律法规事业部，除了服务律师事务所外，还向法学院提供教材。此外，公司还敏锐地捕捉到新的客户需求，即网络检索以及电子目录。对此公司迅速响应，到2003年网络检索及电子目录业务的收入已超过7500万美元。公司还推出了新产品——“韦斯特知识管理系统”，使客户能方便检索公司内部数据库。哈林顿说："关键在于，要从客户未来发展出发，根据他们可能的变化，思考他们究竟需要什么以及我们能在哪个方面助他们一臂之力。"

最艰巨的挑战莫过于如何发展金融行业服务。其实，汤姆森金融行业服务公司的增长十分迅猛：1999年销售额达到15亿美元，下属子公司40余家，从基本金融信息、金融分析工具到金融机构流程管理系统等一应俱全。尽管成绩喜人，但金融行业服务业务还远远没有达到公司目标。比如各子公司还没有融合在一起，各有各的产品、流程、系统及销售队伍。这种松散的管理机制无法实现公司财务目标。2000年，汤姆森仍在继续扩大其金融行业服务规模及经营范围，比如收购了一些公司。但当时的战略重点很明确，就是并购后的整合工作。汤姆森金融服务公司的管理层把这40多家子公司整合在一起，根据客户类型分成了三大战略业务单元：银行、投资及企业金融；开发了事业部统一的开放式电子平台；精简了原先的几十个产品系列，重组为7个整体解决方案，有针对性地服务各个细分客户群；此外，还将销售团队整合，按客户类型分到了各个业务单元，并为大客户提供了一对一的销售支持。到2003年，汤姆森金融服务公司已经具备了与众不同的竞争优势，集金融信息、定制化技术及综合应用系统于一体，能为客户提供整体业务解决方案。公司金融业务的转型，取得了巨大的成功。

汤姆森的成功反映了公司对客户需求极为重视。哈林顿从一开始就致力于将汤姆森打造成真正以客户为中心的企业。哈林顿说："我们的战略完全围绕客户需求来制定。当公司开始转型时，我们开始深入思考行业的未来前景，尤其是行业竞争本质以及正在经历的重大变化，当时最重要的结论之一就是，'我们的客户营销及服务必须达到世界顶级快消品企业的水平，否则肯定是没法成为行业老大的'。"

在汤姆森，业务单元的经理们在思考发展战略之前，必须彻底地了解客户及潜在客户的实际需求。汤姆森常用"市场扫描"法来分析其目标市场及客户，因为它能清晰展现市场总体及各个细分市场的基本状况。借此，经理人能够判断整体市场及各细分市场的规模，比较不同细分市场的情况，并清晰地列出自己与主要竞争对手在每个细分市场上的相对地位。

公司转型无疑是成功的：销售额年复合增长率达到了7.4%，非并购业务收入增长为5%；虽然受到21世纪初经济增长放缓的影响，但2003年的销售额比1997年（当时旅行社及报纸业务尚未剥离）仅低12亿美元；EBITDA利润率从1997年的18%大幅提升至2003年的27%。公司于2002年在纽约证券交易所上市，按发行价计算的市值为195亿美元；到2004年5月，公司市值已攀升至210亿美元。今天，遍及全球130多个国家的2000万用户正在享受着汤姆森的服务。除此之外，因其成功转型为附加值高的电子信息全面解决方案供应商，汤姆森也在业内深受尊敬，成为公认的领军企业。

巴黎百富勤证券公司的分析师们简明扼要地描述了汤姆森的转型历程："与大多数同行不同，汤姆森公司在转型过程中，始终保持着良好的财务状况，无论是关键财务指标，还是投资收益率都是如此。"他们在2003年10月发布的分析报告中指出："按照我们的估算，公司税前投资收益率自1998年以来就基本稳定在8%，而同期励德·爱思唯尔和威科集团的投资收益率却在持续下滑。公司井然有序的投资规划以及不断提升的规模效应，也会转化为更加稳定的现金流增长以及投资收益率的进一步提升。"

汤姆森之所以能转型成功，就是因为其领导者对自身商业模式的刻苦探究。他们了解外部环境，因此能够预判其原有商业模式将很快被淘汰；他们深入分析企业经营的方方面面，细致挖掘那些能够支撑新商业模式的关键环节，并制定了具体发展战略；他们在转型过程中时刻关注财务状况，确保达成财务目标。此外，他们还完成了必要的组织结构及选人用人方面的调整，确保转型工作的顺利开展。与养尊处优的企业领导者不同，放眼长远的领导者不怕冒险。通过对商业模式的整体思考以及精雕细琢，他们将风险控制到最低，把机会利用到极致。无论对于大胆果敢，还是谨小慎微的企业，这都是极具价值的经验。

第3章　中国民营企业转型升级的历程与战略意义

不能从历史中学习的人注定要重蹈历史的覆辙。

——乔治・桑塔亚那

每一次结构性市场巨变，都会重新定义那个时代的管理理论及管理实践。

——［美］拉里・博西迪，拉姆・查兰，查尔斯・伯克改革开放40多年来，中国民营企业从无到有，从小到大，由弱变强，实现了举世瞩目的发展，已经成为推动中国经济快速而稳健发展的重要力量。但是，民营企业是如何创造出这些成就的？它的发展过程经历了哪些阶段？期间遭遇到哪些艰难困苦？未来的发展趋势如何？这一章通过回顾40多年来民营企业的发展历程，从“转型”和“升级”两方面去探讨这些问题，[①]并揭示其转型升级的战略意义。

需要指出，这里所说的“转型”是指企业现有制度的改变，包括企业的所有权制度和经营管理模式等方面的改变；“升级”是指企业的技术进步和产业分布的改变。按照企业制度边际变化的显著程度和技术进步边际变化的显著程度，分别论述40多年来我国民营企业的“转型”和“升级”的历程。

3.1 中国民营企业转型的过程与阶段

根据企业制度边际变化的显著程度，我国民营企业的“转型”过程可以划分为四个阶段。

3.1.1 民营企业转型第一阶段（1978-1991年）：从个体经营户到私营企业

1978年，全国城镇仅有14万个体工商业者。为了解决城镇待业青年和社会闲散人员就业压力，我国政府允许设立个体户。到1981年，全国城乡登记的个体工商户达到182.9万户，从业人员227.4万人。到1985年底，全国

① 本章内容主要参考：剧锦文．中国民企40年：转型升级与高质量发展[J]．中国经济报告，2019(2):86-94；剧锦文．中国民营企业转型与升级：演化历程与路径选择[J]．江海学刊，2013(3):92-98.

登记注册的城乡个体工商户发展到1171.4万户，从业人员1766.2万人。[①] 与此同时，一些地区，个体户开始突破雇用7个人的限制，有的雇工甚至达到百余人、数百人，这时，个体户开始转变为私营企业。以民营经济起步最早的温州为例，当时温州的雇工情况被叫做“三五牌”，即个体大户的年产值30-50万元，年利润3-5万元，雇工人数30-50人。据1986年初的统计，当时温州农村有雇工4.2万人，分别受雇于1.3万户家庭工业和联户企业；雇工30人以上的大户有120多家，共雇工人数5000余人，占全部雇工数的12%。[②]

事实上，以雇佣关系为核心的带有明显企业性质的个体大户已经在全国许多地方出现。尽管改革之初政府允许个体户的存在与发展，但对私营企业的态度却十分谨慎。当时一些人竭力反对雇工大户的出现，主张通过税收或其他办法予以打击。1982年，中央政治局讨论通过了对私营企业采取“看一看”的方针。1983年又通过文件，提出对超过规定雇请多个帮工，不宜提倡、不要公开宣传，也不要急于取缔的“三不”政策。[③] 由于政策并不十分明朗，初步发展起来的个体大户采取了“戴红帽子”的方式寻求迂回发展。根据当时温州的经验，一些经营户借用“挂户”单位的名义到全国各地经商签约，款项来往经过被挂单位的银行户头，被挂单位根据款项数额扣除7.5%-8%的费用（其中5%是工商税，2%是代征所得税，0.5%-1%为被挂单位的管理费，少数挂在村级企业的挂户还外加2.5%的集体积累），其余的全归挂户者。有资料显示，截止1985年，温州已领营业执照的家庭或联户办工业仅5.14万户，占总数的38%，还有62%的多数采取挂户经营模式。[④] 挂户经营模式在经济利益上实现了挂户者与被挂户者之间的“双赢”。一方面挂户者能比较容易地获得政策优惠和银行贷款，同时，也能得到被挂靠者的庇护，减少来自各方的摊派，更重要的是为私营企业提供了政治上的“避风港”。

① 张绪武，李定，谢明干．中国私营经济年鉴 [M]．北京：中华工商联合出版社，1996.

② 洪振宁．温州改革开放30年 [M]．杭州：浙江人民出版社，2008.

③ 戴园晨．中国经济的奇迹——民营经济的崛起 [M]．北京：人民出版社，2005.

④ 同②．

到了20世纪80年代中后期，借助“红帽子”模式的民营企业在全国许多地方迅速发展起来。据国家工商行政管理局的统计，截止1987年底，全国实际共有私营企业90581家，从业人员约164万人，注册资本达到84亿元。[①]民营经济、民营企业的快速发展直接冲击了传统观念，同时也对国家的政策制定和新制度的诞生产生了影响。1987年10月，党的十三大首次提出：私营经济是存在雇佣劳动关系的经济成分，是公有制经济必要和有益的补充。1988年6月25日，国务院颁布了《中华人民共和国私营企业暂行条例》和其他相关条例，私营企业取得了合法身份。1989年6月底，登记注册的私营企业为9.06万家，1991年底达到10.8万家，从业人数184万人，注册资本总额123.17亿元。[②]自此，我国民营经济基本完成了由个体经营户向企业体制的第一次转型。

在这一发展阶段，民营企业发展的最大障碍主要在于长期形成的“左”的意识形态的阻挠。一些人把私营企业主完全等同于建国初期的私营工商业者，等同于过去的资产阶级，把私营经济看作是与社会主义对立的资本主义经济。在这种意识形态的左右下，尽管我国出台的政策已有很多突破，但始终相当谨慎。直到1988年6月，《中华人民共和国私营企业暂行条例》颁布，我国在宪法和法律上确立了民营企业在中国经济、社会和政治生活中的历史地位。

3.1.2 民营企业转型的第二阶段（1992-2001年）：从私营独资企业、集体企业到股份制企业

进入20世纪90年代后，我国民营企业出现了新一轮的快速发展。1992年，我国共有私营企业139633户，2001年增加到2028548户，年均增长34.63%。[③]

这一阶段促使民营企业飞速发展的原因主要是：首先，党和国家进一步

---

① 周晓梅. 我国现阶段私营经济发展问题研究[M]. 北京：经济科学出版社，2006.

② 龚晓菊. 制度变迁与民营经济发展研究[M]. 汉口：武汉大学出版社，2005.

③ 剧锦文. 中国民营企业转型与升级：演化历程与路径选择[J]. 江海学刊，2013(3):92-98.

肯定了民营企业地位和作用。1992 年初邓小平南巡谈话掀起新一轮改革浪潮；1997 年 9 月中共十五大正式提出，“非公有制经济是中国社会主义市场经济的重要组成部分”；1999 年 3 月，全国人民代表大会再次通过《宪法（修正案）》，将个体经济、私营经济等非公有制经济是社会主义市场经济的重要组成部分写入了宪法。这些大政方针的确立，极大地推动了民营企业的发展。其次，地方政府大力扶持。由于民营经济与地方经济发展与地方财政密切相关，各地纷纷出台了鼓励民营经济发展的更激进的政策文件和条例，大大改善了民营企业发展的环境，直接推动了民营企业的爆发式增长。

由于有关民营经济的政策日趋明朗，极大地鼓励了新民营企业的创设。一些国有中小企业和集体企业纷纷改制为私营企业，从而使民营企业的数量大幅增加。这个时期,民营企业的一个突出特点是多数企业采取了股份制模式。有资料显示，1992 年，私营有限责任公司共 17673 家，占全部私营企业总数的 12.66%；到了 2001 年，增加到 1379866 家，占总数的比例扩大到 68.03%，年均增长 62.3%。[①] 这表明民营企业在制度上再一次从单一产权模式向多元股权模式转型。

3.1.3　民营企业转型的第三阶段（2002-2011年）：从家族式股份制到现代企业制度

进入 21 世纪，伴随着中国加入 WTO 和市场化改革的进一步深入，民营企业数量在原有基础上又实现了新的飞跃。2002-2010 年，私营企业数量以每年 16.8% 的速度在增长。不仅如此，在全部民营企业中，社会化的股份有限公司发展尤为迅速，年均增长率达到 58.3%，大大高于有限责任公司年均 19.1% 和独资企业年均 10.6% 的增长率。在股份有限公司中公开上市的公司也有较大增长。1990 年，仅有 3 家私营性质的上市公司，到了 2012 年 4 月

① 剧锦文. 中国民营企业转型与升级：演化历程与路径选择 [J]. 江海学刊，2013(3):92-98.

30 日就达到 1216 家，占全部上市公司的近一半。[①] 这些公司已经比较接近股权多元化的现代企业制度了。

当然，在这一阶段，民营企业的主流形式仍然是有限责任公司，在本质上仍然是家族控制的封闭性企业，更具开放性的、现代企业制度意义的股份有限公司的发展仍然有限。2007 年，中国社会科学院民营经济研究中心通过对浙江、江苏、北京、辽宁、山东、湖北、云南、河北、福建、上海、广东等 11 个省市的问卷调查发现，在 1325 份有效问卷中，约有 95.32% 的企业采取了股份制的制度模式，但从控制权的角度看，这些企业又具有高度家族控制的特点。在采取股份制的企业中，企业主本人和他们的直系亲属所拥有的股权份额占压倒性多数，占股比重超过 30% 的企业数量达到 84.9%。由此可见，一方面，民营企业越来越愿意采取股份制模式，但另一方面，这种股份制实质依然是家族制。之所以出现这种制度上的“次优”选择，其原因主要有：首先，政府对私营企业改制为股份有限公司仍有担忧。由于实行股份有限公司需要向社会公开发行股票，政府担心由此导致的信用风险失控。所以，政府对私营企业改制为股份有限公司采取了限制政策。其次，家族控制的有限责任公司也并不乐于和急于股权多元化，因为这会影响到创业者的实际控制权；同时，对于大多数中小型私营企业来说，也缺乏运营和治理股份有限公司的经验和专门人才，这些因素综合构成了这一时期民营企业转型的主要障碍。究其原因主要在于：首先，设立股份有限公司的前提是要有一个发达的资本市场，而这一时期我国的资本市场本质上是为国有企业改制而创设的，在政策上不可能先让民营企业挂牌上市。既然难以上市，民营企业改制成股份有限公司的难度就加大；其次，在法律环境不理想的状态下，采取集中的股权结构是企业的必然选择；第三，从企业内部看，这个时期绝大多数创设企业的民营企业家仍然在位，他们不愿意放弃家族控制、家族经营的管控模式，等等，这些都构成了这个时期民营企业转型的障碍。这也表明，尽管民营企业转型已经迈

① 剧锦文．中国民营企业转型与升级：演化历程与路径选择 [J]．江海学刊，2013(3):92-98.

入新阶段，但转型道路依然漫长。

3.1.4　民营企业转型的第四阶段（2012年至今）：从股权多元化到优化治理结构的创新

2012 年以后，中国进入一个新时期，一大批民营企业实现了公司化改造并在海内外资本市场挂牌上市，企业的规模和社会化程度进一步提高。但与此同时，所有权与经营控制权分离不断加深，由此引起的创始人对公司失控的风险也与日俱增，这是伴随着企业规模扩大和公司化之后的必然现象，也是一个世界性的问题。

为了在企业股权分散化的情况下，创始人依然能够有效地控制公司，中国的民营企业进行了大胆的制度创新，已经形成若干可复制的模式。我们甚至认为，这些制度模式对世界企业治理制度而言都有借鉴意义。 有研究资料显示，2017 年，阿里巴巴市值估计为 5000 亿美元，但马云持股不足 7%；腾讯市值 5500 亿美元，马化腾持股仅为 8.69%；京东市值 670 亿美元，刘强东持股 15.8%；华为年营业额为 1022 亿美元，但任正非持股仅为 1.01%。也就是说，这些公司的创始人仅以不足 10% 的持股比例，却牢牢控制着各自庞大的企业帝国。

为什么在国外甚至像在美国，大公司为了融资，股东必须让出控制权，而中国企业却很好地解决了这个问题呢？其中的奥秘就在于中国新一代民营企业家在这个时期成功地进行了制度创新，推动了民营企业的制度转型。概括起来，这些新制度模式主要有以下几种。

（1）有限合伙制。有限合伙制其实是一种成熟的企业制度，而阿里巴巴则将其应用于整个公司治理制度。其基本做法是公司员工与公司创始人共同出资组成有限合伙企业，合伙企业由创始人担任普通合伙人（GP），而员工为有限合伙人（LP）。按照相关法律，这种制度安排不仅保证了公司创始人的决策控制权，同时也保证了有限合伙者的经济利益。马云在阿里巴巴旗下的蚂蚁金服中仅仅占有公司 7.3% 的股权，正是借助有限合伙制度，他却掌握了蚂蚁金服的大部分控制权。

（2）A、B 股制度。这一制度将公司的股票分为 A、B 两个系列，对外部投资者发行的 A 系列普通股遵从一股一票股权原则，而管理层持有的 B 系列普通股则是实行一股多票（通常为 10 票）投票原则。近年来，我国一些大型高科技民营企业如百度、优酷、阿里巴巴、京东等公司纷纷采用了双重投票权制度。京东是实行 A、B 股制度的代表，京东在创立时就设立了 A、B 股的双重股权制度。按照京东的 A、B 股规则，创始人刘强东所持 B 类普通股，其 1 股拥有 20 票的投票权；其他股东持有 A 类普通股，1 股只有 1 票的投票权。这样，刘强东借助这一制度拥有了超过 80% 的投票权。

（3）工会持股。工会持股模式是指普通员工通过职工持股会或工会持有公司的股权，而相应股权的决策权则归创始人所有，华为是这一模式的典型。2017 年，华为的股东是 8 万多名员工，任正非仅有 1.01% 的股份。华为的股东只有华为投资控股有限公司工会委员会和任正非两个。华为投资控股有限公司 由员工 100% 持有，而华为技术有限公司是华为投资控股有限公司的全资子公司。华为投资控股有限公司工会委员会是一个社团法人组织，可以看作是一个法人股东。因此，任正非作为一个自然人股东就拥有了对华为的绝对控制权。

（4）一致行动人。一致行动人协议是指股东通过协议或者其他安排，与其他股东共同扩大其所能够支配的一个公司股份表决权数量的行为。当公司无控股股东或创始人持股份额较小时，可以和其他股东签署一致行动人协议，保证自己对公司的控制权。比如某民营上市公司的创始团队王 ×× 持股 26.59%、杨 ×× 持股 12.93%、王 ×× 持股 12.93%，三人合计持有公司的股权超过 51%，但因为无人控股，导致难以认定公司的实际控制人。但如果三人签署《一致行动人协议》，那么，就可认定王 ××、杨 ××、王 ×× 等三人为公司的共同控制人。

在民营企业由小到大、由弱变强的进程中，治理模式的不断创新有效地促进了民营企业的制度转型。在制度转型的牵引下，又加速了企业在生产、技术层面的升级进程。

3.2　中国民营企业升级的过程与阶段

根据企业技术进步的边际变化的显著程度，我国民营企业的升级过程也可分为以下三个阶段：

3.2.1　民营企业升级换代第一阶段（1978-1995年）：从商贸和个体手工业进入制造业

从计划经济向市场经济转轨开始时，我国民营经济起步时资金小、技术水平低，同时又具有地方独特资源、地方市场优势和劳动力优势，而一些国有经济不愿进入和不便进入的边缘行业，民营企业便纷纷进入，如以传统手工技术为依托的家庭工业、作坊等，以劳动和经营能力为依托的餐饮、小型商贸和服务业，等等。但是，在当时短缺经济和卖方市场的拉动下，民营企业很快就转入相对价值更高的工业制造领域。

1987 年，根据国家工商行政管理局对全国 8.5 万户私营企业的调查，从事工业的共 6.1 万家，雇工人数 98.2 万人，分别占总数的 72.8% 和 72.3%；建筑修缮业 8000 家，雇工人数 20 万人，分别占总数的 9.4% 和 14.7%；其他行业为交通运输、商业、饮食和修理业。由此可见，这个时期私营企业中 80% 集中在工业、手工业和建筑业，从事第三产业的不足 15%。① 也就是说，经过短短几年的发展，中国的民营企业就实现了产品与产业分布的第一次根本转换。

由于绝大多数民营企业属于初创，企业规模以中小型为主，多数处于价

① 国家“七五”期间中国私营经济研究课题组．中国的私营经济——现状、问题、前景[M]．北京：中国社会科学出版社，1989.

值链和产业链的低端，缺乏向技术密集型产业转移的实力，技术策略上多采取模仿的拿来主义，几乎没有多少研发投入。同时，在卖方市场状态下，企业也基本没有树立品牌的意识和压力，这也在一定程度上阻碍了民营企业的技术、产品与产业的升级。

此外，这个时期国有经济仍然在主导产业、上游产业以及大多数竞争性产业中占有绝对优势，作为体制外的民营企业，体制性障碍几乎使其不可能进入到这些产业领域。

3.2.2 民营企业升级换代的第二阶段（1996-2011年）：在制造业和基础产业领域进行产业深化

20 世纪 90 年代中期以后，伴随着民营企业经济实力的增强，在技术和产业分布上发生了巨大变化。

首先，在民营企业不断向制造业集中的同时，开始向采掘、石油加工、电力煤气等基础性上游产业延伸。根据全国工商联组织的 1995 年中国第二次私营企业抽样调查的数据，1995 年，营业额在 1000 万元或以上民营企业的行业分布依次是电力煤气、农林牧渔、制造业、建筑业、房地产业等；根据全国工商联组织的 2000 年中国第四次私营企业抽样调查的数据，1999 年，实有资产在 1000 万元及以上民营企业的行业分布依次为传统制造业、商业、房地产业、建筑业等。2000 年以后，规模以上民营企业的产业分布变化很大。例如，2003 年规模以上民营企业产业分布前 4 个行业依次为服装、鞋帽、皮革制造业，批发和零售业，黑色、有色金属冶炼及延压业，电气机械及器材、线缆制造业，但到了 2006 年则改变为黑色、有色金属冶炼及延压业，批发和零售业，电气机械及器材、线缆制 造业，化学原料及化学制品制造业。[①]2007 年，民营企业的产业分布继续沿着上述产业演化路径进行。

其次，许多民营企业通过增加研发投入、树立产品品牌，向“微笑曲

① 中华全国工商联合会. 1993-2006 中国私营企业大型调查 [M]. 北京：中华工商联合出版社，2007.

线”的两端提升。根据 2006 年中国社会科学院民营经济研究中心对北京、重庆、辽宁、浙江、广东、云南、河北、吉林、江苏和湖北等 10 个省市 822 家民营企业的抽样调查，在 767 家有效样本中，有 378 家实施了原始性技术创新，占样本总数的 49%；有 299 家企业实施了引进、模仿再创新，占样本总数的 39%；有 65 家企业则选择集成创新，占样本总数的 8%。在创新投入的推动下，1995 年以后，民营企业的专利申请量逐年攀升。根据全国工商联对 23735 家民营企业的调查，1994 年以前，民营企业各年提交的专利申请均突破 800 件，1995 年时达到 1600 件；从 1995 年至 2005 年，民营企业专利申请量年均增幅高达 30% 以上，[①] 其中大型民营企业平均每家提交 22 件专利申请，中小型为 5 件，规模以下企业只提交 3 件；在行业方面，制造业中的民营企业提出专利申请的占到 88%，其次为信息传输、计算机服务和软件，科学研究、技术服务和地质勘察，建筑业。[②] 在一些大中型民营企业不断加大创新与科技投入的同时，也已意识到品牌塑造的重要性。一部分优势企业通过加大 R&D 投入，走上了技术升级的快车道。有资料显示，到 2004 年底，经国家工商总局批准认证的中国驰名商标中，民营企业获得的认证量超过了认证总量的 30%。在商务部 2005-2006 年度重点培育和发展的出口名牌产品认定中，民营企业获得量占到认证总量 35%。2001-2005 年，经国家质检总局授权批准认证的五批 1018 种中国名牌产品中，属于民营性质的企业共 480 家，占认证总量的 47.15%。[③]

最后，中小型民企出现分化。在一些大型民营企业逐步成为龙头企业的同时，大多数中小型民营企业，尤其是那些与龙头大企业同处于一个产业集群中的中小企业，一方面成为大企业的分包商，被纳入到整个产业链之中；另一方面，那些难以进入产业链的中小企业则主动或被动地进入第三产业。尽管民营

① 黄孟复，胡德平．中国民营经济发展报告 No.3（2005-2006）[M]．北京：社会科学文献出版社，2006.

② 同①．

③ 剧锦文．中国民营企业转型与升级：演化历程与路径选择 [J]．江海学刊，2013(3):92-98.

企业在这个时期的升级步伐加快，但升级更多地发生在一些大型民营企业之中，而且升级基本上是在现有产业的范围内通过原有产业链的延伸实现的。之所以造成这种升级的“天花板”效应，首先是占比最大的中小型民营企业本来就不具有在研发上投入更多的实力，加之市场进入门槛低，竞争日趋激烈，企业利润率趋低，进一步导致创新实力降低；其次，由于政府对知识产权保护不到位，一方面，企业没有积极性投入创新，另一方面又刺激了企业在产品和技术上的“拿来主义”，结果多数企业始终难以从价值链低端攀升。

3.2.3 民营企业升级换代的第三阶段（2012年以后）：向高科技领域大举进发

民营企业第二阶段的升级过程，已经使其成为中国大多数竞争性产业的主力军。2012 年是中国经济从追求数量型扩张向追求高质量发展的转折点，中国民营企业在这个大背景下也开始全面走向高质量发展的新阶段。主要体现在以下几个方面：

（1）从低端向高端升级。企业从价值链的低端向高端升级，不断提高产品利润率和增强市场话语权。以深圳市为例，截止 2012 年上半年，该市有国家级高新技术企业 2113 家，仅 2011 年就新增 821 家；企业技术中心从 2008 年的 79 家增加到 141 家，其中国家级企业技术中心从 11 家增加到 16 家；加工贸易企业设立各类研发机构 1500 多家，比 2008 年增加了 270 家，研发人员 8.9 万人，比 2008 年增加了 2.5 万人。2011 年，全市加工贸易高新技术产品出口 835.9 亿美元，比 2008 年增加 38.5%，占加工贸易出口总额的 60.3%，比 2008 年提高 5.3 个百分点。加工贸易出口产品中，机电产品比重从 2008 年的 84.6% 提高到 2011 年的 89.5%，而传统产业比重则从 15.4% 下降到 10.5%。[①] 与深圳市的情况相同，中国不少加工贸易企业已从原来的单纯加工装配，逐步向研发、设计、关键零部件制造环节延伸。

① 深圳近半来料加工企业转型 [N]. 深圳商报，2012-08-14.

（2）从传统产业向新兴产业升级。广大民营企业不仅在向所在行业的高端升级，同时紧跟科技革命和产业升级步伐，增加在新兴产业领域的投资。以阿里巴巴、腾讯、京东为代表的电商平台企业，纷纷进入大数据、云计算、自动化、无人机等智能化新兴产业领域，在新能源汽车产业、生物医药及环保产业，也都有大批民营企业的身影。

（3）从单纯制造向生产服务升级。许多民营企业开始从单纯的制造环节迈入生产性服务业、新兴服务业等领域，加速了生产性服务环节从制造业中的分离。与此同时，传统服务业与现代技术融合发展的速度正在不断加快，从事服务外包、商务会展、现代物流、信息咨询、评估认证等新兴服务业的民营企业也呈现出加速发展态势。根据全国工商联公布的民营企业 500 强的数据，第三产业入围企业数量连续五年增加，2012 年为 117 家，2017 年增加到 162 家，年均增幅达到 38.46%；而第二产业入围企业数量则连续五年下降，2012 年为 380 家，2017 年减少到 333 家。第三产业资产总额超第一、二产业资产总额之和，占比为 58.68%。

（4）从代工向自主设计、自主品牌升级。塑造自己的品牌是实现技术和产业升级的必然过程和重要标志。近年来，中国民营企业在塑造品牌、实施品牌战略方面取得了很大进步。以阿里巴巴、腾讯、华为、小米、联想等一大批知名品牌为代表，标志着中国民营企业已经走向了更高的发展阶段。以深圳市来料加工企业升级为例，截止 2012 年上半年，深圳市约有 1713 家来料加工企业实现了升级，占全部来料加工企业总数的 45%。许多 OEM 企业加速向 ODM 和 OBM 升级。2012 年上半年，ODM 和 OBM 混合生产模式的产品出口比重达到 56%，比 2008 年提高 26 个百分点。[①] 此外，根据环球网联合环球舆情调查中心于 2018 年 2 月对中国消费者的品牌好感度的调查数据，近九成受访者对国产品牌的整体印象持正面态度。在国产品牌行业好感度中，华为成为受访者最喜欢的国产品牌，顺丰与微信分列第二、三位，淘宝、京东、

① 刘迎秋．中国民营企业发展新论 [M]．北京：社会科学文献出版社，2012.

支付宝、格力、天猫、海尔以及小米依次排名第四至第十位。由此可见，在国家提出的品牌战略鼓励下，近年来越来越多的民营企业十分注重自身产品的品牌塑造。

总之，新时期我国民营企业出现大规模的升级状态，这主要是由于国际国内形势的变化，使得中国广大民营企业获得了巨大的发展动力。一方面，传统产业的市场在急剧萎缩，资金、劳动和原材料成本迅速上升，人才短缺和节能环保的压力在不断增大；另一方面，广大民营企业也看到了新的科技革命即将全面爆发、新兴产业蓬勃兴起、扩张成本相对下降及政府倡导高质量发展并给予政策扶持等难得的升级机遇。当然，民营企业升级换代也绝非易事。一方面，由于一些中小型民营企业习惯了过去的业务模式，而对新模式并不十分了解，企业家对升级并不十分感兴趣，限制了自身升级；另一方面，由于某些新兴产业的技术尚在形成过程中，产业及市场具有很大的不确定性，一些企业家不愿意或不敢冒风险进入，这也在一定程度上制约了民营企业升级进度。

3.3 中国民营企业转型升级的战略意义①

民营企业转型升级是中国经济转型升级的重要组成部分，是实现经济增长方式阶段性跃升的关键环节。近年来，由于美国实施贸易保护主义政策，中美贸易摩擦不断加剧，加上新冠疫情的影响，国际贸易和国际经济面临前所未有的挑战。无论从短期还是从长期看，中国民营企业的转型升级将被迫置身于一个更加不确定性的国际贸易和全球产业链环境，民营企业高质量发展将更加困难。这也凸显了中国民营企业转型升级的重要性、迫切性和艰巨性。

① 罗仲伟，陆可晶．转危为机：运用数字技术加速中小企业群体性转型升级 [J]．价格理论与实践，2020(6):10-17.

3.3.1　民营企业转型升级是我国社会经济高质量发展的客观要求

当前，中国经济向高质量发展的微观基础在于实体经济中的企业，尤其是制造业企业在整体上顺利实现转型升级，进而推动产业基础高级化和产业链现代化，使整个产业体系迈上创新驱动、技术引领、效益导向和结构合理的台阶，从而在全球产业分工和资源配置格局演变和产业链重构中扮演更为重要的角色，在以先进制造业为基础的全球中高端市场中拥有更大的自主性和话语权。这是一个趋势性的长期过程，民营企业特别是民营制造企业的转型升级无疑是这一过程中的重要内容。

3.3.2　新工业革命促使民营企业的产业地位发生逆转

由一系列重大技术创新构成的新工业革命，正在改变着工业经济条件下要素构成内容、产业分工格局和市场需求态势，并打破传统涵义上的产业资源和生产要素的配置方式，打破产业间、产业内和产品间的分工，打破产业演进、升级的内容和路径、生产者与消费者的界限，地域的物理空间重要性也正逐步消失。在工业经济向数字智能经济转换的新时代背景下，伴随数字技术加速普及和运用而来的是时间紧缩和空间跨越，出现人们在时空中关系“重置”的社会现象，引致产业发展条件和市场需求特征产生重大变化，商业组织生态和组织范式必然产生质的演化，意味着民营企业的运转逻辑和表现形态发生深刻变化，其产业地位因而发生逆转，甚至需要重新定义民营企业的特性和功能。民营企业将在更大的市场领域和社会领域中，为新兴产业发展、传统产业改造、产业组织创新、区域经济均衡和不同社会群体间的融合发挥更加重要的作用。

3.3.3　商业演化和产业变革背景下的民营企业转型升级

转型升级是企业战略层面的决策行为。从商业演化和产业变革的角度看，对于民营企业来说，转型是从横向观察的企业发展立足点的转变过程，意味着企业的产业或行业定位、组织运作方式和资源配置方式等发生根本性或跨越性改变，即通过组织创新、资源重组、改变经营策略或商业模式，或借助新的技术手段、依托新的技术产品跨越原有业务及市场领域，进入或开拓新的业务及市场领域，创造新的利润增长点，获得新的竞争优势或社会价值。相较于大型企业转型，大多数民营企业的特性导致其转型在空间和时间维度都受到更大限制，呈现出决策灵活、整体迁移、快速转换、缺乏退路等特点，意味着其试错成本更高、风险更大、难度更大。升级则是从纵向观察的企业发展向更高层级攀升的过程，要求企业在原有市场领域中通过创新驱动、技术改造、模式转换、试错迭代、运营深化、组织协同和管理精益，使市场竞争力的着眼点和落脚点从同质化的规模平面扩张跃升到差异化的效益和质量立体突破。相对于大型企业，聚焦于细分垂直市场的大多数民营企业在空间维度推动升级的潜力要更大。从民营企业群体看，转型升级的主要内生推动力量是市场拉动下的组织创新和商业模式创新，主要外生依托力量是科技进步、产业政策和社会公共政策。科技型民营企业本身就是在探寻高新技术的创新研发及其商业化实现路径，而一般民营企业则立足于顺应商业组织生态和组织范式演化、变革趋势，依托以数字技术为代表的高新技术赋能、各级政府政策扶持和引导，以及来自大企业、中介经济组织和产业园区的帮扶，不断满足日益细分的市场需求。

3.3.4 从国家战略层面定位民营企业转型升级

自主性、独立性、灵活性和适应性不断增强的民营企业及其群体，在中国经济社会高质量发展中的重要地位日益突出，如果不能实现民营企业群体性转型升级，那么整个产业的转型升级将大打折扣，经济社会高质量发展的目标就难以实现。因此，民营企业的转型升级成为居于国家战略层面至关重要的全局性、系统性和长期性行动，成为国家治理体系和治理能力现代化过程中的重点内容之一。

总之，我们必须从国家战略的高度来认识、定位民营企业的转型升级，这既是改革开放四十多年后面对全球产业格局重构，中国产业体系迈上新台阶、跨入新阶段的必然要求，也是持续保障城乡就业、保持社会大局稳定、推动高质量发展、全面建成小康社会的基本要求。新冠疫情以及中美贸易关系虽然给全球产业格局演变增添了复杂化因素，可能对全球产业生态和产业链带来长期影响，以中国为中心的全球制造产业供应链体系也面临新的挑战，但是，中国经济社会高质量发展的基本趋势不会改变，民营企业的转型升级也变为更加重要而紧迫。

案　例　新光的转型发展之路[①]

“创业是一条没有终点的跑道。”作为义乌企业排头兵，新光集团自创建以来，始终坚持创业创新精神，紧跟时代发展的步伐。新光饰品作为新光集团的创立之本，始终以创新精神鞭策自身不断前进，积极主动地拥抱时代的变化。

在过去的近40年里，周晓光和她的丈夫虞云新从走街串巷的卖货郎，成为新光控股有限公司的创始人。截止到2015年，新光集团的总资产超过300亿元人民币。2008年，他们23岁的大儿子虞江波从伦敦留学7年回国。由于对正处在转型升级过程中的饰品主业的担忧，以及对职业经理人团队的不满，“中国饰品女王”周晓光希望虞江波从银行辞职，加入新光饰品有限公司。为了分担父母的重任，虞江波终于决定回到家族企业中。他从市场副总助理开始做起，到2011年被任命为新光饰品总经理，开始进行一系列的激烈改革，例如把非核心生产环节进行外包、建立高端多品牌战略等。这些改革措施取得了良好的效果。他不仅扩展了公司的现有业务，还进行了全新的电子商务业务的扩展，开拓了三种垂直整合业务。淘趣建立了网店，网仓科技

① 李秀娟，张燕. 当传承遇到转型——中国家族企业发展路径图 [M]. 北京：北京大学出版社，2017.

的主要业务是物流仓储和多元化服务，淘赐科技则定位于电子商务软件供应商。周晓光在2014年2月的员工会议上宣布，要在10年内使新光的销售额翻两番变成千亿级的企业。

新光的源起

新光的名字显而易见，新字取自虞云新，光字取自周晓光。新光是一家以流行配饰为主业，集投资、地产、贸易等多元业务于一体的大型民营企业集团，拥有20多家全资及控股子公司，员工4000余人。其中，新光饰品多年来稳居国内流行饰行业龙头地位，产品设计新颖、款式繁多，产销量高居行业榜首，拥有厂房建筑面积16.8万平方米的流行饰品生产基地，市场网络遍及全球；集团旗下有以万厦为核心的房地产业务板块，已成为当地行业龙头企业。此外，由新光牵头，联合其他多家行业龙头企业，通过整合区域和行业优势，系统地构建了商业、产业和资本平台，运作了收购上海美丽华、重组新疆新天集团，参股大连百年人寿保险等多个震动产业界的重大项目。

1978 年：走出大山跑遍大江南北

1962年，周晓光出生在浙江诸暨的一个偏僻山村，她的父母都是农民，靠养猪来维持一家人的生计。虽然父母长年辛勤劳作，却依然难以解决一家人最基本的温饱问题。周晓光有五个妹妹和一个弟弟，作为老大，她从小就懂得帮父母分担家庭的重任。虽然只有几岁，但她已经会操心家里，照顾弟弟妹妹的生活了，整个家庭时刻都装在她幼小的心灵里。1978年，中国改革开放，年仅16岁的周晓光为解决家庭温饱问题，踏上了远赴东北卖绣花样的道路，成为全村3000多人中唯一一个出外闯天下的人。当时周晓光的本钱就是向母亲借的几十元。为了不耽误时间，她就白天摆地摊，晚上坐车赶路。就这样，拿着一本《中国地图》、挑着跟她体重相近的货，夕发朝至，春天北上，秋天南下，周晓光在数年内跑遍了大半个中国。这些走南闯北的历练为她攒下了日后发家的资本，打下了以后创业的基础。

1986 年：扎根于义乌商场

1985年，跑过三江六码头的周晓光嫁给了同样卖绣花样的浙江东阳人虞云新。生下大儿子虞江波后不久，周晓光对丈夫说想安定下来了。于是，1986 年，两人拿出几年来所有的积蓄，在义乌第一代小商品批发市场里买下了一个摊位。那时，小商品市场刚成立不久，只有700个摊位。在东北卖绣花样的时候，周晓光也试着卖过饰品，看到东北女子喜欢戴花花绿绿的头饰，她就选定了从事饰品经营。于是，丈夫到广东等地进货，她和家人在义乌加工、练摊。几年下来，他们在义乌最好的住宅小区买了新房，也在市中心朝阳门买了店铺。1992年，周晓光被台湾一家知名饰品企业选为代理商，并开设了义乌第一家饰品零售店，售卖进口商品和自制产品。这家店不仅生意好，亦令周晓光接近消费者，了解了他们的喜好。由于常常出现供不应求的现象，再加上当时地方政府鼓励民营企业办实业，周晓光和丈夫产生了自己设厂的念头。

1995 年：投资建厂——从小买卖到大企业

1995年7月，夫妻俩毅然拿出700万元投资办饰品厂，并以夫妻俩名字的最后一个字取名为新光饰品有限公司。1995年10月，新光饰品厂房建成投产。当时，450多名工人是从广州饰品企业招来的熟练工人，40多名技师和管理人员是在台商饰品企业工作过的资深人员。此外，周晓光亦要求团队加紧推出8000--多种款式的饰品，使得新光以款式多、款式新为特征，迅速在市场上打开局面。

1996-2008 年：渠道为王——发展与改善批发和零售网络

不久，周晓光又在广州饰品一条街开办了分公司。当时广州的女士都爱佩戴丝巾扣，分公司发现后立即将信息发回总公司。仅三天时间，公司就组织人员设计生产了几十款不同颜色和形状的丝巾扣投放市场。结果，新光饰品在广州一炮打响。翌年春节，周晓光在义乌小商品市场旁边开设了市场分部，率先推出丝巾扣，又引发了义乌的丝巾扣销售热潮。后来，她又指派公司销售人员挥师北上，在沈阳设立分公司，以打开东北市场，并收集当地的潮流咨讯。

此后的两年内，周晓光采取总代理制，在上海、北京、西安等全国13个城市找经销商成为总代理，迅速开拓了国内市场，年销售额达到数千万元。但随着市场的扩展，这种模式显示出弊端，总代理们的保守、拒绝扩张成为制约新光发展的障碍。1998年，周晓光开始撤回总代理权，建立直营门店，使销售额在一年内就翻倍达到上亿元，同时直营店也可以直接收集销售信息供总公司用作市场分析。但相应地，库存也增多了，加重了运营成本，并制约着现金流，因此必须有完善的管理来保持周转率和利润。而且，撤回总代理权无形中将这些经销商变成当地的竞争对手。

周晓光从2000年开始将以批发为中心的销售模式向终端零售模式转型。这个转型是因为她发现新光饰品的零售价是批发价的五到十多倍，其中经销商占了大部分利润。所以，她试图开连锁零售店，但因为过往批发渠道并没有为新光饰品建立品牌，零售效果并不理想。虽然开始时并不顺利，但2005年10月，周晓光在新光战略研讨大会中重申，新光饰品要从制造商和批发商向零售商与品牌运营商转型。此后，新光饰品开始一边鼓励经销商和他们合开直营门店，以维护批发商渠道；一边建立专卖店体系，推出了新光精品、新光密友、逗芙、天女至爱、希宝高等专卖店品牌，向高端提升。截至2008年，新光在全国县级市以上城市的零售店达到近400家。

1997-2007年：十年布局国际市场

从1997年开始，周晓光和她的设计人员走出去，参加世界各地的饰品展销会，不断更新对于世界饰品流行款式和新材料的认知，以及对新工艺的掌握。1998年，周晓光拿着自己生产的首饰前往中国香港地区参加珠宝展，这是新光饰品首次面向世界市场。在与香港客户打交道的过程中，她感觉到自己多年来在饰品行业里摸爬滚打，对这个行业已经了如指掌，完全可以将新光饰品的版图扩大。于是，1999年年初，周晓光第一次去欧洲寻找合作伙伴。同年，也因为要放权给第一任职业经理人，她到美国考察了1个月，深入了解海外客户的需求。2000年，周晓光胸有成竹地再赴香港参加珠宝展。当时也因为中国即将加入世界贸易组织，新光饰品吸引了来自亚洲和欧美50多个国家的70多个客户，应接不暇，并成为首家可以打破由韩国和中国香港地区称霸饰品市场局面的内地工厂。因为参展后订单数目大大增加，周晓光开始反思企业在生产运营上的瓶颈。

2001年4月，在周晓光的努力下，世界饰品材料巨头奥地利的施华洛世奇公司（Swarovski）正式与新光饰品合作，从采购施华洛世奇水晶原材料和其它材料，到合办饰品时尚发布会、共同开设水晶工艺品专卖店。2005年，周晓光调整海外市场策略，安排四妹周玉霞负责新光饰品在全球新兴市场的开拓和海外分公司的建立。截至2008年，新光先后在中国香港地区、阿联酋、俄罗斯、西班牙等地建立了共7家分公司和直营门店。此后，新光饰品也与捷克的宝仕奥莎公司开展合作，新光饰品香港分公司成为其在中国唯一的总代理商。新兴市场的开拓及国内零售渠道的调整，使得新光饰品的年销售额在2006年、2007年分别得到50%和30%的增长，即使处于金融危机的2008年，销售额的增长率也有15%。

引进职业经理人

1998年，当周晓光开始建立直营门店和打造国际市场时，她觉得自己的管理知识已经跟不上企业的发展了，例如，公司并没有ERP内部信息系统。意识到企业经营中人才的重要性，她聘请了专业的管理咨询团队，进行全面管理的变革，启动了从家族式管理向现代企业制度的转变。此后的十年，她共引进了三任职业经理人。

第一任职业经理人期间，周晓光和虞云新夫妇对于饰品部分的倾注较多，职业经理人主要侧重于企业的规范化管理建设，而实业的运营决策大多还是由周晓光夫妇决定；第二任职业经理人期间，周晓光在短暂的磨合期后充分授权，给予了职业经理人极大的信任和权力，也使得职业经理人在扩张方面做出的决策几乎畅通无阻；最后一任职业经理人是新光多年的老员工，周晓光对他的信任度较高，但也正因为如此，沟通管理方式相对而言会强势一些。当然，这和当时新光业绩下滑的特殊性也不无关系。

虞江波是危机中的选择

2008年10月，周晓光夫妇23岁的长子虞江波回国，在北京的瑞士联合银行集团（简称“瑞银”）实习。因在实习期中的优异表现，他顺利地拿到瑞银的录取通知并准备在这家世界500强企业工作。他原本计划在外企积累一定的工作经验，然后再回到新光接班。当时受金融危机影响的新光，已显示出危险迹象，周晓光希望儿子尽快回来接手家族企业，帮助企业走出困境。虞江波那时面临两个选择：一是留在瑞银，朝着自己喜欢的投资方向发展；二是回归家族企业，靠近企业管理。考虑再三，虞江波决定回到新光，担任新光饰品的营销副总助理一职。2011年年初，虞江波成为新光饰品的总经理。

全方位改革，转型升级

虞江波认为金融危机带来的经济不景气的阶段，正是很好的行业整合的机会，于是开始进行全方位的改革。

虞江波的战略转移方向是“向品牌转变，淡化生产”。从2011年开始，新光饰品进行生产研发和供应链管理改革，加强核心工艺的研发；除了核心工艺，其他的生产程序逐渐通过建立外协体系而外包，以支持义乌当地的小工厂，并利用外地包括广州、深圳等地的优势，甚至计划在越南等新兴市场外包，以降低人力成本和解决招工难的问题。至2014年年初，新光饰品已经有30%左右的产品是外包生产。

其他改变包括加强生产流程标准化和监控体系，建立绩效评估体系和改善激励方式。此外，新光饰品以前采取的是现货销售模式，但因为饰品单品数量极大，造成大量制成品库存，成本极高。由于装配环节是整个生产环节中投入成本最大的，高达总生产成本的60%，因此虞江波探索半成品库存模式。在新的模式下先完成前面的环节，等需求明确后再快速进行昂贵的装配环节，而半成品库存还可以被回收改用。这种模式节省了60%以上的成本，可以有效地控制库存。这些改革在他任职总经理一年后就收到了成效，新光饰品从高峰时的6500名员工减少为2000名员工，产能增加了40%，而销售量也保持了35%-40%的增长。

虞江波还建立了两个重要的中心，亦是孵化器。2011年成立的战略发展中心，旨在对未来的业务模式和渠道进行创新。而2012年建立的品牌中心，则旨在进行品牌创新。同年，正式对外发布新企业标识，并把品牌中心、企划和设计转移到上海。品牌营销战略的变革有四项。

一是优化多品牌策略。新光饰品扩充和强化品牌体系，推出近十个不同定位的品牌，包括一些高端和中国原创品牌。例如，新光饰品于2011年收购了中国原创品牌“SU素”，使之成为旗下第一高端银饰品牌。此外，2013年，新光饰品与浙江卫视主持人、“eve伊芙银饰”创始人兼设计师伊一合作，支持品牌重新定位。同年，新光饰品更与国际知名的比利时卡通品牌THE SMURFS（蓝精灵）合作，按蓝精灵形象开发饰品、全球发行。

二是多渠道策略。除了用批发和OEM模式，以及商场专柜、集成店、网店等零售板块，新光饰品亦拓展电视购物和企业定制礼品等新渠道。2011年，新光饰品覆盖了全国21家大型购物电视台，并在2012年实现了3倍的增长。2012年，通过与卡当等定制礼品网站合作，新光饰品可以让企业和个人消费者在网上定制礼品。2013年，tofü店正式在上海开业，它是一家专注于时尚配饰的品牌集合店，不仅是一站式购物店，也是产品体验平台，实行线下和线上的配合。至2014年年初，新光饰品已经开了6家tofü店。新兴渠道占了新光饰品2013年总销售额的30%左右。

三是和国内外时尚品牌进行跨界合作。例如，新光饰品与施华洛世奇、爱尔兰的蒂珀雷里（Tipperary）等国际水晶品牌建立战略合作，为H&M、美特斯邦威等服装公司提供配饰，提供从服装设计稿开始的一体化解决方案，提高产品的附加价值。

四是优化海外销售渠道的布局，包括在英国、俄罗斯、阿联酋、美国、墨西哥的购物中心开设直营零售店，与H&M、Zara、杰西潘尼、沃尔玛等零售商合作。此外，2013年，新光饰品并购了美国“法圣爱仙”饰品品牌。它是全球防过敏耳环的销售冠军，有助于新光饰品拓展美国和南美地区的业务。

2009年，在虞江波的推动下，新光饰品在淘宝和QQ商城等网络平台上开设官方旗舰店。2010年，虞江波发起成立了义乌第一家电子商务协会——江东街道电子商务协会，并担任了该会的首任会长。虞江波通过进入电商生态系统为新光饰品的未来开拓了新的营销和发展模式，帮助企业转型升级。虞江波的布局可分为三个阶段。

第一阶段是针对电子商务的产业链布局。在这一阶段，虞江波一共主导成立了三家企业。第一家成立的是侧重于营销端的一站式营销服务公司——浙江淘趣网络科技有限公司。该公司除了帮助新光饰品开展线上销售之外，还为一些浙商知名品牌提供电子商务代运营服务。第二家成立的上海淘赐网络科技有限公司，是电商销售端向第三方营销和广告服务的延伸。它已与日本的研发团队合作，开发出“情报通”“新干线”等销售数据收集和分析软件。第三家公司是在电商产业链上的一次突破。在国内第三方电商仓配服务还在萌芽阶段的时候，虞江波力主投资2000万元成立了浙江网仓科技有限公司，为电商提供全数字化的后端（仓储、物流和信息系统）服务。

第二阶段是针对跨境电子商务的布局。新光的跨境电商业务已经拥有英语、俄语、葡萄牙语、西班牙语等专业人才近30人，在阿里巴巴全球速卖通、亚马逊（美国站，英国站）、Ebay（美国站、英国站）、敦煌网等平台开设二十余家店铺，并拥有自己的独立电商网站，还在考虑设置网仓海外仓（承接跨境电商物流配送）和收购巴西的一家电商企业。

第三阶段是针对企业平台化的布局。2014年，虞江波启动了中国流行饰品供应链优化项目，利用移动互联网，让人工密集、低效、灰色交易弥漫的配件采购变得简单，高效、透明，并打破原有由配件厂家、成品厂家、经销商、外贸公司和门市等组成的利益分配格局，重塑价值链，甚至“去中间化”，使成本更低、效率更高。虞江波希望重塑中国流行饰品生态圈，改变目前饰品行业“劣币驱逐良币”的畸形格局，最后让生产高品质、高性价比的配件厂家轻松挣钱，专注于提升生产能力，并让有一定专长的成品厂家在外贸公司及海外终端客户面前“站着挣钱”。虞江波准备了充分的预算，希望这个新项目能够成功，从而延续他父母开创的新光饰品在中国流行饰品行业的领导地位，帮助行业发展。

虞江波的梦想是“新光能成为中国最和谐的大家族企业、全球家族企业中的典范”，而周晓光的梦想是“在十年内使新光的销售额翻两番变成千亿级的企业”。现如今，虞江波已成为家族第二代的掌门人，饰品公司的锻炼让他愈发沉稳，在管理方面的能力也愈发卓越。他开始更多地参与集团决策，为父母分忧。年轻一代开始显露才能。

作为大家长，周晓光和虞云新夫妇也需要开始思考各个家庭间的平衡，他们应怎样吸引与甄选其他的二代和职业经理人来配合集团的发展？虞江波应怎样推动家族委员会的成立和运作？从希望“去家族化”走向专业化管理，在经历了三任职业经理人之后，新光最终又转了个弯回到“重筑家文化”，希望把自己打造成中国新一代的家族企业，并使其建立在雄厚的“家文化”基础上。到底家族企业应该任用家族CEO还是职业CEO，在学界也是一个争论不休、见仁见智的问题。

第 4 章　民营企业转型机理与升级路径选择

实际上，任何一个经理，只要拥有一套正确的工具，就能够在他或她的企业中创造出可持续的、驱动价值的成绩。

——[美] 劳伦斯·G. 温齐默

错过了这班车，也许你就再也跟不上了。

——[美] 托马斯·西贝尔

第三章我们从转型和升级两方面分析了中国民营企业转型升级的发展历程与战略意义，在这一章里，我们将视角转向分析民营企业转型升级的影响因素、转型升级的类型、转型升级的内在机理及其路径选择，从而揭示民营企业转型升级的内在规律。

4.1 民营企业转型的影响因素

如前所述，企业转型升级的影响因素也受到理论界的广泛关注，学者们从不同视角探讨影响企业转型升级的各种因素。从总体上看，影响企业转型升级的因素主要分为内外部两方面：（1）内部决定因素，主要来源于资源能力理论；（2）外部决定因素，主要来源于权变理论。①

4.1.1 基于资源能力理论的影响因素分析

资源能力理论关注企业竞争优势的来源，认为企业可以通过运用其有价值的、稀缺的、不可模仿和不可代替的资源和能力进行来获取竞争优势（Barney，1991；Prahalad and Hamel，1990）。关键资源的拥有和关键能力的获取为企业转型升级奠定基础（Makadok，2001）。关键资源主要包括资本积累（Forbes，2002；王一鸣，2005）和人力资源（Carayannis，2004；王一鸣，2005）。成功转型升级的企业具备良好的资金资源，凭借着充裕的资本积累，得以在研发设计、宣传推广等方面进行大力投入，从而提高技术创新水平、推广企业产品品牌形象，最终建立自主品牌。人力资源也是企业转型升级的关键因素。成功转型升级的企业成立内部培训中心，通过与外部高校、培训机构进行合作等方法，创建了人才输送渠道，为企业培养高层次的技术人才和管理人才。同时，成功转型升级的企业通过外部人才特别是管理和技术人

① 毛蕴诗，张伟涛，魏姝羽. 企业转型升级：中国管理研究的前沿领域——基于 SSCI 和 CSSCI（2002—2013 年）的文献研究 [J]. 学术研究，2015(1):72-82.

才的引进，优化其人力资源质量。

企业的关键能力包括自主创新能力（Amsden，1989；Gereffi，1999；刘常勇，1998；刘志彪，2005）和营销服务能力（Yam et al.，2006）。自主创新能力体现在自主创新成果、创新管理能力、研发机构和人员状况、产学研开展情况等多个方面。企业成功转型升级需要有较强的自主创新能力，不断在研发、设计方面进行创新，不断提升产品的技术含量和品牌形象，才可摆脱残酷的成本和价格竞争，逐步实现企业转型升级。营销服务能力体现在销售、服务网络建设、销售队伍规模、宣传推广活动开展等方面。在营销推广上的强力投入，才可使 OBM 业务获得了较为快速的发展。营销服务能力是影响企业转型升级的显著因素。

4.1.2　基于权变理论的影响因素分析

权变理论对企业转型升级的影响主要在于外部的环境变化和内部的企业家理念。一方面，市场前景广阔、消费心理日渐成熟、市场竞争秩序日益规范（王一鸣，2005），为企业转型升级提供了广阔的外部空间。政府大力营造良好技术创新环境，有利于推动企业快速实现升级（Gans & Stern，2003；路甬祥，2005；刘新民，2005；Vergrat & Brown，2006）。另一方面，企业家精神与品牌意识能加速企业建立自主品牌的进程，企业的抱负是影响企业转型升级的重要因素，而企业抱负则是企业家精神和企业文化的外在表现形式（Cyert，March，1963）。此外包括勇于创新、积极进取、富于激情、坚持不懈的企业家精神，对民族和员工强烈的责任感，强烈的自主知识产权和品牌意识（Winter，2000；Barton，1992；王一鸣，2005；郭咸纲，2005；胡钰，2007），对企业选择不同升级路径有不同的影响。此外，与合作企业的良好关系有利于低端制造的企业“干中学”和“用中学”的开展（Carayannis，2004；Rycroft，2004；毛蕴诗、汪建成，2006），为企业实现转型升级提供了不同模板和不同路径选择。

4.2　民营企业转型的类型及其特征①

产业转型升级是一个系统工程，是由产业链转型升级、价值链转型升级、创新链转型升级、生产要素组合的转型升级所形成的有机整体。民营企业的转型升级也可以分为这四种类型。

4.2.1　产业链转型升级

产业链是诸多企业将产品或服务，由存在于人脑中的创意经过一系列生产经营活动形成最终产品或劳务的全过程，这一过程包含了诸多环节：产品创新、研发、设计等是“前端环节”；原材料生产和采购、核心零部件、产品制造、组装等属于“中间环节”；物流、销售、售后服务等属于“后端环节”。不同环节由诸多不同的产业构成，如图 4-1 所示。

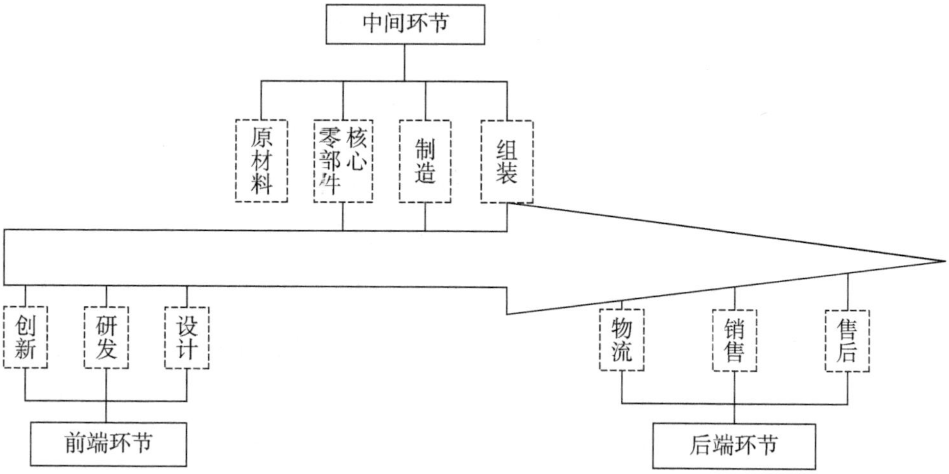

图4-1　产业链

图 4-1 所示的产业链中，不同环节的重要性不同，“前端环节”和“后端环节”

① 蒋兴明．产业转型升级内涵路径研究 [J]．经济问题探索，2014(12):43-49.

以及核心零部件制造属于知识、技术、管理密集型环节，其科技含量高、单位投入的附加值大，在产业链中处于核心位置。其中，创新、研发、设计等环节是整条产业链的“灵魂”；而其他属于劳动密集型环节，在产业链中处于边缘位置。企业产业链转型升级是指企业从产业链边缘环节向核心环节延伸，这主要通过企业对自身业务的拓展来实现。其转型升级方式主要有以下两点。

（1）向核心环节延伸——产业链转型升级方式之一。向核心环节延伸是指处于产业链的原材料生产、产品制造、组装等边缘环节的企业向两端的产品设计、研发、核心零部件制造、物流、销售等核心环节延伸。掌控核心环节能够提高一国经济的生命力和竞争力。产业链核心环节的企业由于掌握了整条产业链的设计、研发能力、制造技术、管理方法等，具有较强的竞争力，不易被替代，在全球产业链中有较强的话语权；而边缘的原材料生产、产品制造、组装等环节依附于核心环节而存在，其生存发展受核心环节的牵制较重。在外部经济不景气时，核心环节的企业可通过各种方式渡过难关，而边缘环节的企业则很可能由于需求不足、资金链断裂而减产或停产。

（2）掌控全产业链——产业链转型升级方式之二。全产业链是指产品到达最终需求者所经过的所有生产运营环节。虽然产业链的不同环节可能分布在不同国家，但是跨国企业可通过其全球生产和销售网络掌控产业链的所有环节。掌控全产业链对一个国家产业发展而言具有十分重要的意义，不但可将诸多外部成本内部化，在国际竞争中还能避免来自各个环节的牵制和排挤。

掌控全产业链并不意味着产业链所有环节的生产和运营都要由单独一家公司及其各地子公司进行，而是指产业链的研发、设计、核心零部件、营销等核心环节囊括在本公司的全球生产和营销网络中或由本公司严格控制，非核心零部件生产、原材料、加工、组装等边缘环节可外包给其他厂商，但本公司需对这些环节具有一定的掌控，由于非核心环节可替代性较强，可在较短时间内实现生产转移，不易被相关厂商钳制。

4.2.2 价值链转型升级

如前所述，价值链依托于产业链存在，产业链上不同环节的生产经营过程也是创造附加价值的过程，各环节前后相继创造附加值的过程构成链状的增值流程，这一增值流程就是价值链。价值链转型升级包括两个层面。

（1）附加值数量增加——国民经济繁荣的重要标志。这是较低级层面的价值链转型升级。附加值数量增加是指在一个经济体内，通过生产过程创造的价值增加。附加值数量增加不考虑附加值的行业分布、要素贡献，也不考虑附加值在价值链各环节间的分布，更不考虑附加值在财富分配环节是如何在各国之间分配的。附加值数量增加是价值链转型升级的第一层含义，意味着微观经济主体通过生产经营活动创造的价值总和增加。

在经济发展过程中，采取措施稳定经济波动，保证经济附加值处于较平稳的状态，避免经济下行，是价值链转型升级的第一要务和保证。中国的经济附加值虽在发展中国家中领先，但是与美国、日本等发达国家相比仍存在较大差距。因此，如何保证经济附加值平稳增长，避免经济衰退，是中国企业价值链转型升级的首要任务。

（2）附加值质量改善——国民经济提质的关键。这是较高级层面的价值链转型升级。价值链不同环节所产生的附加值存在“质”的区别，主要体现在：一是产生附加值的行业不同，或产生于设计行业，或产生于制造行业，或产生于销售行业；二是附加值的要素贡献不同，设计和研发等环节知识、技术对附加值贡献较大，制造、加工环节劳动对附加值贡献较大，销售环节管理的贡献较大；三是附加值产生的效率不同，即单位投入所产生的附加值不同；四是附加值分配不同，主要指跨国公司所产生的附加值在东道国和母国之间的分配不同。

4.2.3 创新链转型升级

创新链是指新创意的产生，新产品的研发和设计，新材料的使用，新生产方法、生产流程的发明和使用，新营销策略的使用等一系列前后相继的创新活动，如图 4-2 所示。创新链各环节与产业链各环节相对应，但是创新链各环节可单独出现，也有可能同时出现。创新方式主要有：一是部分创新。在产品不发生实质变化的情况下，可以采用新材料、更新生产方法、生产流程、营销策略等。新产品被创造出来后，也可使用原有生产方法和销售策略。二是全流程创新。在新产品研发、设计成功之后，采用新材料、新生产方式、新生产流程、新营销策略，即产业链各环节均出现创新。

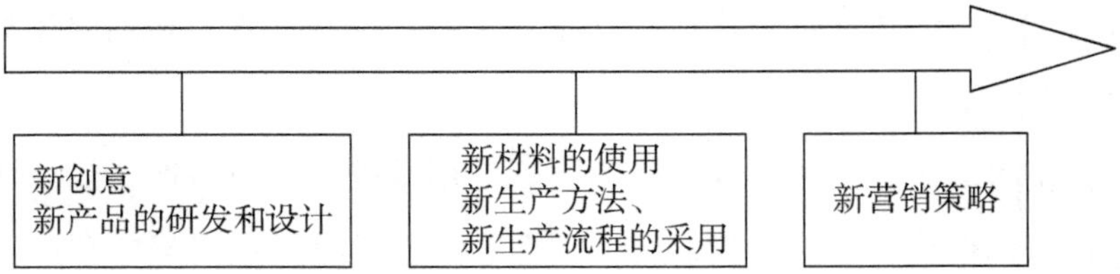

图4-2　创新链

创新链转型升级是指产业技术实现原始创新、引进消化吸收再创新、集成创新、协同创新四个方面的升级，突破一批共性、核心、关键技术，不断应用基础性、战略性、前沿性、颠覆性技术，形成新产品、新服务、新业态。创新链转型升级可分为技术突破和技术应用的转型升级。

（1）技术突破的转型升级。是指实现原始创新、引进消化吸收再创新、集成创新、协同创新四个方面的升级，突破一批共性、核心、关键技术，技术突破主要集中在产业链上游。中共十八大报告指出，坚持走中国特色自主创新道路……提高原始创新、集成创新和引进消化吸收再创新能力，更加注重协同创新。原始创新、引进消化吸收再创新、集成创新是新技术、新方法的主要来源；协同创新是创新过程的重要组织方式。具体来说，原始创新主要指基础科学和前沿科学领域的创新；引进消化吸收再创新是指从外部引进技术，在消化吸收的基础上创新；集成创新是指将已经存在的单项技术进行系统集成，创造出全新的产品和工艺的过程；协同创新是指创新主体和创新要素充分合作，充分发挥各创新主体和创新要素的作用以实现创新。技术突破有可能由企业独立完成，也可能由企业和高校等研究机构协作完成，还有可能由高校或其他研究机构单独进行。

各种创新方式的运用，旨在突破一批共性、核心和关键技术。电子行业的 CPU 等核心零部件的生产技术、IT 行业的代码开发能力、汽车行业的发动机生产技术、销售行业的物流调配能力和市场开拓能力都是共性、核心和关键技术的典型。世界知名的跨国公司，如 IT 界的微软、谷歌，电子界的苹果、三星，汽车界的大众、通用、福特、丰田等都是因为掌握了共性、核心和关键技术才能保持长久的竞争优势。世界主要工业强国之所以能在特定的产业引领世界，也是因为在这一产业内的企业掌握了共性、核心和关键技术并具有源源不竭的创新力。

（2）技术运用的转型升级。是指不断应用基础性、战略性、前沿性和颠覆性的技术，形成新产品、新服务、新业态，技术运用主要集中在产业链中下游环节。核心、共性和关键技术突破之后，形成基础性、前沿性、战略性和颠覆性技术，需要将这些技术在产业链中运用于产品的设计、制造和销售等环节，将无形的技术转化为有形的新产品、新服务、新业态等，才能对产业转型升级起到实质的促进作用。在企业参与的情况下，技术创新和产业链能够实现较好的对接；在没有企业参与的情况下，技术创新和产业链的对接涉及技术转让、出售等问题而存在一定的障碍。基础性、前沿性、战略性和颠覆性技术的运用是产业转型升级的关键所在。

4.2.4 生产要素组合转型升级

企业生产经营需投入资本、劳动、技术、知识和管理等各种生产要素。技术、知识、管理等属于较高端生产要素，也是无形生产要素。生产要素组合的转型升级是指作为产业主要载体的企业在生产过程中提高技术、知识、管理等高端生产要素在要素组合中的份额，而相应降低“纯粹劳动”的份额。

要素组合的转型升级与产业发展是相伴随的。第一次工业革命后相当长的时期内，制造环节是产业链的主要环节，产业发展主要依靠资本和纯粹劳动，实物资本的积累是产业发展的主要推动力量，而技术、管理、知识等重要性相对较低。党的十八届三中全会通过的《中共中央关于全面深化改革若干重大问题的决定》指出，让一切劳动、知识、技术、管理、资本的活力竞相迸发。科技创新是推动新一轮科技革命和产业变革的重要力量，是建设制造强国的重要支撑，是国民经济的重要支柱。世界产业格局正在发生重大变化，制造环节在产业链中的重要性逐渐降低，创新、设计、研发、核心零部件、营销等环节的重要性逐渐提升，相应地，技术、管理、知识等要素的重要性也日渐提升。

4.3　民营企业转型升级的内在机理分析

由于环境、规模、文化、技术等方面的不同，民营企业转型升级呈现出不同的形态，其转型升级的内在机理也不同。这一节我们从不同侧面深入分析民营企业转型升级的内在机理，从而更深入地理解和把握民营企业转型升级的内在逻辑关系。

4.3.1　资源配置组态下企业转型升级的机理分析①

在创新驱动时代，制造企业转型升级离不开研发投入、员工知识技术水平、融资能力、供应商等要素。随着企业发展，其规模又影响上述要素变化。上述要素实质上也是企业应该具备的广义资源，一定程度上代表资源能力。因此，从企业资源基础理论出发，在制造企业转型升级过程中，企业应当具有研发投入、知识技术、融资、规模、供应商 5 类资源要素。根据资源组态理论，不同资源要素在进行组态配置时会产生不同的效应，企业转型升级理应是资源要素有效配置或优化配置的结果。根据上述研究假设，企业转型升级的一般机理是，5 类资源要素有机组合产生组态效应，通过产生的组态效应使企业向上下游延伸，在遇到来自上下游企业的阻力时，可以通过企业集群方式打破市场壁垒。在一定程度上，企业可以通过加强与上下游企业之间的合作

① 郑季良，陈白雪．制造企业转型升级的条件组态路径对比研究——企业资源视角 [J]. 科技进步与对策，2020,37(6):1-10.

形成产业链协同创新机制，即通过资源要素协同创新，驱动企业转型升级和发展，如图 4-3 所示。

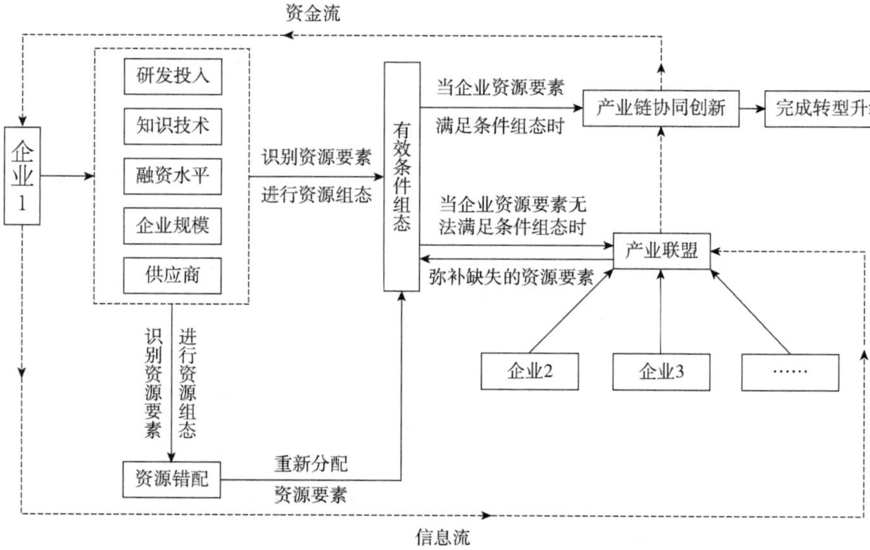

图4-3　资源配置下企业转型升级机理模型

1. 企业通过科研资本配置组态效应提升创新能力的机理分析

在上述企业资源要素中，科研资本为研发投入强度与知识技术密集度，有两种情形。情形 1 ：当企业研发投入强度与知识技术密集度的资源要素协同时，所形成的创新能力会驱动企业向上下游延伸。此时，由于企业创新能力较强，企业进入上游市场的难度降低。同时，在创造力的作用下生产出的新产品会更容易流入下游应用市场，此时企业可以通过提高产品附加值促进企业转型升级，如图 4-4（ a ）所示。情形 2 ：当企业内部研发投入强度与知识技术密集度的资源要素不协同，即一强一弱时，应从产业链合作竞争角度，通过企业之间的资源组态产生协同效应，达到“ 1 ＋ 1 ＞ 2 ”的目的，共同促进转型升级，如图 4-4（ b ）所示。以图 4-4 为例，由于机理内容相似，以下几种组态图形不再给出。其中，实线圆圈表示拥有该资源，虚线圆圈表示缺少该资源。

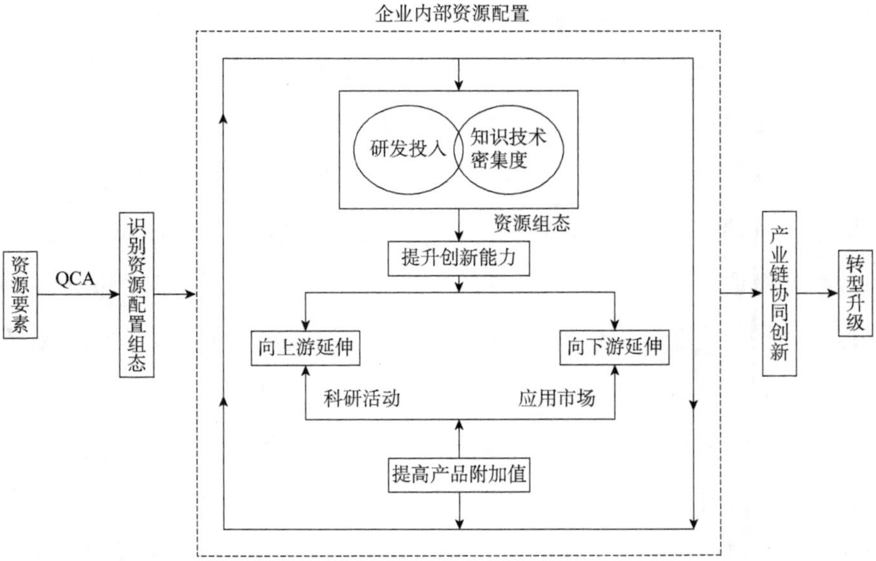

（a）企业内部科研资本要素协同时转型升级机理

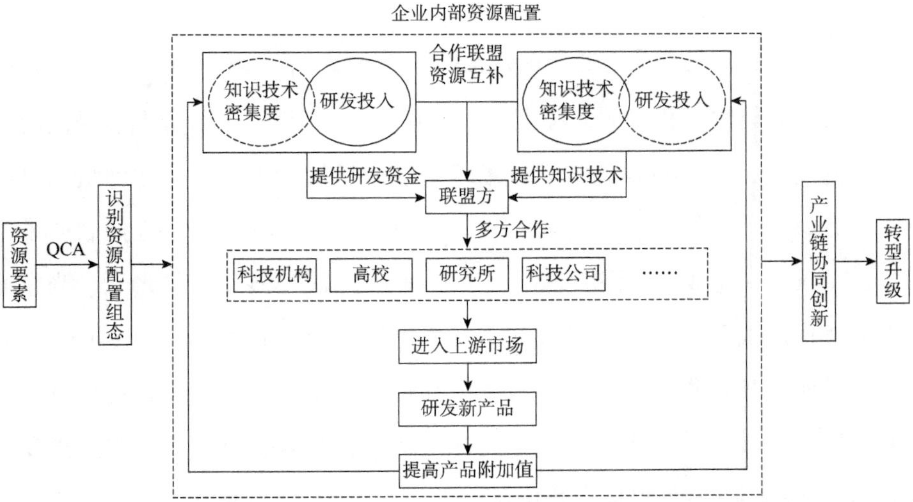

（b）企业内部科研资本要素不协同时通过产业链协同创新驱动转型升级机理

图4-4　科研资本组态下企业转型升级机理分析框架

2. 企业融资能力通过资源参与配置组态效应提升企业创新能力的机理分析

企业内源融资水平可以与两种要素进行组态。首先，研发创新活动周期较长，无法在短时间内获取较高的回报。因此，在上述资源要素中，研发投入是一种需要企业提供资金保障的资源要素。此时有两种情形，情形 1 ：当企业研发投入强度与内源融资水平协同时，所形成的高融资能力下的科研能力可以帮助企业纵向整合产业链，进入附加值更高的新市场；情形 2 ：当企业内部研发投入强度与内源融资水平不协同时，企业风险增大，此时可以组建产业联盟，利用联盟方资源互补实现共同转型升级。其次，大规模且内源融资水平高的企业可以快速获取消费者、政府、银行、其他企业等多方主体信任。情形 1 ：当内源融资水平与企业规模协同时，由于获取了多方主体信任，在面临来自下游企业的阻力时，能有更多的渠道分散阻力，因而可以更轻松地打破下游市场壁垒。同时，大规模且内源融资水平高的企业往往更容易获得上游企业信任并与其合作，从而提升上游研发水平，进入产品附加值更高的市场，完成转型升级；情形 2 ：当两种资源要素不协同时，多方组建产业联盟，联盟方综合资源要素通过协同效应完成联盟方的整体创新，最终完成转型升级。

3. 企业供应商集中度通过资源配置组态效应提升企业创新能力的机理分析

与供应商集中度相关的资源配置组态有两种：情形 1 、企业拥有高供应商集中度的同时，具有较强的知识技术密集度或研发投入强度，此种组态可以保证企业核心产品不会被供应商掌控。此时，企业将不会被对方控制交易主动权，在压缩交易成本的同时占据市场份额，完成转型升级；情形 2 、当企业过于依赖供应商且自身不具备高知识技术密集度或高研发投入强度时，企业核心产品研发技术很大程度上会被供应商控制，企业由于找不到替代方，将丧失主动权，转型升级难度增大。此种组态下企业需要将更多资源配置在研发或知识技术上并降低供应商集中度。

4. 企业规模通过资源配置组态效应提升企业创新能力的机理分析

与企业规模相关的资源配置有两种情形，情形 1 ：大规模企业拥有较高的研发投入强度或知识技术密集度，可以快速提升创新能力并占据市场地位，进而抢夺市场资源与机会。此时，企业进军上下游市场的难度将大幅降低，同时也能获得更多合作伙伴；情形 2 ：当企业规模较大，研发投入强度或知识技术密集度较低时，企业往往不具备延伸到上下游的能力。此时，企业面临的阻力较大，产品往往被锁定在价值链低端，难以完成转型升级。此种组态下企业需要精简自身组织结构并增加自身科研资本。

4.3.2　创新驱动制造企业转型升级的机理分析①

要实现创新驱动制造企业转型升级就是要以创新为驱动力，全面提升传统制造企业的产品结构、技术结构、行业结构等，实现制造企业由劳动密集型、资源粗放型、低附加值型向技术密集型、集约型和高附加值型转变。创新驱动主要通过 3 个维度来推动制造企业转型升级。

（1）双力维，即动力维与压力维。一方面，身负全球价值链中低端以及发达国家金融危机后实施“再工业化战略”的双重压力，迫使我国制造企业必须以创新方式开展经营活动，以创新驱动作为主要手段。另一方面，在共同的全球价值链治理中，我国制造企业在与其他国家制造企业创新竞争及与跨国公司合作中可以学习先进技术和经验，提升创新意识，形成动力。压力与动力共同作用，可加快我国制造企业转型升级。

（2）要素维，即高端要素注入。“中国制造 2025”是为应对全球新一轮科技革命和产业革命而提出的促进我国制造企业转型升级、提升我国制造企业国际竞争力的重要举措，该规划的重点在于制造企业创新建设、智能化、绿色发展以及高端设备等，目的在于通过自主创新与引入、消化、吸收、再创新，力争到 2025 年实现我国从制造大国迈入制造强国行列。一般地，自身创新能力强的国家对创新要素的吸引力也更强，而且在参与创新竞争中更能把握世界创新的前沿趋势，取得占据全球价值链高端位置的优势。所以，我国制造企业应在注重自主创新的基础上吸引其他创新因素的注入。

（3）竞争维，也就是引领和超越。全球价值链中位于高端位置的发达国

① 曾繁华，何启祥，冯儒，等. 创新驱动制造业转型升级机理及演化路径研究——基于全球价值链治理视角 [J]. 科技进步与对策，2015,32(24):45-49.

家具备较强的竞争力，而处于中低端的中国处于追赶者的弱竞争地位。我国制造企业要获取国际竞争力，获得在全球价值链地位的攀升，实现高额利润或保持引领者的地位，就需要不断提高创新竞争力。这需要政府产业政策的大力支持，持续推进制造企业转型升级。

创新驱动通过“三维”动力因素的相互作用,可以推动我国产业结构优化，提升需求结构、劳动生产率机制以及贸易竞争机制，如图 4-5 所示。

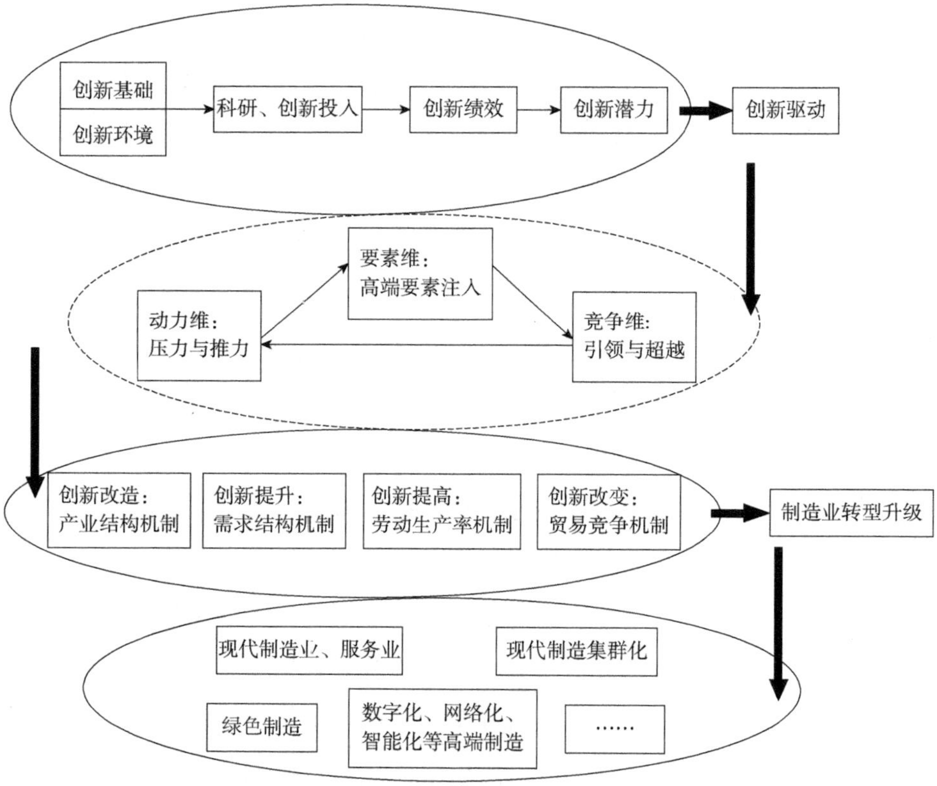

图4-5　创新驱动制造业（企业）转型升级机制

在创新驱动“三维”因素的作用下，产业结构机制、需求结构机制、劳动生产率机制以及贸易竞争机制等得到优化升级，并推动我国制造企业转型升级。从图 4-5 可以看出，3 个维度相互作用、相互影响，在循环流通过程中，在科技创新驱动下完善产业结构机制、需求结构机制、劳动生产率机制、国际贸易竞争机制，最终实现制造企业转型升级，向现代化制造业、服务业、现代制造集群化、绿色制造等高端制造业方向发展。

4.3.3　要素分工促进企业转型升级的作用机制①

中国通过融入全球要素分工体系，从而实现产业快速发展和升级的实践，不仅仅是因为要素分工能够带来比较优势创造效应和比较优势激发效应，从而降低了企业融入经济全球化的“门槛”，更为重要的是在要素分工条件下，由于要素流动以及中间产品贸易具有知识、技术、观念等溢出效应强的特点，从而能够产生一系列超越传统国际经济理论所揭示的资源优化配置效应的其他重要作用机制，进而促进企业转型升级。归纳起来，要素分工条件下促进企业转型升级的作用机制主要包括产业迁移效应、产业集聚效应、外向配套效应以及出口中学习效应等。

（1）产业迁移效应。在开放条件下，企业转型升级具有两层含义：一是推进工业化发展进程，实现产业发展的“从无到有”，即建立新企业；二是促进企业在全球产业价值链中的攀升，也就是向“微笑曲线”两端攀升，以获取更多的国际分工利益。当前要素分工的一个突出特征就是要素跨国流动和价值链的全球分解。所谓要素跨国流动尤其是资本要素的跨国流动，具体而言，就是发达国家跨国公司主导的国际产业和产品价值增值环节的国际梯度转移。这无疑为中国等发展中经济体建立新的产业，进而促进民营企业的转型升级提供了重要机遇。而要素分工条件下的价值链的全球分解，从本质上看，其实质也是产业或者产品价值增值环节的梯度转移，即产业迁移效应。这种形式的产业国际转移，相比以产品为界限的传统产业间和产业内分工形式，更有利于企业进入高科技产业。在要素分工条件下，无论是以吸引 FDI 的方式还是承接跨国公司发出“订单”的方式，都能够以自身的优势要素融入跨国公司主导的国际产业链的特定环节，这就为民营企业进入高技术产业提供了

① 金京，戴翔，张二震．全球要素分工背景下的中国产业转型升级 [J]．中国工业经济，2013(11):57-69.

捷径，并为高技术产业的进一步发展奠定了基础。

（2）产业集聚效应。新经济地理学（Krugman，1991）的研究揭示，产业集聚有利于技术在厂商和企业之间的扩散和外溢，从而促进企业技术进步和升级，而这种效应从中观的产业层面上来看，就会促进产业结构的转型升级。因此，产业集聚效应对企业进而对产业升级能力可能存在重要影响。尤其是，在要素分工环境中，全球生产网络的一个显著特点就是，具有不同要素密集度特征的价值增值环节和阶段出现地理空间上的分散性，以及具有相同或者相似要素密集度特征的增值环节和阶段在地理空间上的集中性并表现出相互的兼容或者相关，使具有相同或者相似要素密集度特征的产品价值增值环节和阶段呈现出很强的地域集中性，从而形成较为显著的产业集聚现象。从实践看，中国在要素分工背景下所形成的产业集聚，至少存在三种最为基本的技术外溢和扩散形态：知识外溢、反向工程和人员流动。如果结合企业自有的技术和工艺能力，无论是知识外溢还是反向工程，或是人员流动，都可以进一步提高模仿后再创新的能力。

（3）外向配套效应。所谓外向配套主要是指在要素分工背景下，外资企业进入后通过前向或后向联系产生的本土企业向 FDI 企业提供中间产品的行为，外向配套的发展使得本土企业越来越成为全球价值链中的重要环节。在生产或者再加工的增值过程中，需要使用其他中间产品的投入，这些中间投入品既可以由外资企业自己生产，也可以由东道国本土企业生产和提供。如果是后者，便形成了本土企业和外资之间的外向配套关系。为外资企业进行外向配套成为中国本土企业早期融入全球要素分工体系的一个重要途径。在为外资企业进行外向配套过程中，会产生两种显著的正向效应，有助于本土企业转型升级，这两种效应就是外资企业的技术外溢效应和配套竞争效应。其中，外资企业的主动外溢效应主要是指在外向配套过程中，外资企业为了确保本土企业能够提供合格的、符合要求的中间产品，往往会对本土企业进行技术指导和员工培训等，而非主动溢出效应主要是指进行外向配套的本土企业在与外资企业发生业务接触过程中，能够进行的观察、学习、模仿乃至创新的经济活动。外向配套竞争主要是指本土企业为了能够与外资企业之间形成外向配套关系，而不断努力提高自身技术水平的自我激励和竞争效应。相对本土企业而言，外资企业的生产率水平相对较高，而寻求低成本、高质量以及具有高生产率的本土企业为之配套，是其投资的重要动机之一。这一外向配套选择的机制会促使本土企业相互竞争并逐步转型升级。

（4）出口中学习效应。出口因素对本土制造业企业的升级具有重要影响。在全球要素分工背景下，贸易的性质已经发生了根本性的变化，即贸易已经从传统分工形式下为实现价值而进行的跨国流动，变成了为确保完成全球生产而进行的跨国流动。伴随国际生产分割的快速发展，由于发展中经济体在全球产业链中处于相对低端的位置，因此，其出口贸易的发展往往富含大量进口的中间产品，尤其是具有技术和知识密集型特征的进口中间品。而对进口中间产品，尤其是技术密集型和知识密集型等中间产品进行再生产、组装和加工，往往能够产生更强的外溢效应，从而出口中学习效应在本质上也就演化为生产中学习效应。我国出口贸易的"爆炸式"增长，其实正是中国参与全球要素分工、抓住产业和产品价值增值环节国际梯度转移的历史性机遇所带来的必然结果。一方面，通过嵌入全球价值链而实施的出口行为，对于本不熟悉国市场的中国本土企业来说，由于融入跨国公司组织的全球生产分工体系而获取了难得的学习和锻炼机会，从而促进其转型升级能力的提升。另一方面，中国本土企业融入跨国公司主导的全球生产网络，其出口行为往往具有对发达经济体市场高度依赖的特征。例如，长期以来中国出口产品就高度依赖于欧、美、日等发达经济体市场。而来自发达经济体的消费者，包括跨国公司，往往更为挑剔，从而迫使发展中经济体本土企业不断升级，以满足发达经济体的高要求。总之，在要素分工环境中，发展中经济体本土企业的出口行为，实质上是融入跨国公司主导的全球生产网络，出口中学习的本质是生产中学习，因而具有促进本土企业转型升级的重要作用。

4.3.4 全球价值嵌入企业转型升级的机理分析[①]

全球价值链（GVC）是在全球范围内连接研发设计、制造、销售、售后服务等过程以实现商品和劳务价值的网络性组织。[②]GVC 理论主要关注产业升级及价值链攀升等问题，认为嵌入 GVC 条件下发展中国家企业的转型升级会依循产业升级的路径展开，不过也有跨越或者倒退的情况。[③]倒退或遇阻而无法实现企业转型升级的原因之一，主要在于全球价值链治理。GVC 治理是价值链主导企业为享受超额租金而采取的抑制价值链上其他企业转型升级的制度设计。[④]GVC 理论主张，通过 GVC 治理将大量非主导企业，主要是发展中国家企业，长期“锁定”[⑤]或“俘获”在附加值较低的嵌入环节上[⑥]，即“微笑曲线”所刻画的附加值低的、不均衡利益分配的“中间”部分[⑦]。因此，GVC 嵌入企业的转型升级就是一个在 GVC 治理约束下突破低端

---

① 甄珍，王凤彬．全球价值链嵌入企业转型升级研究述评 [J]．管理评论，2020,32(8):254-268.

② UNIDO. Industry Development Report 2002/2003: Competing through Innovation and Learning[R]. Beijing: China Textile Publishing House，2002.

③ Schmitz H. Transitions and Trajectories in the Build-up of Innovation Capabilities: Insights from the Global Value Chain Approach[J]. Asian Journal of Technology Innovation，2007，15(2): 151-160.

④ Gereffi G，Humphrey J，Sturgeon T. The Governance of Global Value Chains[J]. Review of International Political Economy，2005，12(1): 78-104.

⑤ 丁蕾，张所地．跨国公司需求波动管理下的“低端锁定”生成图景 [J]. 软科学，2017,31(1):63-66.

⑥ 刘志彪，张杰．全球代工体系下发展中国家俘获型网络的形成、突破与对策——基于 GVC 与 NVC 的比较视角 [J]．中国工业经济，2007，（5）：39-47.

⑦ Aggarwal S. Smile Curve and Its Linkages with Global Value Chains[J]. Journal of Economics Bibliography，2017，4(3) : 278-286.

锁定的过程。①

如前所述，全球价值嵌入企业转型升级的路径选择大多是基于“流程升级→产品升级→功能升级→跨产业升级”的产业分析架构，采取“委托组装→委托加工→自主设计→自主品牌”的序贯路径。例如，格兰仕首先嵌入微波炉价值链的组装代工环节（OEA），然后向零部件的规模化制造环节（OEM）攀升，接着向核心部件的研发环节以及新一代产品的创新环节（ODM）攀升，最后成为全球市场占有率最高的品牌（OBM），走出了“OEA → OEM → ODM → OBM”的演进路径。② 与之不同，富士康从单一产品的委托组装（OEA）起步，向零部件委托加工（OEM）发展，并逐步跨越细分行业而扩展为涵盖精密电气连接器、电脑机壳及准系统、电脑系统与手机组装、光通讯元件、消费电子、液晶显示设备、半导体设备等众多产品的代工制造（OEM+），最终成为横跨多条 GVC 的重要节点，走出了“OEA → OEM → OEM+”的演进路径。③

影响企业转型升级实现的因素覆盖众多方面，已有文献探讨了企业在 GVC 中实现转型升级的各方面影响因素，具体包括制度环境层面、组织层面和个体层面三类。

1. 制度环境因素

相关研究在企业外部环境尤其是制度环境方面上主要探讨了 GVC 治理模式、GVC 驱动机制、全球化过程制度架构以及其他方面因素的影响作用。

首先，企业转型升级的路径与结果，会因其所嵌入 GVC 在治理模式上的不同而有差异。大多数研究采用市场型、均衡网络型、俘获型和层级型四分

① Humphrey J，Schmitz H. Inter-Firm Relationships in Global Value Chains: Trends in Chain Governance and Their Policy Implications[J]. International Journal of Technological Learning Innovation & Development，2010b，1(3): 258-282.

② 汪建成，毛蕴诗，邱楠. 由 OEM 到 ODM 再到 OBM 的自主创新与国际化路径——格兰仕技术能力构建与企业升级案例研究 [J]. 管理世界，2008(6):148-155.

③ 杨桂菊，程兆谦，侯丽敏，等. 代工企业转型升级的多元路径研究 [J]. 管理科学，2017,30(4):124-138.

法[①]或市场型、模块型、关系型、俘获型和层级型五分法[②]。基于四分法的实证研究表明，俘获型 GVC 治理模式有助于企业得到工艺升级和产品升级，但不利于企业提高产品附加值，且随后还会阻碍功能升级和链条升级。

其次，GVC 驱动机制会影响企业在 GVC 中的转型升级。Gereffi 按照采购商和供应商力量强弱的对比关系，将 GVC 分为生产者驱动型和采购者驱动型两类，并指出在不同驱动机制下发展中国家企业与价值链主导企业的关系性质存在着本质差异[③]。陈明森等人通过实证检验发现企业转型升级应采取与其所嵌入 GVC 的驱动机制相适宜的差异化策略。[④]具体是，嵌入生产者驱动型 GVC 的企业，其转型升级应以技术路线为主；嵌入采购者驱动型 GVC 的企业，应以营销路线为主；嵌入混合驱动型 GVC 的企业，可相继选择技术路线、营销路线或二者兼而有之。

再次，全球化过程的制度架构，包括地方、国家和国际政策及其所形成的制度质量，也影响着企业在 GVC 中的转型升级。Hausmann 等人从促进南非企业转型升级的角度指出，政府制定产业政策的主要目的应是促使企业从事更高生产效率的活动，并给出了建立公私合作“审议委员会”、创建集中预算、改善基础设施等政策建议。[⑤]Achabou 等人探讨了环境政策对于发展中国家出口型企业转型升级的影响，发现出口公司受益于环境政策，而实现了其

① Humphrey J，Schmitz H. Governance in Global Value Chains[J]. Ids Bulletin，2010，32(3): 19-29.

② Gereffi G，Humphrey J，Sturgeon T. The Governance of Global Value Chains[J]. Review of International Political Economy，2005，12(1): 78-104.

③ Gereffi G. International Trade and Industrial Upgrading in the Apparel Commodity Chain[J]. Journal of International Economics，1999，48(1): 37-70.

④ 陈明森，陈爱贞，张文刚. 升级预期、决策偏好与产业垂直升级——基于我国制造业上市公司实证分析 [J]. 中国工业经济，2012(2):26-36.

⑤ Hausmann R，Rodrik D，Sabel C. Reconfiguring Industrial Policy: A Framework with an Application to South Africa[J]. HKS Working Paper，2008.

在 GVC 中某种程度的升级。①

另外，Giuliani 等人的案例研究表明，产业集群对集群内企业同时具有技术扩散效应和技术外溢效应，有助于企业在 GVC 中实现转型升级。戴翔等人（2017）揭示了需求市场影响 GVC 分工梯度转移的作用机制，验证了市场规模对发展中国家企业转型升级的影响效应。盛斌等人（2018）发现要素市场在结构方面的差异导致了各产业嵌入 GVC 路径的不同，并影响到微观企业在 GVC 中的转型升级。

2. 组织因素

企业能力是影响 GVC 嵌入企业转型升级的核心要素。为在 GVC 中实现转型升级，企业需要具备从低阶向高阶跃迁所要求的动态能力，以及嵌入另一分工环节所要求的更高级别的核心能力。许晖和郭净（2012）针对东软集团的案例研究表明，GVC 嵌入企业实现转型升级的关键就在于它能否从主要整合内部资源向主要整合外部资源转变。Xu 等人（2015）通过案例研究指出，实现转型升级要求 GVC 嵌入企业能具备跨越多个嵌入环节的技术识别、技术选择、技术整合和市场拓展等动态能力。Choung 和 Hwang（2019）提出能够反映企业多方面综合管理能力的“制度能力”，即企业不断调整和优化组织结构、制度流程等的能力。他们认为，制度能力“刚性”对 GVC 嵌入企业转型升级具有锁定效应。因为随着企业向更高嵌入位置攀升，产品技术的不连续性增加，而既有制度的僵化就可能阻碍企业后续的转型升级。②组织间关系可以影响企业在 GVC 中的学习进程，进而影响嵌入企业的转型升级。Hu 和 Zhang（2015）针对多家中国制药企业的比较案例研究发现，随着技术复杂性的提升，企业为

① Achabou M，Dekhili S，Hamdoun M. Environmental Upgrading of Developing Country Firms in Global Value Chains[J]. Business Strategy and The Environment，2017，26(2): 224-238.

② Choung J Y，Hwang H R. Institutional Capabilities and Technology Upgrading: The Case of the Nuclear Industry in Korea[J]. Technological Forecasting & Social Change，2019，145(1):284-294.

实现转型升级必须建立更为复杂的组织间关系。

组织层面还有其他一些关于影响因素的研究，如技术水平、人力资源开发能力和融资能力共同决定了 OEM 企业转型升级的路径模式，中等规模的企业更倾向于进行转型升级，技术复杂性会影响企业在 GVC 中实现转型升级的追赶期等。

3. 个体因素

作为一种微观战略行为，GVC 嵌入企业的转型升级必然受到个体层面因素的影响。杨桂菊等人通过案例研究指出，勇于创新、积极进取、富于激情、坚持不懈的企业家精神，是企业能够从 ODM 厂商转型升级为 OBM 厂商的关键。① 陈明森等人指出，培育企业家冒险精神，改变企业家的决策偏好及其对企业转型升级的预期，是突破低端锁定的前提条件。② 顾慧君和杨忠验证了高管团队的职业经历异质性、教育背景异质性对于外部资源与企业转型升级绩效之间关系的正向调节作用。③

GVC 理论对 GVC 治理的探讨，以及战略管理理论、技术创新理论、企业能力理论对企业转型升级之微观机制的分析，都为揭示嵌入 GVC 条件下企业转型升级的复杂作用机制提供了基础。基于制度环境层面、组织层面和个体层面影响因素与结果指标间关系的研究成果，构建全球价值嵌入企业转型升级作用机制的框架模型（图 4-6）。

1. 制度环境层面的作用机制

基于 GVC 理论的经典研究，主要关注 GVC 治理模式和驱动机制类型

① 杨桂菊，刘善海. 从 OEM 到 OBM：战略创业视角的代工企业转型升级——基于比亚迪的探索性案例研究 [J]. 科学学研究，2013,31(2):240-249.

② 陈明森，陈爱贞，张文刚. 升级预期、决策偏好与产业垂直升级——基于我国制造业上市公司实证分析 [J]. 中国工业经济，2012(2):26-36.

③ 顾慧君，杨忠. 外部资源与企业转型：以高管团队异质性为调节变量的实证研究 [J]. 东南大学学报（哲学社会科学版），2012,14(4):36-39.

等如何影响企业转型升级的结果。其基本假设是，嵌入在 GVC 中的组织希望获得社会认同（合法性），行为会朝着社会期望的方向。因此，嵌入 GVC 条件下企业转型升级的前因与后果会符合“特定制度环境的合法性压力→企业在 GVC 中转型升级→合法性获取→取得转型升级结果”的基本逻辑（图 4-6）。

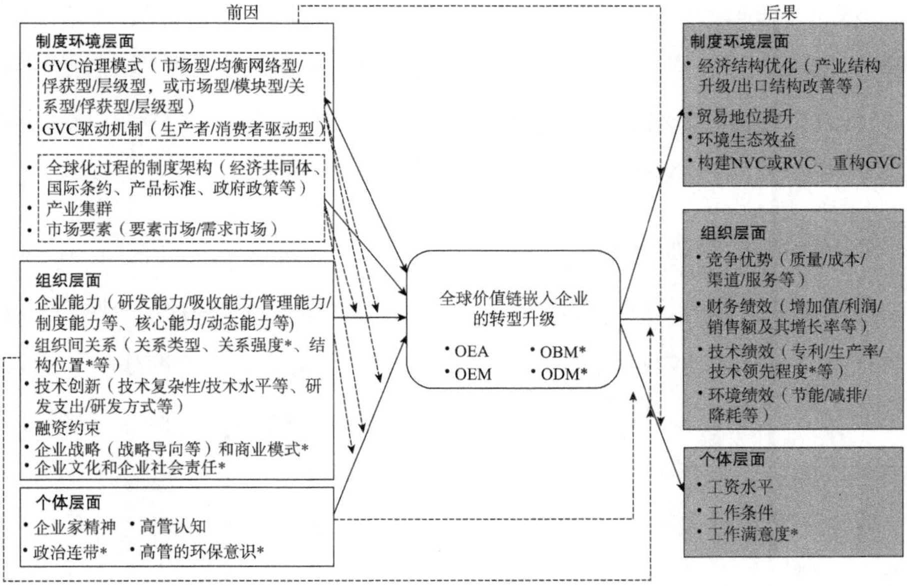

图4-6　全球价值嵌入企业转型升级作用机制的框架模型

基于 GVC 理论的权变研究，主要关注全球化过程的制度性架构（比如地方、国家和国际政策）以及产业集群和需求市场、要素市场等因素如何影响企业转型升级的结果。其基本假设是，每个组织的外部环境各不相同，外部环境演进会要求企业随之进行转型升级。因此，嵌入 GVC 条件下企业转型升级的前因与后果会符合“制度环境演进与企业嵌入不匹配→企业在 GVC 中转型升级→重新匹配→取得转型升级结果”的基本逻辑。

2. 组织层面的作用机制

技术创新理论和企业能力理论的核心思想都是企业之间存在不可流动的、异质性的资源和知识，这可以让企业的特有能力尤其是技术能力成为具有竞争优势的“核心能力”。那些在现有资源与能力基础上主动追求转型升级的企业，会有意识地寻求新的异质性的资源和知识，以促使原有的能力实现阶跃。基于此，嵌入 GVC 条件下企业转型升级之前因与后果的基本逻辑是“资源与能力→企业在 GVC 中转型升级→获得新资源与新能力→取得转型升级结果”。

战略管理理论认为，不同的战略选择对资源与能力的要求也不同，战略选择才是影响 GVC 嵌入企业转型升级的最重要的因素。依照此理论视角分析 GVC 嵌入企业转型升级的前因与后果，其基本逻辑是“新战略→企业在 GVC 中转型升级→获得战略性资源与能力→取得转型升级结果”。

3. 个体层面的作用机制

高阶理论认为企业高层管理者的个体特征，如价值观、经历、个性、认知、教育程度等会极大地影响他们对于环境的感知，进而影响企业的战略和绩效。相关研究主要运用高阶理论解释企业在 GVC 中转型升级的前因，主要探讨了企业家精神、高管团队统计特征等因素的影响作用。

以上三个层面是基于不同理论视角对作用机制的探讨，彼此相互分离，因此总体模型上的整合是未来的课题。就各自的理论逻辑来说，三个层面的作用机制也存在着各自的理论边界条件。具体地，用 GVC 治理模式来剖析全球生产分工体系中的权力配置格局，进而解释 GVC 嵌入企业的转型升级，具有极强的启发性。但是，作为一种比较静态的分析范式，GVC 治理对于转型升级这一本质上“动态”问题的解释难以令人满意。对比之下，战略管理理论、技术创新理论和企业能力理论认为，嵌入 GVC 条件下企业转型升级的收益是动态的，与企业嵌入 GVC 后合作双方或者某一方所做的专属性投资、所实施的战略行动以及所开展的学习过程等有关。这一动态观点可用于解释 GVC 嵌入企业转型升级的能力提升机制，但容易忽视企业能力在 GVC 中的不对称分布会如何影响和决定 GVC 治理模式，进而影响和决定企业转型升级结果。

4.4　不同视域下民营企业转型升级的路径选择

由于内外部经营环境的差异性，不同企业往往经历不同的成长路径。这一节我们主要从不同类型企业，以及不同视域下探讨民营企业转型升级路径，从而揭示民营企业成长的内在规律。

4.4.1　代工企业的转型升级路径①

基于小企业成长阶段理论、企业业务增长阶段理论、核心能力理论以及全球价值链等理论分析，并通过对比分析各家企业转型升级的路径、升级各阶段面临的主要问题以及升级战略，杨桂菊（2010）通过归纳推理的方法，构建了代工企业转型升级演进路径的理论模型，如图 4-7 所示。

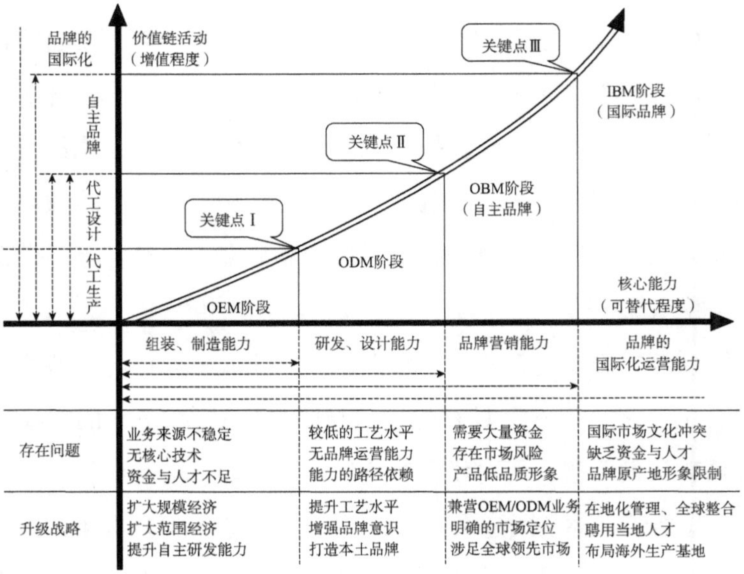

图4-7　代工企业转型升级演进路径的理论模型

① 杨桂菊．代工企业转型升级：演进路径的理论模型——基于 3 家本土企业的案例研究[J]．管理世界，2010(6):132-142.

基于核心能力理论，从能力可替代程度的视角，代工企业的核心能力可概括为组装、制造能力、研发设计能力、品牌营销能力和国际化运营能力等。基于全球价值链理论，从价值增值程度的视角，代工企业的价值链活动可概括为代工生产、代工设计、自主品牌和国际品牌等。代工企业核心能力可替代程度越低，其从事的价值活动创造的附加值越高。图 4-7 模型表明,代工企业转型升级的过程,即代工企业在“核心能力”不断升级（降低其可替代程度）的基础上，扩展其“值链活动”范围（提升其价值增值程度）的过程。

1. OEM 阶段

OEM 阶段，OEM 厂商根据品牌客户提供的产品规格与设计，进行代工组装、制造，并根据客户指定的形式交货。一般来说，OEM 厂商的核心能力在于生产的低成本与高效率。OEM 厂商在价值链活动上只涉及组装、制造活动。其升级的战略和方法有以下三点。

（1）继续扩大规模经济，降低成本，提高生产效率，维持竞争优势。同时，向客户学习，提升产品质量，为升级到 ODM 阶段提供资金与技术积累。

（2）利用已有的低成本优势扩大范围经济，跨领域多元化经营，积累升级的资金与技术优势。例如，格兰仕通过涉足空调、小家电等领域，万向集团通过涉足制动器等项目，捷安特也通过产品的多元化经营等举措积累了升级的资金与技术优势。

（3）增强自主研发创新意识，增强知识的获取、内化与创新能力。厂商战略性机会主要来自于本身具有的技术与能力。尽管 OEM 的规模较小，但可以通过构建研发联盟，弱弱联合对抗风险。例如，格兰仕从一开始就下定决心不能只做组装，而是通过做 OEM，从生产核心元器件入手，逐步掌握微波炉的核心技术。格兰仕在受让跨国企业的生产线时，不仅注意吸收整机组装生产线，还特别注意引进像变压器这样的微波炉核心部件的生产线，构筑自己的产业链纵深。格兰仕在中国总部、美国、日本和韩国设立了研发中心，为自主研发搭建了一个国际化的平台。

2. ODM 阶段

ODM 阶段，厂商不仅具备高效的组装和制造能力，而且具备完整的产品研发与设计能力。ODM 厂商不仅从事组装、制造活动，而且涉及研发与设计等价值链活动。其升级的战略和方法有：（1）在具备一定的研发设计能力基础上，进一步提升工艺水平。向外国的子公司学习，向客户学习，增强提高工艺水平的意识。例如，在万向成为美国洛克福特的最大股东后，工艺水平得到了大大提升。（2）增强品牌创新意识，由生产导向转变到品牌导向。此阶段，高层领导者的创业精神起着关键作用。创业精神主要包括创新、冒险以及强烈进取。例如，当时万向集团副总、万向美国公司总经理在谈到转型时说："我并不是说靠劳动力卖产品不好，每个阶段都有客观存在的合理性。但是，从决策层的角度讲，大家要稍微看得远一点，要领导公司往下一个方向走。劳动力成本低是一个临时的手段，不是一个目的，劳动力成本总要上升。劳动力密集型的制造会向劳动力成本更低的其他地方转移"。（3）加大本土市场的品牌推广力度，积累品牌运营经验。国内巨大的消费市场提供给自创品牌很好的机会。例如，格兰仕即从本土品牌做起，逐渐积累技术与经验，通过初期与客户的差异化定位，自创品牌进入国际市场。集团公司已在美国、英国、加拿大、日本、俄罗斯、中国香港等 67 个国家和地区注册了 100 余件"Galanz"商标。

3. OBM 阶段

OBM 阶段，制造商自主开发产品，并以自有品牌方式出货。OBM 厂商除了具备完整的产品生产与设计能力外，还需同时投入品牌、渠道与售后服务等经营活动。其升级的战略和方法有：（1）兼营 OEM、ODM 业务，提供 OBM 的品牌运营资金。例如，万向在收购、控股参股的一系列举动下，毫不动摇地将"万向中国"作为其主要生产基地，以 OE 方式生产"舍勒"或"洛克福特"等品牌的产品，最终达到全球配置资源的目的。（2）产品要有明确的市场定位，循序渐进创立国际品牌。市场定位包括三类：一是产品定位；二是消费者定位；三是地理区位定位。代工企业在细分市场上与品牌客户有所差异，才会避免与客户正面竞争，降低风险。例如，格兰仕自有品牌主要补缺一些欧、美、日、韩等品牌大幅度退出的市场空隙，在保证客户的利益前提下，通过品种分流、技术区隔、市场细分等手段来维持市场秩序。（3）进入全球领先市场，获取前沿技术与最新信息，扩大品牌影响力。提升产品国际品牌形象，可以通过与全球领先市场的当地伙伴合作开始。此阶段战略的重点是熟悉国际市场，例如，格兰仕通过与跨国品牌的授权合作扩大自有品牌影响，或者与当地大客户成立合作品牌，通过渠道实现自主品牌的浸透力。

4. IBM 阶段

IBM 模式是指具有自主品牌的厂商拓展国际市场，成为国际知名品牌的一种运营模式。IBM 厂商除了具有制造、研发设计与品牌营销能力外，还需要具备国际化的运营能力，以此构建国际品牌资产、拓展国际市场。其升级的战略和方法有：（1）在地化管理，全球整合，解决文化差异。针对文化、经营理念与价值观的差异，采取“干中学”的策略。（2）聘用当地专业人才，技术、制度、管理方式与国际接轨。只有拥有了国际化经营管理人才，才有可能使企业在不同国家、不同文化背景下更好地生存、融合与发展。例如，格兰仕在拓展海外市场时，每到一地，除了财务管理由格兰仕外派人员控制以外，市场建设和网络的维护均由当地人士进行管理。在海外营销时，自建营销渠道成本高，也不熟悉当地的情况，不能达到理想效果。为此，格兰仕提出，“走出去”的时候，寻找战略合作伙伴。比如格兰仕进入墨西哥市场，就是与当地的家电企业合作，打一个共同的品牌在当地推广。（3）全球资源配置，布局海外生产基地。由于规模经济效益及其对建立国际品牌形象所需的大量资源支持，将市场拓展到发展中国家，并在成本较低的国家和地区建立生产基地，成为国际品牌能力构建的关键（Julian et al，2005）。生产基地的选择主要考虑市场距离和生产成本（Johanson & Vahlne，1977）。（4）通过赞助全球性活动或改变品牌原产地形象，提高其国际品牌知名度。赞助全球性活动是建立品牌知名度的有效手段（Johanson & Vahlne，1977；Kim L，1997；Speed & Thompson，2000）。例如，捷安特一直赞助自行车国际选手、国家级车队与职业车队。格兰仕在欧洲通过开设品牌体验馆，赞助法国帆船赛等形式进一步推广品牌。

4.4.2　基于微笑曲线理论的企业转型升级路径①

1992 年，宏碁集团创始人施振荣提出“微笑曲线”理论（图 4-8）。一般来说，资金技术密集度越高的产业，其曲线的位置越高、弯曲度越大，但大致的走势都是呈两端高、中间低的抛物线。大多数研究只强调微笑曲线中研发和营销两端，但提升生产能力，调整产业结构，转变生产管理方式，增强资本运作能力，打造核心竞争力，提升盈利能力，同样可以提升企业价值。基于既有研究，周正柱（2017）认为，民营企业转型升级有三个大方向：一是针对企业存在设计、研发等薄弱环节，加强技术研发，增强附加值，即路径①；二是开展品牌经营，探究差异化发展战略，提升核心竞争力，即路径②；三是转变生产管理方式，增强资本运作能力，强化自身实力，完成企业自身的升级蜕变，即路径③（见图 4-9）。

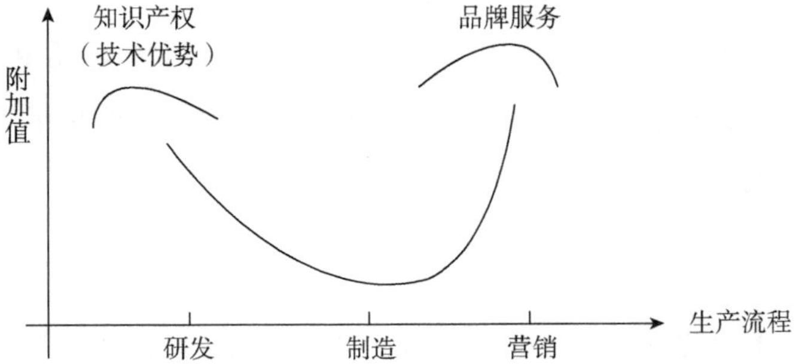

图4-8　“微笑曲线”示意图

① 周正柱．民营企业转型升级路径——基于上海市奉贤区企业多案例研究 [J]．首都经济贸易大学学报（双月刊），2017(6):79-85.

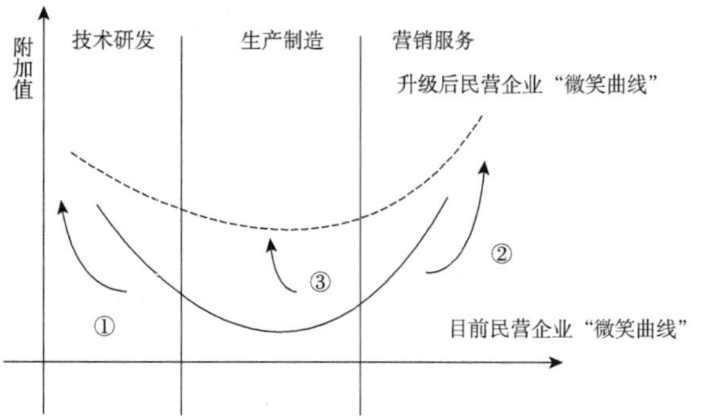

图4-9　民营企业的 “微笑曲线”及转型升级路径图

基于“微笑曲线”理论与民营企业转型升级的关系分析，李景海等人（2016）提出了民营企业转型升级路径选择分析框架，如图 4-10 所示。

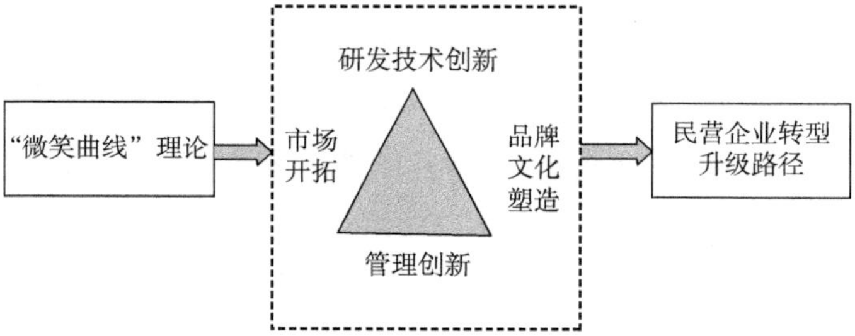

图4-10　民营企业转型升级路径选择分析框架

4.4.3　基于互联网+的企业转型升级路径①

在互联网 + 的背景下，企业组织内外部资源是企业获取竞争优势的坚实基础，制造企业发展创造性地利用互联网 +，提升整合资源和构筑优势的能力，实现创新驱动发展是发展方向。

1. 利用互联网 +，降低交易成本

商业最大的原动力是创造更大的商业回报和价值。互联网是消费者查询信息的工具和交流的平台，企业利用互联网建立客户交流平台，能够提升对客户信息

① 李景海，林仲豪．“互联网 +”、创新驱动发展与广东民营经济转型升级路径研究 [J]. 江淮论坛，2016(2):50-56.

的反应，促进客户黏性。客户不仅是服务对象，也是企业重构价值网络的一部分。在互联网+背景下，客户需求是创新机制中至关重要的活跃因素。客户不仅享用价值网络提供的市场价值，还和企业一起增进与创造网络价值。

在电子商务领域，出现大量客户与企业合作创造价值，它们都是知识创新的受益方。例如，客户评价对随后购买者的边际贡献。客户购买量、团购量、收藏量和好评量等网购数据增加了企业商业信誉价值，也降低了需求者的信息搜索成本，评价与互动还给顾客带来归属感和价值感。因此，电子商务让制造业产生了彻底的革命，不论工厂在哪里，产品都可以放在同一个平台上展示和销售。此外，互联网向物联网的过渡将会有更大的市场探索空间。网络汇聚消费者信息，累积起来会形成大数据挖掘的商业价值。“大数据”已引起各国政府和科技界的高度关注。互联网+产生海量的大数据，数据分析不仅可以应用服务于电子商务，而且有助于推动大众创新创业。更为重要的是，借势“互联网+”，能够培育新兴产业。

2. 整合内外部资源，打造网络分利联盟

互联网实质上是一种思维方式和生活方式，它是一种哲学。在互联网+背景下，制造企业要汲取互联网协作共享精神，打造互联网虚实互联互通的理念，实现有形资产与无形资产、产品经营与资本经营、企业内部与企业外部、线上与线下的交融发展。互联网的“脱媒”促成供需双方在没有渠道的帮助下进行互动与交易，重构了价值创造的逻辑，促进了商业资源的有效协调。互联网+时代重塑企业和消费者的关系，需要让客户参与企业生产，并主导企业生产方向，让客户从产品使用者转变成产品创造者。因此，市场结构更加倾向于消费者需求导向，而互联网+实现了市场交易双方都具有规模经济和范围经济。

互联网的共享共建特质驱动了新商业模式的发展。罗珉和李亮宇（2015）提出，互联网的世界是通透的，人与人之间的互动变得密切，知识溢出范围增大，知识生产难度下降，促使商业模式不断创新。商业模式通过对客户价值的定位，以及企业经由一系列活动安排创造客户价值、传递客户价值的安排来实现，涵盖了企业和客户之间在心理、物流、信息流和资金流上的互动，还包括企业为了实现客户价值而组织的资源、安排的互动和付出的成本。复杂的商业模式往往需要整合多种资源才加以实现，如硬件生产商、软件供应商、内容提供者和应用推广者等，改变了多个产业的商业模式，成为价值网络设计和管理创新的新趋势。

互联网+提供了无边界存在的可能性，企业需要进行跨界合作。跨界是通过虚拟手段整合跨越传统的产业边界。互联网+提供了资源整合和利用资源的聚合平台，通过综合性的创造性的信息处理过程，促进产品设计的发展。制造企业需要用新的方法组合现有资源，重新分配资源，组合新的资源，来创造新的或者更好商品，主动学习互联网思维制造企业的做法。

互联网+时代的企业需要树立开放性思维，重心放到外部。究其原因，采用更多的资源来自外部，实现更低的成本来自外部，获取更高的利润来自外部。因此，整合是需要企业发挥开创精神协同世界范围内的优质思想资源、富余资本资源和高效业务资源，构筑众智思想、众筹资本、众包业务的世界价值网络。

3. 顺应互联网+思维，构建智慧型组织

中国经济未来的增长空间在于形成高质量的供给，从而作用于经济发展的生产力供给端，推动实体经济更好的发展。传统工业化的生产模式下，消费者的社会属性被忽略，而仅仅考虑消费者的技术与价格偏好，有竞争优势的企业在大规模生产条件下会获取优势地位。

在互联网+的背景下，企业需要优先考虑将便利的客户接入价值网络，激发顾客参与产品与服务的设计和制造，提供给顾客新奇的体验，构建增进型价值网络的核心竞争力，实现制造业双+转型，即智能+互联网和产品+服务。与此同时，制造业在信息时代要生存发展，规模成本的递减效应已远远不及产品研发更迭的作用。此外，互联网+加速了信息流动，促使企业重视对信息的分析。因此，利用大数据技术解读事物间相关性，带来价值链上的企业结构发生改变，会导致价值网络中企业的经营行为与制造产品的思维都发生改变，甚至引起企业内部结构发生改变。互联网+时代企业个性化定制化产品将成为主流，企业与客户在定制化产品生产过程中相互影响下创造出来增进价值。消费者碎片化的消费和网络化的选择产生海量的消费大数据，需要以用户为中心开展经营活动，重视产品差异化。消费者的从众心理和马太效应，要让顾客参与到产品创新与品牌传播的所有环节中去，同时消费者群体也希望参与到产品创意、研发和设计环节，希望产品能够体现自己的独特意念，进而促进生产者和消费者的帕累托改进。因此，支持中小企业发展以“中国制造”走向“中国智造”是产业转型升级的关键路径，也是打造中国经济活力、培育核心竞争力的重要力量。

在互联网时代，企业的感知能力和柔性生产能力获得大幅提升，范围经济有超越规模经济重要性的趋势。企业聚焦长尾末端需求说明：当今市场正在产生从为数较少的主流产品和市场曲线移向数量众多的狭窄市场。电子商务的未来是范围经济加规模经济的大规模定制体系，打造有特色的柔性化生产、个性化营销、社会化物流的基础模块，谋求全球生产网络更有利的位置。在互联网 + 时代影响制造业企业转型升级有四项核心能力：技术能力、工业能力、全球化营运能力和互联网应用服务能力，一定要把互联网技能，包括大数据、云计算以及后台服务能力建设作为制造业未来的一个发展方向。

4.4.4　“一带一路”倡议下民营企业的转型升级路径①

随着“一带一路”倡议的实施推进，中国企业的国内和国际环境都发生了并将继续发生持续变化，要素成本与比较优势结构演变，引起中国和多数国家的产品空间演化（张其仔、李颢，2013)，全球价值链将随之动态演化（Morris，Barnes，2011；李军、刘海云，2015），中国企业转型升级可选择的潜在优势产业（张其仔、李颢，2013）和价值链高附加值环节都会随着变化，进而将改变企业的转型升级路径。“一带一路”倡议下民营企业转型升级要站在高处看问题、把握时机、发展自身。

① 李军，甘劲燕，杨学儒. “一带一路”倡议如何影响中国企业转型升级 [J]. 南方经济，2019(4):1-22.

1. 基于新的地域性机会的空间转移战略

随着“一带一路”倡议的实施和推进，源于市场竞争、政府、舆论与利益相关者的推力效应，以及新的市场机会、出口固定成本降低、出口边际成本降低、投资壁垒减少和融资成本的变化形成的拉力效应凸显，民营企业需要重新思考企业竞争优势的地域基础，重新搜集、整理和分析市场信息，重新识别在不同地域的新机会，以管理变革能力为依托，在国内和国际等不同层面实施空间转移战略。

2. 基于新的产业机会的跨业转型

“一带一路”倡议的实施推进为民营企业打开了进入其他产业的新契机，而且从某种程度上讲，“一带一路”倡议使得企业的跨业转型有了某种紧迫性。当在某一行业发展到一定程度之后，企业常常会发现在本行业继续发展空间有限，甚至发现该行业的前景不容乐观，或者发现了其他产业更有利的机会，企业常常会进行跨行业战略转移。跨业转型可以是完全抛弃原有产业而整体进入新的产业，可以是产业重心转移，也可以是在原有产业的基础上做“加法”，也可以是新产业与既有产业的融合。

3. 打造自主价值链的一体化战略

随着以纵向分离和协调为重要特征的全球生产网络形成，产品的价值创造环节分散于不同的国家和地区，出口企业嵌入的全球价值链形态如何，企业所在的价值链环节如何，这些是影响企业能从全球价值链分工和合作中获取多少当前收益，以及拥有多少长远发展机会的决定性因素。如果企业能够通过自主创新、自创品牌等活动，成功打造自主价值链，则可以攀升到全球价值链的有利环节，甚至成为整个全球价值链的治理者，从而获取丰厚的财务收益和潜在的长远发展机会（李军，杨学儒，2011）。

但是，企业成功实现价值链环节攀升而非陷入低端锁定至少满足两个必要（非充分）条件：一是外部环境变动；二是匹配的企业能力基础。一方面，“一带一路”倡议既冲击“微笑曲线”两端的在位企业，也唤醒了企业的转型升级意识。另一方面，“一带一路”倡议配套政策和支持体系为转型升级企业提升了能力，特别是在研发投入、市场开拓方面的各类引导资金、补贴资金和战略联盟等措施帮助参与“一带一路”建设的企业提升了能力，从而具有了打破既存价值链的某些环节，或者基于“一带一路”沿线构建新的价值链的机会。换言之，“一带一路”引致了某些产业潜在的价值链重构机会。

总之，随着“一带一路”倡议的实施和推进，源于市场竞争、政府、舆论与利益相关者的推力效应，以及新的市场机会、出口固定成本降低、出口边际成本降低、投资壁垒减少和融资成本的变化形成的拉力效应凸显。民营企业需要重新思考企业竞争优势的地域基础、产业基础和价值链分工基础，重新搜集、整理和分析市场信息，重新识别在不同地域、产业和全球价值链环节的新的机会，以机会开发为导向，顺应地域性机会、产业机会和全球价值链重构机会的变化实施企业转型升级，其转型升级的代表性路径有三条：一是依托管理变革能力在省内、国内和国际等不同层面实施空间转移战略；二是利用公司创业能力择机实施跨业转型；三是基于突出的创新和市场能力着力打造自主价值链的一体化战略。“一带一路”倡议影响企业转型升级路径的理论机制，如图 4-11 所示。

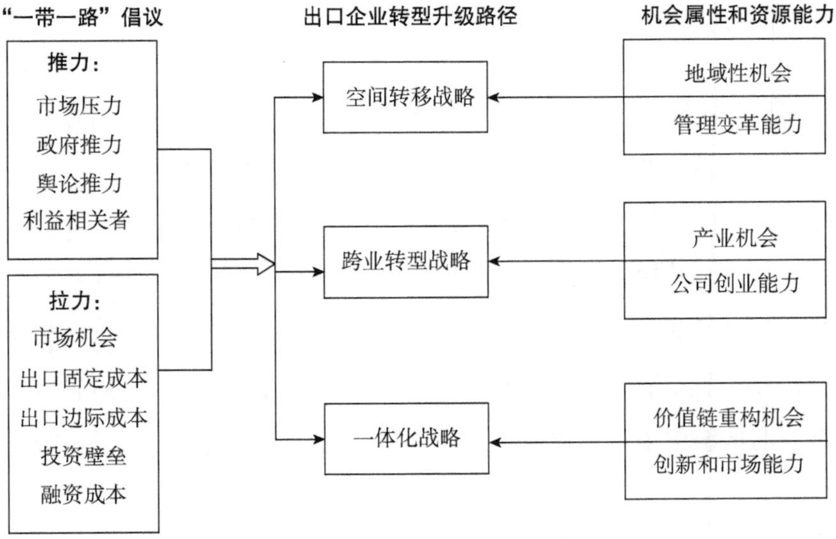

图4-11　“一带一路”倡议影响企业转型升级路径的机理

4.4.5 中小企业转型升级的双路径①

基于已有的文献，黄鸣鹏等人（2015）提出了一个中小企业转型升级“双路径”的理论框架（图 4-12）。该理论框架通过分析双路径中互联网产业影响传统产业的关键因素，如商业模式、标准联盟等，探讨知识外溢的主要影响因素与过程机制。

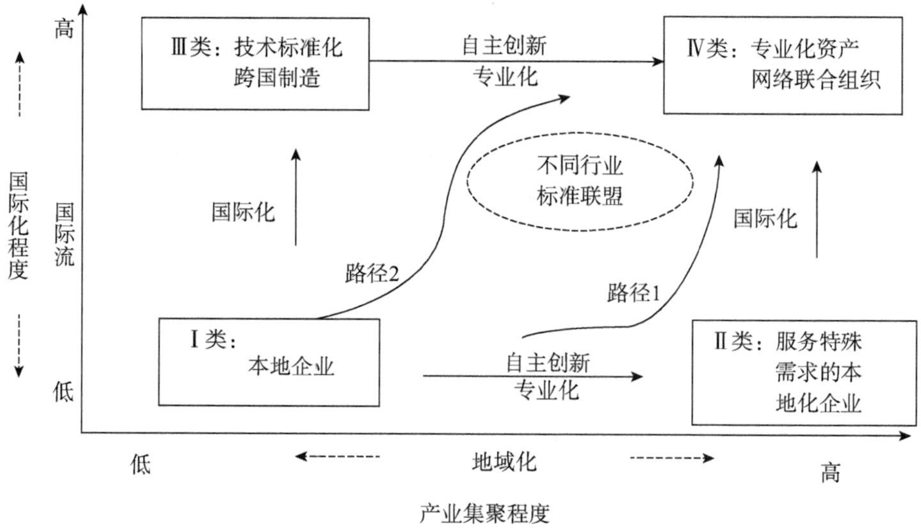

图4-12 中小企业转型升级的双路径

相关研究表明，产业集聚与国际化在转型升级中具有重要的意义。从某种意义上说，转型升级之路也是产业集聚与国际化相交织的路径。首先，新的商业模式突破了传统的企业边界，将互联网企业与中小企业在价值创造过程中联系起来。其次，在信息时代，无论是中小企业还是互联网企业，技术标准的制定已经成为获得市场优势的主要途径，直接影响到产业集聚与国际化，例如标准国际化。“跨界融合、协同服务”为代表的互联网新思维也将互联网企业与传统中小企业在市场竞争中紧密地联系在一起。知识外溢正是通

① 黄鸣鹏，户国栋，高照军．新常态下互联产业推动传统企业转型升级的路径与机制 [J]. 管理现代化，2015(5):21-23.

过上述因素发挥着作用。

1. 知识异质性与路径选择

技术外部性理论认为，同一产业由于产业知识和技术的充分接近性，空间上的集聚有利于知识传播与溢出。与之相对，由于技术差异在知识溢出与创新中的作用，产业多样化集聚更有利于知识溢出与创新产出。知识外溢主要是通过组织学习得以实现，而企业间学习的是正是异质性知识与技术。相应地，知识溢出也逐渐从同行业内的知识流动发展到不同行业之间的知识流动。"双路径"模型从整体视角探讨双路径的选择，以及不同路径中影响知识外溢的关键因素，并分析转型升级双路径中的关键因素，企业具体路径的选择，选择特定路径后的不同选择如何与关键因素发生作用。

行业内的企业间知识外溢融合在双路径中，通过关键因素影响着转型升级中企业的自主创新能力。互联网企业与中小制造企业之间的商业模式跨越了组织边界创造价值，将知识在企业间传递。两类企业都遵循着标准竞争的法则，技术标准将知识锁定在本行业内，但通过技术距离、产业链与新的商业模式就会产生跨越标准联盟网络的知识溢出。毕克新等人（2007）的研究发现，技术标准是中小企业产生成功创新构思的重要源泉，网络联盟之间跨层次的知识外溢不仅与企业吸收能力，而且与区域吸收能力、行业吸收能力密切相关。①

2. 技术距离与知识外溢

技术距离可以衡量技术标准网络中企业之间知识分享的空间。技术联盟成员的知识嵌入联盟网络之中。多层嵌入从社会网络视角帮助我们理解传统企业利用互联网行业实现转型升级的路径与机制。知识外溢发生在不同层次，包括企业层次、行业层次。

首先，在企业层面，商业模式使得企业在价值创造过程中突破企业边界，

---

① 毕克新，王晓红，葛晶. 技术标准对我国中小企业技术创新的影响及对策研究［J］. 管理世界，2007(12):164-165.

知识溢出，进而获得跨越企业边界的流动。在此过程中，企业内部消化吸收能力、企业之间网络联结等对于知识溢出都发挥着重要作用。

其次，区域吸收能力、行业吸收能力、技术标准联盟等因素决定着行业层面的知识外溢。不同层面的知识流动与转型升级的双路径是交织在一起的。中小企业可以直接向技术标准体系寻求技术开发的方向与路径。此时，网络效应作用于技术标准的市场扩散速度，而市场格局变化可能在标准竞争中产生“胶着”的扩散局面。中小企业与互联网企业之间的知识外溢与技术距离密切相关。两类行业的协同发展将为企业的整体竞争力的提升实现突破。因此，不同行业之间基于异质性的知识外溢起着关键作用。此外，企业应当适度进行知识分享，因为技术距离太近会导致信息冗余，而技术距离太远，则无共享空间。其理论逻辑如图 4-13 所示。

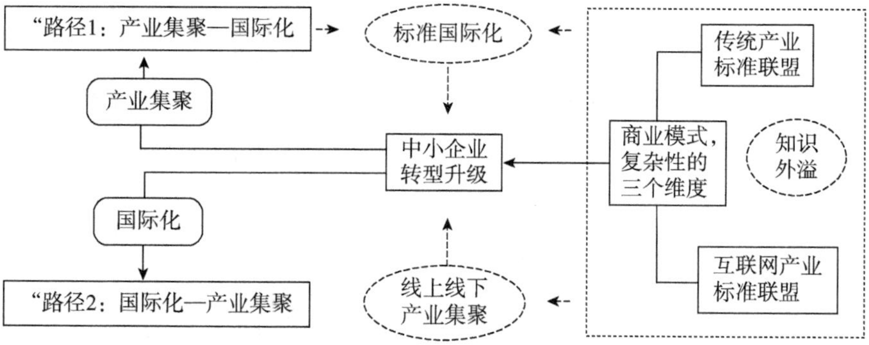

图4-13　中小企业转型升级“双路径”的理论逻辑

由图 4-13 可见，通过与知识跨行业外溢合理结合起来，中小企业可以通过产业聚集和国际化两种路径实现转型升级。在此过程中，行业内和跨行业的知识外溢是一个关键的影响因素。在信息化、全球化背景下，行业之间相互影响与作用、知识外溢等是不可避免的。传统中小企业与互联网企业之间的知识外溢不仅通过商业模式、全球价值链构造，而且还会在不同技术标准联盟之间传递。一方面，互联网企业有自身技术标准；另一方面，传统中小企业也有其本行业的技术标准。标准联盟不仅是促进各行业发展的动力，而且导致跨联盟的知识外溢与共享，进而促进企业的转型升级。

4.4.6 中小企业转型升级的多重路径①

周桂荣和魏亭亭（2015）在对国内外相关文献研读的基础上，对中小企业转型升级的概念进行了界定，并从产业结构、产业链、产业集群、产业转移、技术创新以及政府作用等不同视角提炼和分析中小企业转型升级的路径。

1. 产业结构视角下中小企业转型升级的路径

Hirschman（1958）从稀缺资源应得到充分利用的角度出发，提出不平衡增长理论，认为在企业转型中，应优先选择具有战略意义的产业部门。Coltorti 和 Fulvio（2013）、Qi Ershi（2013）指出产业结构的最优选择（高产品附加值的产业结构）能促使企业成功转型。蒋昭侠（2004）认为，产业结构的高度化体现在一、二、三产业权重的演化，劳动、资本和知识密集型之间的演化，从低附加值到高附加值的演化，以及从粗加工到深加工水平的演化四个方面，中小企业转型应走向产业结构的高度化。②

根据产业结构理论，企业转型升级作为产业结构改变的一种方式，是随着经济发展阶段的不同，其三次产业由第一产业逐步向第二、三产业递进的演变趋势；其转变方向通常是从粗放式、高资源消耗转向技术创新、技术进步、资源节约和环境友好的产业发展方向。

2. 产业链视角下中小企业转型升级的路径

在对产业链的研究过程中，国内外学者主要探讨如何将企业嵌入全球价值链中，并沿着全球价值链的延伸方向进行企业转型升级。Steinfeld（2004）指出，中国企业因缺乏创新能力而常被锁定于产业链的低端环节，以“割喉式”削弱成本进行竞争。聂正安等（2009）根据微笑曲线价值链理论，指出了区

① 周桂荣，魏亭亭．中小企业转型升级多重路径研究——基于文献分析的角度 [J]．经济界，2015(4):67-74.

② 蒋昭侠．产业结构问题研究 [M]．北京：中国经济出版社，2004.

域产业转型升级的方向——曲线两端。但由于路径依赖及资源有限性，中小企业需要从自身出发，寻找自身的转型升级路径。[①]陈本文（2012）提出了我国加工贸易型企业进行转型升级的整体战略选择：从贴牌生产到自主品牌、从外销转向内销、技术领先转换等。[②]刘阳春等（2013）提出基于产业链延伸的企业升级策略：技术积累、技术跨越、扩展营销渠道、开发新领域的产品和客户等。[③]

从产业链角度，中小企业转型升级的具体路径是：从低到高的工艺流程升级、产品升级、功能升级和链条升级四种层次或方式，都反应和决定了不同程度的竞争力水平和产业价值链地位。产业升级层次越高，嵌入价值链环节会越高，地位越重要，从而竞争力越强。但不论哪个层次的转型升级都依赖于自主创新。因此，中小企业在转型升级中应全面嵌入到产业链中，提高创新能力，提高产品高附加值。

3. 产业集群视角下中小企业转型升级的路径

产业集群理论的研究表明，集群内企业在全球价值链中的转型升级会受到集群的影响，集群对企业转型升级具有正向影响效应。Mccormick（1999）认为，产业集群通过整合利用资源，产生集体效率，解决中小企业前进道路中的障碍和限制，从而促进工业化的发展。Marjolein 和 Caniels（2003）指出，中小企业通过集群内的外部经济、吸收学习、创新以及外部要素吸引力等因素促进并影响了其创新能力和竞争力。[④]张聪群（2009）指出，产业集群是中

---

① 聂正安，戴沛如．本土中小企业转型升级研究——基于价值链的微笑曲线 [J]. 中国商界（下半月），2009(12):228-229.

② 陈本文．中国加工贸易企业转型升级的战略选择 [D]．南宁：广西大学，2012.

③ 刘阳春，李健睿，等．基于产业链延伸的企业升级研究——针对国星光电的案例研究 [J]. 学术研究，2013(9):74-82.

④ Marjolein C J，Caniels. SME Clusters，acquisition of technological capabilities and development: concepts，practice and policy lessons [J]. Journal of Industry，Competition and Trade，2003，3 (3) : 187-210.

小企业的组织载体，中小企业的行为和战略选择都受制于群内关联企业的影响，通过“抱团转型”和“联动转型”促使中小企业成功转型。①吴兆明（2013）指出中小企业需要加强企业间的合作与差异化发展，这就要求与产业集群的发展紧密联系起来，扩大产业链，寻求共同发展之路。②潘宏亮（2014）认为，协同创新可促使中小企业与所在产业集群内企业的创新网络形成“超创新”合作网络。③陈亮等（2014）则从虚拟产业集群角度下研究了 B2B 创新模式下的中小企业转型升级。④

产业集群视角下的中小企业转型升级理论贡献在于：产业集群作为一个整体存在，比单个企业，无论在技术创新、资源利用，还是生产效率、市场开拓上都更具优势；同时，产业集群发展蕴含着优势，对于推动集群内中小企业转型升级存在积极意义，可通过加快建设产业集聚区及产业链整合加快促进中小企业的转型升级。

4. 产业转移视角下中小企业转型升级的路径

产业转移和产业转型升级是经济发展的重要组成部分。其中，产业转型升级是推动经济发展的有效途径，产业转移则是实现产业转型升级的必要方式。Hale 等（2010）认为，产业转移的过程中，产品的细分以及生产步骤的重新分配会帮助公司在世界范围内找到劳动力的优势，进入新的市场，获得新的客户或资源进而促进企业的转型升级。⑤戴宏伟等人（2008）认为，不同

① 张聪群．基于产业集群的浙江中小企业转型模式研究 [J]．经济纵横，2009(12):126-130.

② 吴兆明．基于产业集群的江苏中小企业转型升级的策略研究 [J]．科技管理研究，2013(22):172-175.

③ 潘宏亮．协同创新驱动中小企业升级的机理与路径研究 [J]．河南师范大学学报（哲学社会科学版），2014(5):86-90.

④ 陈亮，张琰．基于 B2B 模式创新的中小企业转型升级研究 [J]. 东南大学学报（哲学社会科学版），2014（S2）：30-32.

⑤ Yilmaz H. Offshorability Along the Value Chain: A Task-Based Approach[J]. Physica-Verlag HD, 2012:18.

区域之间的生产要素禀赋差异和产业梯度差异导致要素的跨区域组合与区域经济合作，使产业在区域间进行转移，最终达到产业的优化升级。①

产业转移理论认为产业转移时，企业转型升级更多是产品细分，进行战略重组，获取市场竞争优势的必然选择。我国在产业转移方面更多地集中在区域之间的产业转移，这种区域之间的产业转移，也促进了中小企业依据区域禀赋优势而进行转型升级的路径选择。

5. 技术创新视角下中小企业转型升级的路径

随着互联网经济时代的到来，中小企业面临严重的技术与成本危机，但同时也是其转型升级的最根本驱动力。技术快速发展下的中小企业，急需创新来实现企业的转型升级，特别是对产品技术的创新、经营及管理的创新。Nebahat Tokatli 和 mür Kizilgün（2004）通过实证研究了 Mavi 牛仔裤通过转型由一个包装生产企业完全转变成一个自主品牌的全球性企业，强调了转型期中创新的重要性。陈亮（2010）通过对中小企业转型升级的动力研究，指出技术创新是实现中小企业转型升级的关键，可通过构建中小企业创新体系、知识产权保护战略与标准化战略，促进中小企业技术创新实现转型升级。② 汤临佳等人（2013）通过梳理英国、荷兰、比利时等十多个国家和地区对中小企业的创新扶持政策后表明：创新政策必须以具有发展潜力的创新型中小企业为扶持对象，制定更加务实有效的创新政策。③

技术创新视角下中小企业转型升级的研究表明，核心技术、自主品牌是各国中小企业转型升级的目标所在。我国在技术创新上特别强调中小企业要高度重视自主研发，通过引进国外先进技术消耗吸收实现再创新。而中小企业转型

① 戴宏伟，田学斌，等. 区域产业转移研究：以“大北京”经济圈为例 [M]. 北京：中国物价出版社，2003.

② 陈亮. 中小企业转型升级的动力研究——迈过“中等收入陷阱”的选择路径 [J]. 当代经济研究，2011(6):55-59.

③ 汤临佳，池仁勇，骆秀娟. 中小企业创新政策前沿 [J]. 科学学与科学技术管理，2013(8):138-147.

升级的动力在于技术创新的驱动力和市场环境的倒逼“双重作用”的结果。

6. 政府视角下中小企业转型升级的路径

Acs Z J 和 Szerb L（2007）指出聚焦在增加人力资本、升级技术可用性、劳动力市场改革及金融市场正规化的政府公共政策对中小型企业发展升级具有积极作用。[①]Gerald 等人（2009）通过对阿根廷酒厂的转型升级研究，指出中间起重要作用的是政府提供的相应政策，提高了企业获取知识、信息的能力，加强了企业间的合作。[②]Nicholas 和 Collett 等人（2014）通过对芬兰中小企业重组的实证研究，指出政权的有效性对于中小企业提高管理能力、现金生成及缩减成本方面的重要作用。[③] 石清岚等人（2013）指出，中小企业能在政府扶持的战略轨道上前进、发展核心技术。在成熟期，政府应积极引导推动企业联动式转型，即通过集群内的大型企业的成功转型带动与其相连的中小企业进行同步转型。[④] 熊勇清等人（2013）研究了我国传统企业转型升级的影响因素，并指出转型升级需“政、企、银”协调互动一致。[⑤]

基于政府视角的中小企业转型升级研究发现，国内外对政府推动中小企业转型升级的作用都给出了正相关的关系的一致性。政府通过加大财政投入力度、支持技术创新、加强行政问责等积极措施促进中小企业转型升级。

总之，不管在产业结构、产业链、产业集群还是产业转移、技术创新以及政

---

① Acs Z J，Szerb L. Entrepreneurship，economic growth and public policy[J]. Small Business Economics，2007(28): 109-122.

② Gerald，Rafael A，Kruse G. Public-Private Institutions as Catalysts of Upgrading in Emerging Market Societies [J]. The Academy of Management Journal，2009(52): 1270-1296.

③ Collett N，Pandit，Saarikko N R J. Success and failure in turnaround attempts. An analysis of SMEs within the Finnish Restructuring of Enterprises Act [A]. Entrepreneurship & Regional Development，2014: 26(1-2): 123-141.

④ 石清岚，等. 温州中小企业经营转型中的政府角色研究 [J]. 经济研究导刊，2013(1):31-35.

⑤ 熊勇清，陈江勇. 传统企业转型升级影响因素认识的差异与启示——“政、企、银”视角的比较 [J]. 经济经纬，2013(2):63-88.

府作用的多重视角中，国内外都进行了不同层次的研究，其共性是大部分都对进入高附加值产业结构、积极融入全球产业链中、依附产业集群、双向转移、技术创新、政府支持给予了肯定态度，为我国中小企业的转型升级实践奠定了基础。

4.4.7 新常态下中国企业的转型升级路径①

我国经济发展处于增长速度换挡期、结构调整阵痛期、前期刺激政策消化期“三期叠加”的关键时期，推动我国企业转型升级是新常态下我国经济发展最具生命力的战略选择。我国企业应当以实际需求为导向，立足于自主技术创新，突破核心关键技术，实现转型升级。新常态下，我国民营企业转型升级的路径主要存在以下 3 方面。

1. 企业家精神从制度型企业家向创新型企业家转型

企业家精神代表企业家对于产品适应市场需求的反应能力，以及企业的整体创新能力（刘焕蕊，2016）。制度型企业家精神主要是指通过外部和内部的制度创新来获得发展的空间，制度存在突破空间是其发挥作用的前提条件。但是，随着新常态经济的推进和市场经济制度的日趋完善，制度突破的空间越来越小。同时，制度型企业家的能力短板开始凸显，最终导致企业家整体的创新精神不足。传统的制度型企业家精神难以适应新常态经济发展，已成为企业转型升级的阻碍因素。

企业转型升级的首要路径是企业家自身的转型，即将制度型企业家转型为具有内生能力的创新型企业家，以减少企业家对政府宏观政策的依赖性，加快形成面向市场需求，进行产品创新的动能。因此，新常态下，供给侧改革的立足点就是将制度型企业家向创新型企业家转变。供给侧改革的核心是激发企业的创新活力，而释放企业创新活力的前提是企业家创新精神的形成。当前，有的企业家仍将企业未来发展寄希望于政府的支持、宏观环境的改善，而不是有效地进行市场价值创造，使得企业家精神萎缩和衰退，导致企业家

① 刘焕蕊．新常态下中国企业转型升级的路径选择研究 [J]．技术经济与管理研究，2016(11):59-63.

创新能力不足。针对“制度型企业家”的路径依赖和大量企业由于企业家创新能力不足导致经营绩效下降的问题，政府应制定有利于企业家精神转型的支持政策，促进企业家尽快适应新常态，加快实现企业转型升级。

首先，建立市场对创新型企业家进行有效选择的运营机制。新常态下，激发企业的创新活力，必须打破以政府为主导的科技资源配置方式，减少政府对企业的补贴投入，发挥市场在科技项目选择、资金分配、人才投入等方面的基础性作用。政府应通过减税或免税方式鼓励企业创新，根据企业科技创新的成果和效益进行事后奖励。

其次，正确引导企业培养第二代企业家。针对当前“创一代”企业家创新能力不足的现状，政府应增加对“创二代”企业家为主体的教育培训的公共投入，通过政府采购的方式组织“创二代”创业培训，逐步完善“创二代”的培养体系，以提高“创二代”经营管理现代企业的能力。

最后，逐步完善有利于职业经理人进入民营企业发展的政策体系。在政策实践上，应将民营企业对职业经理人的引进纳入专项人才计划，并在社保、医保、子女教育等方面给予和国有企业管理人员平等的待遇。此外，对达到一定经营规模的民营企业在引入职业经理人的行为过程中，应在所得税方面给予一定的减免优惠。

2. 企业盈利模式从速度盈利型向质量盈利型模式转变

企业转型升级过程中，出现两类截然不同的盈利模式：一是速度盈利型企业，即高度依赖于宏观 GDP 增速的盈利模式；二是质量盈利型模式企业，即主要依靠内生能力尤其是质量提升的增长模式。企业利用政策制度和政治关联建立的规模速度型发展方式，确实为企业在过去创造了较多的投资和盈利机会。但是，在新常态下，靠政府财政补贴或其他特殊政策来维持生存的企业危机凸现。在新常态下，这两类企业的发展出现明显的分化，速度盈利型企业受到宏观经济增速放缓的冲击较大，而质量盈利型企业所受的冲击较小。具有质量优势的企业能够形成更为稳定的市场需求，更能有效地抵御宏观经济波动带来的风险。

企业转型升级的另一路径就是加快企业盈利模式，从速度型盈利模式向质量型盈利模式的转型。在新常态经济下，依靠低成本要素投入和大规模投资驱动的企业增长模式已不再具有市场竞争优势，而具有自主品牌、质量通力的企业在盈利能力方面显著高于其他企业。研究表明，在相同地区的同行业企业中，企业拥有自主品牌对企业利润、劳动生产率和市场占有率的提升均具有正向促进效应。拥有自主品牌的企业利润可提升 28.2%，劳动生产率可提升 21.5%，市场占有率可提升 30.1%。[①] 一方面，提升企业产品质量是一个不断减少生产过程出错、降低产品召回风险、节约企业生产成本的过程。高质量产品在一定程度上大大提高了企业的市场溢价能力。供给侧改革的核心是经济增长从“速度时代”进入“质量时代”。另一方面，产品质量提升有助于提升劳动者工资水平，并促进劳动者人力资本水平提升，与全要素生产率提高的反馈机制相辅相成。质量能力能够显著提升企业转型升级绩效的原因在于市场对质量需求不断释放，企业在质量品牌、信用认证等方面的能力不断提升，质量溢价效应扩张明显。[②] 因此，企业可以在一个较为成熟的技术领域内，通过改进产品功能、种类和服务等方面来提高产品质量，以实现更高的市场价值和要素投入产出效率，从而实现更高的全要素生产率回报。

3. 企业要素投入从劳动力数量向人力资本升级

劳动力成本优势是相对于劳动生产率增长而言的，劳动力工资水平上涨的速度远远快于劳动生产率的增长速度，或劳动生产率增长速度无法抵消劳动成本上升时，企业将真正陷入劳动力成本上升的困境。数据调查表明，企业的平均工资成本增长率为 7.7%，劳动生产率增长率为 8.1%，两者之间相差 4%。[③] 可见，劳动力成本上升的速度正在快速逼近劳动生产率的增长，大部

① 中国企业家调查系统 . 新常态下的企业创新：现状、问题与对策 [J]. 管理世界，2015(6):22-33.

② 程虹，刘三江，罗连发 . 中国企业转型升级的基本状况与路径选择 [J]. 管理世界，2016(2):57-70.

③ 刘焕蕊．新常态下中国企业转型升级的路径选择研究 [J]．技术经济与管理研究，2016(11):59-63.

分企业正面临劳动力成本快速上升的现实压力。

由于劳动力成本的不断上升，提高企业人力资本水平是企业实现转型升级的一个重要策略。在微观层面，企业必须通过提高劳动者技能以提高劳动生产率的方式，来应对劳动力成本上升的困境。提高劳动生产率最重要的途径是提升劳动者的人力资本水平，尤其是提升劳动者的技能水平。在影响劳动生产率提高的要素方面，劳动力的平均受教育年限和企业职业技能型员工比重均与企业利润和劳动生产率之间呈正相关关系。研究表明，受教育年限每提升 1 年，可以使企业利润提升 31.4%，劳动生产率提升 28.7%；企业职业技能型员工比重每增加 10%，企业利润将提升 29.2%，劳动生产率将提 19.2%。[①] 人力资本水平对企业转型升级绩效的显著性影响证实，通过提高劳动者受教育水平和职业技能水平，能够有效地提升企业的盈利水平以应对企业人力成本上升。

在宏观层面，国家应大力发展以技能人才为基础的人力资本培养体系。通过公共政策的投入进一步提高人力资本水平，优化人力资本结构，形成人力资本红利，为加快企业转型升级提供制度支撑。一方面，国家应将职业技能人才培养作为人力资本建设的基础工作。在政策实践上，进一步放宽大、中型城市的落户条件，提高技能型工作岗位的社会吸引力。对于优秀的职业技能型人才，在所得税、社会保障等方面应给予优惠。同时，完善市场主导的职业资质认定机制，清理各类不必要的劳动者技能资质认定、收费以及各类依靠政府行政力量进行的技能培训、资质认定的社会组织，逐步推广企业和独立的社会第三方来自主评定劳动者技能认证水平的机制，提高职业技术资质的含金量。另一方面，调整高等教育投入结构，加快高等学校转型升级。

4.4.8 数字经济时代企业数字化转型的过程与路径

2016 年在 G20 杭州峰会上所发布的《二十国集团数字经济发展与合作倡议》中指出，“数字经济是指以使用数字化的知识和信息作为关键生产要素，

① 张维迎，周黎安，顾全林 . 经济转型中的企业退出机制 [J]. 经济研究，2003(10):3-14.

以现代信息网络作为重要载体，以信息通信技术的有效使用作为效率提升和经济结构优化的重要推动力的一系列经济活动。”《中国数字经济发展与就业白皮书（2019 年）》的研究结果显示，2018 年，我国数字经济规模达到 31.3 万亿元，增长 20.9%，占 GDP 比重为 34.8%，经济的发展日益呈现出“数字化特征”，① 预示着我国开始进入数字经济时代。在数字经济的浪潮下，企业为了更好地生存与发展，在生产、经营活动过程中进行数字化变革，加快企业数字化转型升级的步伐成为必然抉择。

1. 企业数字化转型升级的过程 ②

数字经济时代，为应对数字化转型的挑战与机会，企业应将数字化的技术、知识以及信息作为关键生产要素，以降低企业成本，提高企业效率，并突破时间和空间的限制，给企业转型升级提供了无限的发展空间。不同企业需要结合自身的特点开展数字化转型，寻找适合自己的转型之路。虽然不同企业的数字化转型之路不尽相同，但企业数字化转型主要包含四个阶段，如图 4-14 所示。

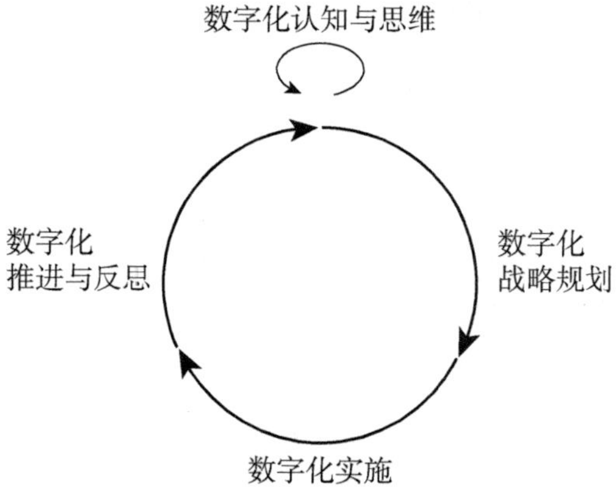

图4-14　数字化转型的阶段

（1）数字化认知与思维阶段。这个阶段的主要目的是了解数字化，要建

① 王莉娜．数字化对企业转型升级的影响——基于世界银行中国企业调查数据的实证分析 [J]．企业经济，2020(5):69-77.

② 新华三大学．数字化转型之路 [M]．北京：机械工业出版社，2020.

立起对数字化及数字化转型的正确认知，以及符合数字化时代特点的新思维模式。不论是领导数字化转型的管理层，还是执行数字化转型的普通员工，都应该首先对数字化建立正确的认知与思维模式，这是数字化转型的基础，也是最容易被忽略的一个环节，没有正确的认知与思维，就无法设立正确的方向，找到通往成功的路径。

（2）数字化战略规划阶段。这个阶段的主要目的是要找到正确的方向，就是要在企业中分别建立长期、中期及短期的数字化转型目标，并制定可行的行动计划。

（3）数字化实施阶段。这个阶段的主要目的是实施数字化转型，就是要在企业中开展数字化转型的相关行动，构建数字化转型能力。

（4）数字化推进与反思阶段。这个阶段的主要目的是推广数字化成果，总结成功与失败经验，就是要在企业中将成功的经验推广复制，总结不足与失败的经验。

数字化转型是一个长期迭代的过程。虽然在逻辑上将整个数字化转型分为四个阶段，但在具体实施转型时，这四个阶段的组合构成了一个完整闭环，共同推动企业的数字化转型。

2. 企业数字化转型升级的路径①

尽管不同企业数字化转型升级的路径各不相同，但条条道路通罗马。下面从战略重构、模式变革、技术升级以及产品创新四个方面介绍企业推进数字化转型升级的路径。

（1）战略重构

战略重构是企业转型升级的重要前提。针对数字经济所进行的战略重构不仅是中国企业的战略重点，而且是全球企业的关注焦点，越来越多的企业意识到战略重构对企业的重要意义，并开始战略布局。

在数字经济时代，数字化的技术和信息持续创新并与产业加速融合，因

① 秦静．数字经济时代的企业转型升级路径研究 [J]．财经界，2020,10（下）：22-23.

此企业的战略也应随之调整。针对各种新变量，企业需要重点关注数字化给所在行业将带来哪些潜在影响，将如何颠覆现有的供应链、产业链和生态链。企业应从行业、政策、科技和竞争对手等维度进行充分的调研，与原有的存量如资源、业务、渠道等进行对照，重新刻画客户画像，并洞察客户的痛点或未被满足的需求，借此重新制定企业战略。

企业定战略时需要画出三个圈：第一个圈是“想做什么”，第二个圈是“能做什么”，第三个圈是“可做什么”，三个圈重合的部分才是企业的战略选择。在此过程中企业应充分收集信息、及时地进行决策，决策后快速高效行动。战略实施过程中企业可先小范围创新试错，随后逐步迭代优化。战略确定后，企业还应从管理层到员工培养全员数字意识，主动学习和应用数字技术来理解和适应变化，在新的战略中更好地识别机会并创造价值。

（2）模式变革

模式变革是企业转型升级的关键环节。无论企业如何制定战略，数字经济时代的企业都要放弃传统模式，拥抱用户，融入数字经济，用新模式重塑业务发展模式，改变企业与用户、生产设备、供应商伙伴、生态链以及竞争者的相处方式。未来的企业必将是数据驱动的、以用户为中心的企业。

数字经济的发展带来企业各种模式的变革。组织文化作为应对数字经济的底层架构，应该根据转型升级的阶段做出相应的调整，未来的发展趋势将是“去中心化”和“去企业化”，很多企业为此进行了大规模的组织变革，将传统的科层制逐步调整得更加扁平化、网络化，例如，海尔将多层次组织转化为只有平台主、小微主和创客的平台。还有一些企业打破现有组织边界，组建产业生态组织，与生态链上的相关企业共生。

（3）技术升级

技术升级是企业转型升级的根本保证。数字化技术可以在供给端拓展生产边界，在需求端提升消费能力和意愿，实现供给和需求的有效匹配。数字技术实现了生产的智能化，通过大数据和人工智能，能够部分地替代人的认知活动并提升这些活动的效率。数字经济时代企业转型升级的核心技术主要有人工智能、大数据、云计算和物联网。将企业生产制造过程的人、机、料、法、环、测等所有生产要素的相关数据分析提取出来，利用数字孪生技术对其进行优化，以达到降本增效。企业搭建统一的数字化管理平台，将割裂的工作部门串联起来，达到协同、高效以及价值和信息的无损耗传递。例如，钉钉从企业信息交流平台切入企业服务场景，构建 OA 工作台，通过“五个在线”（组织在线、沟通在线、协同在线、业务在线、生态在线）、基于四大场景（人、财、物、事）来打通分割的组织和部门，以达到高效处理所有工作流。

此外，在技术升级过程中，企业应秉持够用即可的原则，不用过度追求最新技术。因为技术迭代速度非常快，成本下降的速度也非常快，避免盲目投资。

（4）产品创新

产品创新是企业转型升级的核心动力。企业核心竞争力在数字化时代由满足客户需求升级为客户创造价值，工业时代主要考验的是生产能力，而数字经济时代主要考验个性化定制能力。

随着数字技术的广泛应用，企业日益从大规模生产转向灵活的、定制化的敏捷性生产，可以更加直接、快速、准确地对接用户的差异化需求，从而通过柔性的生产和物流系统实现产品的多样化和定制化。在信息化和智能化基础上，企业通过大数据等新技术进行分析和优化，对企业的业务模式、产品和服务进行改进和完善，开发新产品和新模式。企业应该利用数字技术为传统产品进行重大革新，同时借助数字技术手段为产品提供附加值，利用差异化提升商品竞争力，提高顾客忠诚度。

总之，随着数字经济的进一步发展，所有企业都将走上数字化转型升级之路。数字化转型已不再是一种选择，而是任何企业都必经的一条道路。据中国信息通信研究院预计，2025 年我国数字经济规模可达 60 万亿元人民币；世界银行的数据统计也显示，各国数字经济增速显著高于同期 GDP 增速。[①]

---

① 秦静. 数字经济时代的企业转型升级路径研究 [J]. 财经界，2020,10（下）：22-23.

数字经济已成为经济增长的新动能。数字化转型升级的先行者和后行者的差距逐步增加，先行者往往迅速抢占先机，占领市场，蚕食传统企业的市场份额。因此，传统企业应顺应数字经济的潮流，早日走上数字化转型升级之路。

案　例　“人单合一”——海尔转型升级模式①

“人单合一”是海尔集团董事局主席、首席执行官张瑞敏提出并命名的一种商业模式，通常称为人单合一模式。人单合一模式不同于一般意义上的竞争方式和组织方式，也不同于传统的业务模式和盈利模式的范畴，而是顺应互联网时代“零距离”“去中心化”“去中介化”的时代特征，从企业、员工和用户三个维度进行战略定位、组织结构、运营流程和资源配置领域的颠覆性、系统性的持续动态变革，在探索实践过程中，不断形成并迭代演进的互联网企业创新模式。

“人单合一”的字面释义：“人”，指员工；“单”，指用户价值；“合一”，指员工的价值实现与所创造的用户价值合一。“人单合一”的基本含义是，每个员工都应直接面对用户，创造用户价值，并在为用户创造价值中实现自己的价值分享。员工不是从属于岗位，而是因用户而存在，有“单”才有“人”。“人单合一”的本质就是我的用户我创造，我的增值我分享。也就是说，员工有权根据市场的变化自主决策，员工有权根据为用户创造的价值自己决定收入。“人单合一双赢模式”使每个人都是自己的CEO，并组成直面市场的自组织。

起源与演进

海尔管理哲学的核心是“企业即人，人即企业”。自20世纪80年代创业以来，张瑞敏在海尔的管理实践始终聚焦充分激发员工的创造力、挖掘员工

① 郑子辉. 生态圈化：中国大企业转型新路径 [M]. 北京：企业管理出版社，2019.

的潜力，坚信人是企业唯一能够增值的资产，企业最重要的就是两部分人：内部是员工，外部是用户。海尔模式创新的主线就是让内部员工与外部用户的零距离，也就是“人单合一”。但在不同的发展阶段，“人单合一”的内涵又有不同。

从海尔的探索实践来看，从20世纪80年代的“自主管理班组”到2018年的“三生体系”，海尔“人单合一双赢”模式的探索是一以贯之的。2005年正式提出的“人单合一”正是之前的总结和发展，也是开启和创新，起到承前启后的关键作用。这期间，海尔提出了市场链管理、自主经营体、共创共赢生态圈、“三生”体系等管理模式和机制。但这种管理模式的探索受到原来组织机制、框架的限制，再往下走，必须要将原来全部颠覆。2015年9月19日，海尔召开“‘人单合一双赢模式’探索十周年暨第二届海尔商业模式创新全球论坛”，标志着海尔“人单合一双赢模式”进入人单合一2.0新阶段——共创共赢新模式。共创共赢模式是人单合一双赢模式的迭代，“人”，从过去的员工升级为攸关各方，“单”，从用户价值升级到用户增值，“双赢”升级为共赢。如图4-15所示。

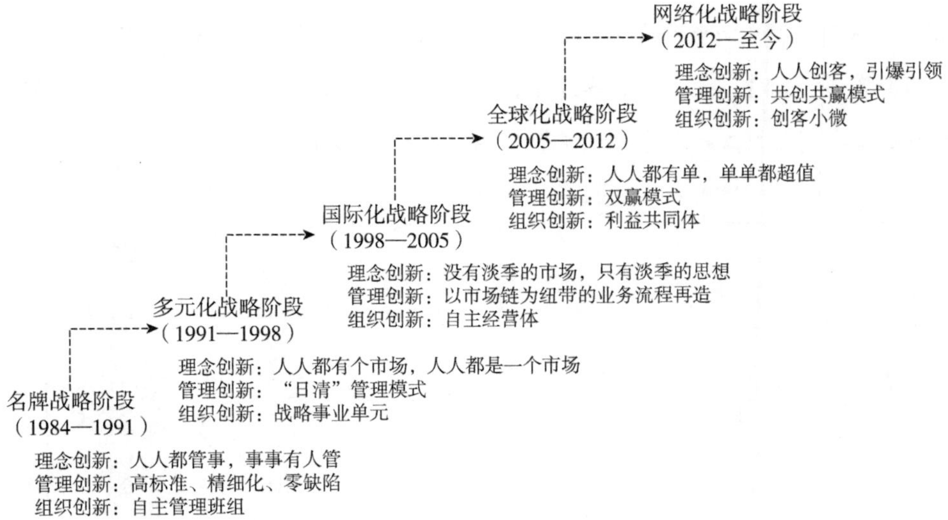

图4-15 “人单合一”演进路线图

“人单合一”模式的创新

“人单合一”这一模式转型体现在五方面的创新：

（1）战略创新：从制造产品的企业转型为孵化创客的平台。传统时代企业生产产品，要么成为世界名牌，要么为世界名牌打工。而在互联网时代，要么拥有平台，要么被平台拥有。所以在战略上进行调整，需要建成一个有竞争力的平台。从传统损益表到战略损益表。传统损益表反映的是收入减费用和成本等于利润；战略损益表则是从交互用户、人力资源、预实零差、闭环优化四个方面对经营过程和结果进行评估。

（2）组织创新：从封闭科层制转型为网状节点组织。过去是传统的组织，海尔去中心化、去中介化，将企业本身变成互联网的一个节点。组织颠覆后，海尔平台上只有三类人：平台主、小微主、创客。他们同一目标、同一薪源，没有岗位层级的高低，只有创造价值的大小。“创业小微”成为海尔平台上的基本单元，围绕用户需求，开放连接世界资源，搭建共创共赢生态圈。海尔不但把每一个员工变成创客，还把世界每一个创客变成海尔的员工，适合创业的人都可以到海尔的平台上进行创业。如图4-16所示，从传统正三角组织转型到倒三角组织，再转型到平台型组织，从而实现并联平台的生态圈。传统时代企业的流程都是串联的，从研发开始一直到制造、销售，没办法直接面对市场。但是互联网消除了距离，让企业变得网络化，需要将与员工、合作方的博弈关系转为合作共赢的生态圈。

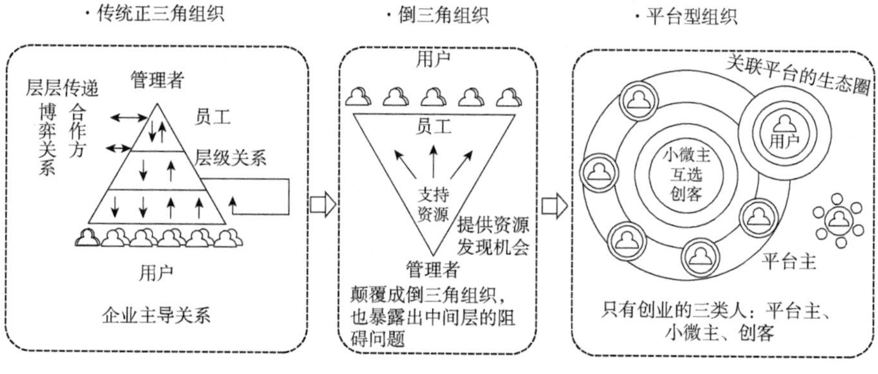

图4-16　海尔的组织转变

（3）机制创新：从企业付薪转型为用户付薪。原来海尔实行宽带薪酬，企业内部不同的层级、不同的岗位有不同的薪酬，当时海尔有十级岗位，十四级薪酬。随着企业转型为以用户为中心，实行用户付薪。比如“0030”机制，0固薪，0费用，30%风险金池，海尔还实行24小时限时达/超时免单，所以员工获得报酬的多少取决于获得用户价值的多少。从传统薪酬到人单薪酬，传统薪酬按照职务级别分配，人单薪酬则按照员工创造的价值确定收益。海尔人单薪酬包括基本薪酬、对赌拐点酬（季度)、超值分享、股权超利分享。传统的企业核算体系是事后算账，见数不见人，见果不见因，以资本为中心，追求的是股东至上。海尔的人单薪酬是以员工为中心，即以人单合一的机制激发员工的创新力，让员工创造用户价值和市场资源，达到用户、企业、员工的多赢，并得以实现员工的高效率、高增值、高薪酬。

（4）员工角色创新：从指令执行者转为创业者。如图4-17所示，人单合一双赢模式改变了员工角色，从原来被动的指令执行者变成了主动创业者，每个员工自主经营而不是被动经营，员工已经从“选用育留”转型到“动态合伙人”，进而转型到自创业、自组织、自驱动的“三自人”。自创业就是创客自己在市场上发现机会、创造项目，而不是由公司决定你是不是可以去创业；自组织就是根据这个项目的要求，创客自我组织可以完成这个项目的团队；自驱动就是根据给市场、用户所创造的价值，在市场竞争中优胜劣汰来驱动自己再发展。员工创客化最后要达到的目标是，“人是目的，不是工具”，平台的价值在于让每个人都把自己的价值充分发挥出来，海尔试图让平台上的小微和创客们都实现这一点。

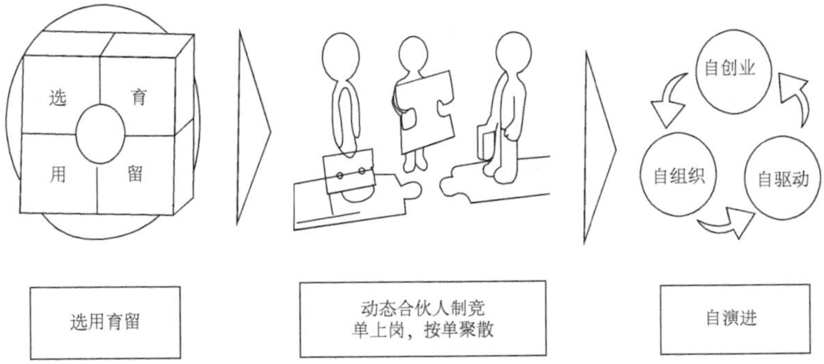

图4-17　海尔员工变创客

（5）合作方角色创新：从企业的博弈方转变为利益相关方。传统意义上的合作方，上游是供应商，下游是零售商，上下游是博弈关系。现在的关系变成并联平台，企业、合作方、用户责任共担、利益共享。不同的市场目标结成不同的利益共同体，利益共同体在海尔平台上创业创超值，并分享超利。

第 5 章　民营企业转型升级的战略选择

动荡时代最大的危险不是动荡本身，而是仍然沿用过去的逻辑做事。

——［美］彼得 · 德鲁克

治国有大体，谋敌有大略。立大体而后纪纲正，定大略而后机变行，此不易之道也。

——［南宋］陈亮

至战略决策控制企业命运。

——［美］罗伯特 A. 伯格曼

要成功实现转型升级，企业首先要制定一个全面的转型升级战略，然后进行各部门各环节的转型升级，包括产品、营销、渠道、组织、技术、人员、文化等方面的转型升级，只有既看到整体，又看到细节，才能真正实现企业的转型升级。因此，转型升级战略是企业转型升级的核心前提和所有转型升级活动的顶层设计，为企业抢占转型升级发展先机和加速转型变革提供方向性、全局性、系统性的方略。

5.1 民营企业转型升级的战略定位

民营企业要想成功实现转型升级，必须要有其独特的定位。所谓企业定位是指企业通过其产品及品牌，基于顾客需求，将企业独特的个性、文化和良好形象，塑造于消费者心中，并占据一定位置。任何企业都不可能有足够的资源解决顾客所有的问题，定位为企业指明发展和努力的方向。从某种意义上说，企业转型升级的实质是企业的重新定位。

5.1.1 战略定位的含义及其本质[①]

从市场营销学上说，“定位”一词最早是由艾尔·里斯和杰克·特劳特提出的，他们认为，定位是“为产品在潜在顾客的大脑中确定一个合适的位置。”[②]特劳特(2004)在《什么是战略》(*Trout on Strategy*：*Capturing Mindshare*，*Conquering Markets*）中认为“战略就是让你的企业和产品与众不同，形成核心竞争力；对受众而言，即是鲜明地建立品牌”。[③]美国著名的营销专家菲利普·科特勒认为，定位是指“公司设计出自己的产品和形象，从而在目标顾客中确定与众不同的有价值的地位。定位要求公司能确定向目标顾客推销的

① 陆奇岸. 企业战略管理高级教程 [M]. 西安：西北工业大学出版社，2021.

② 菲利普·科特勒，等. 市场营销管理：亚洲版·上 [M]. 北京：中国人民大学出版社，1997.

③ 唐飞，刘太萍. 企业战略定位的综合理论分析框架 [J]. 工业技术经济，2005(9):62.

差别数目及具体差别。”[①] 具体来说，有效的营销定位要从市场调研开始，根据购买者对产品或服务的不同需要，将市场划分为不同的顾客群体，即进行市场细分（Segmentation），并选择进入的一个或多个细分市场，即选择目标市场（Target Market），然后为产品确定一个富有竞争力的、与众不同的位置，即进行产品定位（Position），这就是 STP 理论。

从战略管理上说，波特认为，竞争战略是“要在竞争发生的产业宏观舞台上追求一种理想的竞争地位。……旨在针对决定产业竞争的各作用力建立有利的、持久的地位。”[②] 也就是要在产业中找到一个创造独特价值的位置。“企业的定位决定了它的盈利能力是高于还是低于产业的平均水平，在产业结构并不理想、产业的平均盈利能力并不高的情况下，定位合适的企业仍然可能获取很高的投资收益率。”[③] 梅森 · 卡彭特和杰瑞德 · 桑德斯认为，战略定位指的是“管理者在重要的竞争维度上，相对于竞争对手的位置而确定企业所处位置的方式。……战略定位的目的是降低竞争对抗的效应，从而改善收益水平。”[④] 裴中阳认为，战略定位就是“明确企业的长远发展方向，它是在对内进行资源与能力分析、对外进行竞争环境研究的基础上，确认企业自身的产业边界、商业形态和竞争地位。”[⑤] 战略定位的核心是确定企业的产业边界、商业形态和行业竞争地位，它在逻辑上包含三个层面：产业边界定位、商业形态定位和竞争地位定位。

综上所述，战略定位是指选择以不同的方式去执行同样的活动，或者选择执行与竞争对手截然不同的活动，找到独特而有价值的位置，获得独特的

① 菲利普 · 科特勒，等. 市场营销管理：亚洲版 · 上 [M]. 北京：中国人民大学出版社，1997.

② 迈克尔 · 波特. 竞争优势 [M]. 陈小悦，译. 北京：华夏出版社，1997.

③ 同②.

④ 梅森 · 卡彭特，杰瑞德 · 桑德斯. 战略管理：动态观点 [M]. 王迎军，等译. 北京：机械工业出版社，2009.

⑤ 裴中阳. 百年基业：战略定位的理论与实践 [M]. 北京：中信出版社，2009.

战略优势。其本质是定位主题，它以对目标顾客有意义的方式把企业与竞争对手区别开来，最成功的主题建立在三种推动力的结合上：更好（通过优异的质量和服务），更快（能够比竞争对手更快地感知和满足顾客需求的变化），更紧密（建立更持久的联系）。[①] 选到一个独特的位置并不能保证企业获得了持久的竞争优势，因为有价值的位置将会吸引竞争对手的模仿。因此，要获得持久的竞争优势，企业在寻求战略定位时，需要关注两点：[②]（1）取舍。取舍指的是鱼与熊掌不能兼得。也就是说，当活动与活动之间不能相容时，就产生了取舍的需要。取舍带来了选择的痛苦，但同时也带来了企业持久的竞争优势。在以下几种情况下，企业需要取舍：①来自于形象与声望的不一致。例如，提供某一产品的企业如果提供另一种产品，甚至想同时提供两种价值不一致的产品，不仅可能缺乏可信度，混淆顾客，声誉还可能因而受损。②来自于活动本身。不同的定位需要不同的产品组合、设备、员工行为、技能，以及管理系统。③来自于企业内部的协调与控制。明确选定竞争方向，能让高层管理理清组织的优先顺序。在竞争中，定位的取舍是战略上相当重要的一环。战略就是在竞争时有所取舍，战略的本质就是选择什么是我们不该做的或不能做的。没有取舍，就不需要做选择，也就不需要战略了。（2）整合。定位的选择，不仅决定企业将执行什么活动、如何组成个别的活动，还决定了活动之间的相互关系。通过整合这些活动，让这些活动彼此加强效益，并创造出一套每个环节都很强的价值链，从而取得了独特的竞争优势。整合的方式一般有以下三种：①一致性的整合，即在每项活动（功能）与整体战略之间，寻求一致。一致性不仅能累积各项活动的竞争优势，使这些活动不致相互抵消；而且企业也比较容易与顾客、员工、股东相沟通，使企业上下专心一意地执行。②活动之间相互强化的整合。③力量最优化的整合。这种整合方式是以活动

---

① 乔治·达伊．市场驱动战略——价值创造过程 [M]．牛海鹏，等译．北京：华夏出版社，2000.

② 陆奇岸．企业竞争论——企业谋求和提升竞争优势的战略 [M]．北京：中国文联出版社，2002.

之间的协调与信息的取舍，来淘汰非增值的活动（non-value adding），减少力量的浪费。活动之间的战略性整合不仅是竞争优势的基础，而且也是优势能否持久的决定性因素。因为对手模仿一整套紧密相连的活动，要比只模仿一种销售方法、流程技术或产品特性等单一活动要难得多。因此，定位于整套活动系统的竞争位置，要比定位于单一活动的位置更具持久性。正如波特所说的："战略的实质核心是全功能的或全活动范围的整体性。它不是设计出更佳生产程序的能力，也不是构想出精彩广告的能力，它是将贯穿整个价值锁链的各种活动联系和整合起来的能力，是从众多活动中取得互补的能力。……怎样通过不同的部分来达到完整结合，才是实质问题。"①

5.1.2　企业战略定位的要素

全球化竞争已经不单是围绕产品或渠道，它要求企业要综合全面地分析客户所遇到的各种难题，并能为客户提供一套完善的解决方案。这个方案要求企业能向客户提供独特的"可感知和可利用的价值"，以维持和提高客户忠诚度。彼得·德鲁克指出，企业存在的主要目的就是创造顾客，也就是为顾客创造价值。他说，"是顾客决定了企业是什么。企业认为自己的产品是什么，并不是最重要的事情。顾客认为他购买的是什么，他心目中的'价值'何在，却有决定性的影响，将决定这家企业是什么样的企业……顾客是企业的基石，是企业存活的命脉，只有顾客才能创造就业机会。"② 由此可见，企业的战略定位一般包含四大要素。

（1）目标顾客的选择，主要解决的是我们希望对哪些顾客提供服务。我们能够为哪些顾客创造和提供价值；哪些顾客会买我们的产品或服务；从企业转型角度看，就是要明确企业要转向服务哪些顾客；为什么要转向这些顾客。

① 罗文·吉布森. 重思未来 [M]. 杨丽君，等译. 海口：海南出版社，1999.

② 彼得·德鲁克. 管理的实践 [M]. 齐若兰，译. 北京：机械工业出版社，2006.

（2）赢利模式，即企业如何得到回报。主要解决的是我们将如何获得赢利。即如何为客户创造价值，从而获得其中的一部分作为我们的利润；从企业转型角度看，就是企业如何为新目标顾客创造价值，如何创造新的商业模式。

（3）战略控制，主要解决的是我们将如何保护利润流。为什么我们选择的客户要向我们购买；我们的价值判断与竞争者有何不同；哪些战略控制方式能够抵消客户或竞争者的力量。从企业转型角度看，也就是如何在新的市场中保护企业的利润流。

（4）业务范围，即企业从事的经营活动、提供的产品和服务，主要解决的是我们将从事何种经营活动；包括我们希望向客户提供何种产品、服务和解决方案；我们打算将哪些业务进行分包、外购或者与其他公司协作生产；从企业转型角度看，就是要明确企业新的业务范围和边界，确定新的业务范围。

5.1.3 企业战略定位的确定①

企业发展到一定阶段都会遇到瓶颈，都有可能面对各种困境甚至绝境，因而都有可能面临再定位的问题。在再定位过程中，企业能否选择合适或进行精准的战略定位，是企业能否成功转型的关键。从企业商业模式构建过程看，企业商业模式的首先是通透需求本质、挖掘隐性需求和寻找价值主张的过程，然后是锁定目标客户，从客户定位到产品模式定位、提供方式定位再到角色定位的过程。因而企业的战略定位主要有：客户定位、产品模式定位、提供方式定位和角色定位。

（1）客户定位。每一个成功转型的企业都源于对精准目标客户的定位。无论是春秋航空，还是凡客诚品等，他们的成功无不在于精准的客户定位，如表 5-1 所示。

① 危正龙，宋正权．商业模式突围：中小企业的转型与重生 [M]．北京：中国经济出版社，2014.

表 5-1　解决客户痛点的案例

企　业	客户定位	痛　点	解决方法
春秋航空	普通大众（对票价敏感的旅客）	飞机票太贵，坐不起飞机	减少非必要服务的低成本运营，从而为客户提供廉价机票
凡客诚品	懒男人	厌倦去百货商场试穿	体验式、简洁便利的高性价比网络直销购物模式
五洲在线	想要发展电子商务的传统企业	不擅长 B2C 的电子商务运营	只做 B2C 的中间运营环节，从建站到产品展示，再到仓储物流，为传统品牌商提供全套 B2C 电子商务外包服务
开心网	办公室一族	工作枯燥、压力大、缺乏娱乐消遣及好友情感的维系	提供娱乐消遣网页小游戏的同时，满足人们的社交需要
一嗨租车	“有本无车”一族	自购车太贵或者在异地使用成本太高，商务用车租车费用过高	通过网上选车下单，线下实体店取车，为客户提供简单快捷自驾、代驾服务
Kappa	要有运动的感觉但不希望出汗的人	爱运动、需要运动、爱时尚，但是因为应酬、工作等原因从不运动	运动时尚服装
哎呀呀	非理性的年轻爱美女生	小饰品鱼龙混杂、缺乏统一品牌的平价饰品，产品升级换代速度快，而品牌饰品太贵	快速推陈出新、时尚、低价，以连锁加盟提升品牌
分众传媒	在电梯间或电梯里等候的人和希望达到“强制收看”的广告主	无聊的等候	楼宇液晶视频广告联播网络

资料来源：危正龙，宋正权. 商业模式突围：中小企业的转型与重生[M]. 北京：中国经济出版社，2014.

由此可见，客户定位很重要。企业转型升级就是要快速找到新目标客户的隐性需求和痛点，并针对这些隐性需求和痛点找到经济的解决方案。

客户的隐性需求是指客户无法表述的需求，客户无法公开表述的需求，竞争者尚未发现的需求以及行业尚未满足的需求。企业只有从客户需求的本源出发，才能创造出企业独特价值和定位。例如，安馨纸业定位于25-45岁、懂生活、热爱家庭、对生活品质要求高和有品位的知识女性。这类女性追求自我价值的实现，她们热衷时尚的购物方式。安馨纸业发现了这一类客户的特点，为她们打造出了集网络订购系统、呼叫服务系统、物流信息系统、配送服务系统、会员服务系统五大核心系统为一体的“网络”配送直销服务模式。因此，企业只有挖掘出客户的痛点和需求的本质，发现客户原生态的需求，才能做到精准定位。

（2）产品模式定位。在确定客户之后，接下来的就是选择提供什么样的产品和服务模式。产品模式定位是基于定位的外在呈现和实现定位价值的载体，也是与客户沟通和实现客户价值的重要路径和方式。

具体来说，产品模式是指企业的产品或服务是否具有一定的价值独特性，这种价值独特性是否能解决目标客户的问题或痛点，产品或服务是否能强有力地震撼并黏住客户，产品与产品之间、产品与客户之间是否能良性互动等。产品模式是围绕着这些问题而展开的一套服务模式和相应的产品提供策略。从这个意义上看，产品模式可分为三个层次：一是企业的产品或服务必须对目标客户提出独特的价值主张，以增强选择性来区隔其他竞争者；二是企业的产品或服务的具体形式和内容是什么，这通常是一套整体设计和系统的组合；三是企业所设计的产品或服务与目标客户之间有一定的互动机制，或者产品与产品之间存在联动机制。

（3）提供方式定位。满足客户需求的方式，就是企业为客户提供产品和服务的方式，它决定了企业的业务系统和生产组织模式，甚至影响企业的商业模式。企业在进行产品和服务定位之后，就要开始思考如何提供这些产品和服务。企业可以通过提供不同的创新方式满足客户的同一需求。企业在进行提供方式定位时，需要深入洞察目标客户需求的变化，以适合目标客户需求变化的方式去满足客户的需要，才能取得成功。

（4）角色定位。角色定位是指企业如何将产品和服务提供给客户的价值链的选择过程，即企业在产业链所扮演的角色。企业选择定位在产业链的哪个活动空间，决定着企业在产业链所扮演的角色和作用。根据迈克尔 · 波特的价值链分析方法，企业只有选择比竞争者创造更多附加价值的环节，形成核心竞争力，才能获得竞争优势，如图 5-1 所示。

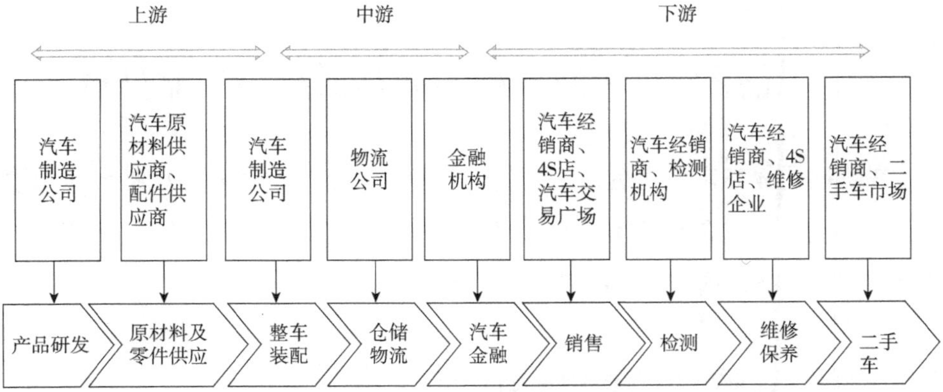

图5-1　汽车产业链示意图

企业的角色定位包括企业本身对自己或面对客户的定位，以及企业与利益相关者的关系定位。角色定位不仅标明企业的内容，而且便于企业自己和目标客户认识企业的一种商业定位。例如，安馨纸业原来的角色定位是生活用纸流通服务商，因此它的价值空间仅限于生活用纸贸易活动的贸易商。但是，随着新商业环境的变化，安馨纸业重新审视了自己的发展空间，将其角色定位为家庭生活用纸管家。这样，安馨纸业的价值空间变成了所有涉及家庭生活用纸的生活管理者。新的角色定位为安馨纸业带来了极大的想象空间，安馨纸业获得了更广阔的市场空间，如图 5-2 所示。

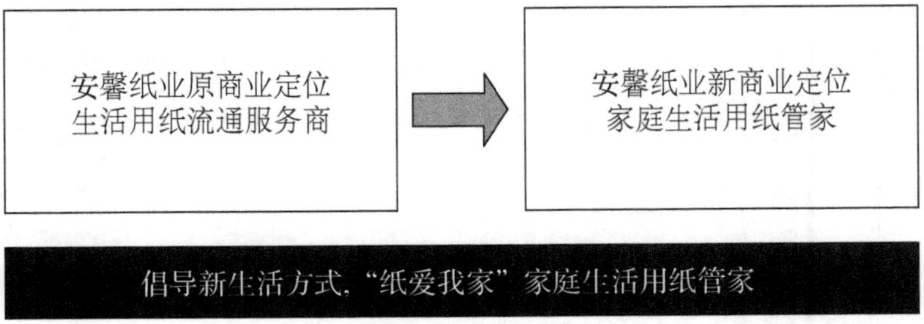

图5-2　安馨纸业角色定位转换图示

总之，战略定位决定了企业的生存空间，决定了企业的成长空间，决定了利益格局，决定了企业在产业链中所扮演的角色，决定了其行业地位，决定了其与各利益相关者之间的关系。因此，战略定位是企业转型升级首先需要清晰明确的战略性问题。

5.2 民营企业转型升级的战略思维与战略选择

在明确了战略定位之后，为了实现新的战略定位，企业的思维方式和战略也需要转型，既需要有系统的战略思维，也需要根据国内外形势的变化，调整原有的战略，选择适合新情境的战略。

5.2.1 民营企业转型升级的战略思维

为了成功实现转型升级，民营企业在转型升级过程中，需要有见终局、揽全局、知时局、应变局的战略思维。[①]

（1）见终局。所谓“见终局”，是指企业要知道转型升级最后的结局如何。企业只有知道转型升级后会变成什么样，才知道现在应该做什么，这就是典型的“以终为始”的思维方式。“见终局”的思维方式有利于企业看清问题的本质，而不被各种现象所迷惑。

（2）揽全局。所谓“揽全局”，是指企业需要同时具备宏观视角、行业视角和微观视角，知道转型升级对企业和行业格局的影响，行业里有哪些转型升级的标杆企业，以及转型升级对企业各个职能部门的影响。企业只有胸怀全局，才能真正做到“取势、明道、优术”，既能看到外部的大趋势，又能看到企业的突破点，而且能弄清楚不同环节的关键，既见看清局部，也能把握全局。

（3）知时局。所谓“知时局”，是指企业做事情要分轻重缓急，在不同的

① 陈雪频. 一本书读懂数字化转型 [M]. 北京：机械工业出版社，2021.

时间做不同的事，也就是企业做事情“合时宜”，在正确的时间做正确的事。企业转型升级是一个从点到面、从简单到复杂的过程。企业转型升级一开始不可能面面俱到、所有环节同步进行，需要有一个时间先后的安排，有步骤、有计划地实施转型升级。

（4）应变局。所谓“应变局”，是指企业需要根据内外环境的变化，不断创新，适时调整和优化自己的方向。企业转型升级不可能一蹴而就，转型升级过程会遇到很多问题与困难。在遇到问题与困难时，企业需要及时调整思路和方法，知道应该如何应对变局，从不同的维度去思考，然后确定正确应对的策略。

5.2.2　民营企业转型升级的战略选择①

党的十八大以来，我国经济、政治、文化和社会生活方方面面呈现出一系列新常态，民营企业更应准确把握和积极适应新常态。相对于国有企业，民营企业具有一定的灵活性，但是，如果没有长远的战略，就难以保证企业的可持续成长。面对新常态，民营企业需要找准新的历史方位，迅速进行社会责任、企业家理性文化、产业结构、产品结构、企业价值观和企业组织结构的治理整合，提高核心竞争力，在产业竞争制高点上拓宽新的视野，实现战略转型。

（1）从“朝阳产业”向“战略产业”“未来产业”整合调整发展转型。“战略产业”“未来产业”是技术的突破创新带动企业的产业，市场前景广阔，代表着未来发展的趋势，一定条件下可演变为主导产业甚至支柱产业。但是风险性依然存在，如果技术周期预计错误，就会误入技术陷阱，使企业发展偏离方向，导致企业失败。而战略产业、未来产业则是通过政府支持能够获得内生竞争优势、对国民经济具有强烈带动作用的新兴产业，产业的政策支持具有一定的前瞻性。

① 汪碧刚．新常态下民营企业转型升级的战略与路径 [J]．财经问题研究，2016(12):99-103.

如果说某一个产业是战略产业、未来产业，也就是说，该产业不是从个人、企业、地方或部门的局部利益出发，而是从国家整体利益出发，是有条件要上，没有条件创造条件也要上的少数产业。这类企业的存亡不仅关系到利润，而且关系到国家的安危，关系到国家在世界经济政治乃至军事事务中的战略行动能力。因此，任何国家都不会放任本国战略产业企业在全球竞争中自生自灭，国家对战略产业有保护扶持的责任，决不会任其在国际竞争中被“劣汰”。

（2）从“多元化战略”向“归核化战略”转型。尽管中国企业多元化有其历史的合理性，但是历史的合理性必然也意味着历史的局限性。中国企业的生存环境正在发生本质变化。整个中国社会市场经济在越来越多的行业全面深入展开，同时迅速而且深入地融入国际经济，给中国企业带来了更加直接和巨大的影响。也就是说，融入国际经济，企业必须遵守国际市场的游戏规则。当市场竞争比较弱的时候，企业凭着一招鲜或传统把式就可能获得成功，但当竞争越来越激烈的时候，企业需要把所有的资源和能力都用在一点上（“利出一孔”）才可能获得生存的空间。因此，随着中国市场竞争的不断加剧，中国企业也会逐渐地提高专业化经营的程度，走向“归核”的道路。在新的生存环境下，以退为进，首先做强，是进一步做大的必经之路。

（3）从“跳跃式战略”向“可持续发展战略”转型。与中国经济高速增长的背景相适应，一些企业希望超常规、跳跃式发展，短期内打造巨型企业。但是由于企业的管控能力有限，抵抗风险能力差，企业就可能走向衰败。而可持续发展的企业，是着力打好企业基础，追求成长速度与成长质量、扩大规模与增加效益、有形资产与无形资产增长的有机结合。可持续发展要求企业发展的可持续性，它不仅要求企业目前的发展，同时要求企业未来的发展。因此，企业需要具有一种促进可持续性发展的机制，综合协调各种管理要素和外部环境，只有这样才能从总体上把握企业的可持续性发展。

（4）从“低成本战略”向“差异化战略”转型。根据当前我国的市场供求状况和发展趋势分析，商品生产重合度过高导致商品市场供过于求是制约中小企业发展的最主要因素。因此，采取差异化战略是中小企业必须的、首要的发展战略。当一个企业向其客户提供某种独特的有价值的产品而不仅仅是价格低廉时，企业就把自己与其竞争对手区别开来了。差异化不仅可以使企业区别于竞争者，也可以使企业获得溢价，即使在周期性或季节性经济萧条时，也会有大量忠诚的客户。因此，如果实现的溢价超出了为使产品独特而追加的成本，则差异化就会企业带来更高的效益。当前我国经济正面临着结构调整和产业升级的巨大挑战，企业要在更高的层次上进行竞争并获得竞争优势，必须不失时机地实施新的战略——差异化战略，并为此采取相应的策略。

（5）从“弱、小、散”向“提高产业集中度战略”转型。一是实现规模化生产、发挥经济规模效益、合理配置资源的需要；二是有利于产业提高自主创新能力、开发技术和市场，适应全球化的要求，提高国内外两个市场的竞争能力，不断发展壮大；三是保持产业持续健康发展，促进产业由大到强的转变，使之成为具有国际竞争能力的现代化工业的保障。中小企业之间战略联盟或联合兼并，强化产业集中度。通过战略联盟、兼并和收购，企业可以扩充技术力量和生产能力，实现低成本扩张，达到规模经济，从而降低成本，扩大品牌的辐射能力。通过把彼此在空间上接近，经济活动高度密集，生产工艺相近、或产品相关，或具有厂房、设备、土地等资产优势的中小企业进行兼并，组建企业集团，使企业由小变大，由弱变强。这样便促进了中小企业间的分工协作，资源与信息的互补，从而使单个企业节约了资源，并获得规模经济效应等优势。

5.3　民营企业转型升级的战略规划与执行模型①

制定战略一般有两种视角：一是市场视角；二是能力视角。市场视角是由外到内的思维方式，是指一个企业得以存在的优势化差异；能力视角是由内到

① 陈雪频 . 一本书读懂数字化转型 [M]. 北京：机械工业出版社，2021.

外的思维方式，是看企业的能力，是否具有充足的人力、财力和物力，有能力在市场中获胜。市场和能力的交集就是一个企业的战略突破点。一个好的战略应该同时满足三个条件：有市场需求、企业能力足够、有差异化优势。

在各种战略规划工具中，完美衔接战略规划和落地的工具是业务领先模型（business leadership model，BLM），如图 5-3 所示。BLM 模型是 IMB 咨询部门在 2003 年和哈佛商学院共同开发的一种战略规划方法。这一方法后来成为 IBM 公司从公司层面到各个业务部门共同使用的统一的战略规划方法。

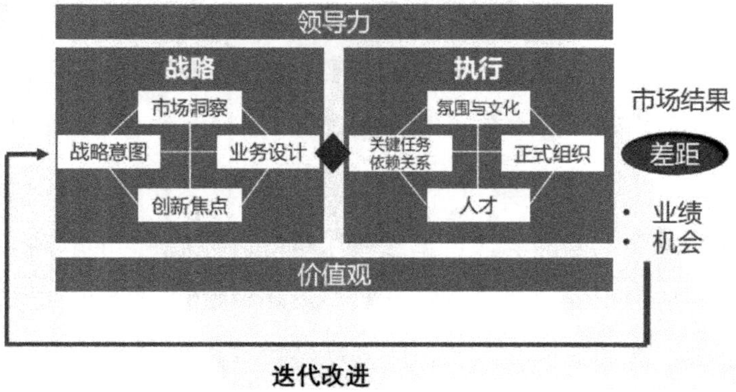

图5-3 IBM的业务领先模型

BLM 模型把战略的规划和执行完美地结合在一起，解决了传统战略中规划与执行脱节的问题，而且该模型不仅强调对市场和业务的分析，还特别强调领导者的领导力、价值观和企业文化，这些恰恰是战略能够落地的关键要素。因而这一模型对于民营企业转型升级战略的制定和实施具有重要的应用价值。

BLM 模型由四个部分组成，最上面是领导力，企业的转型升级首先需要由企业的领导力来驱动，领导力是根本。最下面是价值观，是企业共同遵守的行为准则，这构成了企业转型升级文化的重要组成部分，价值观是基础。其另外两大部分是战略和执行。一个好的转型升级战略必须有好的战略设计，也要有好强有力的执行，两者缺一不可。BLM 模型中的战略和执行由八个环节组成，这八个环节是战略意图、市场洞察、创新焦点、业务设计、关键任务、正式组织、人才、氛围与文化。这八个方面相互影响、相互作用，协同配合，共同推动企业的转型升级。下面结合企业转型升级战略分别阐述 BLM 模型中的八个环节，以及其涉及的问题。

（1）战略意图。当一个公司坚持不懈地追求一个雄心勃勃的战略目标，并集中所有的资源和竞争活动来实现那个目标时，该公司就表现出它的战略意图[①]。战略意图是战略思考的起点，按照业界广泛采用的 SMART 原则（Specific 明确、Measurable 可衡量、Attainable 可实现、Relevant 相关和 Time-bound 有时间限制）设立一组具体的转型升级战略目标。一个好的战略规划始于好的战略意图陈述和战略目标的精准表述，这是战略规划的第一步。民营企业转型升级涉及的问题是：①企业将在哪些领域或从哪个领域实现转型升级；②转型升级会为客户和企业创造哪些价值；③企业转型升级的愿景和目标是什么等。

（2）市场洞察。任何企业的成功都源于对市场的通透理解，即对市场的深刻洞察。市场洞察决定了战略思考的深度，其目的是从宏观视角、行业视角和客户视角全面理解市场，清晰地知道未来的机遇和企业可能遇到的挑战与风险，理解和解释市场正在发生什么及其对企业未来的影响。民营企业转型升级涉及的问题是：①转型（包括社会转型、经济转型和产业转型等）对整个经济和社会的影响是什么；②转型对企业的竞争环境有什么影响；③转型对客户价值有哪些影响等。

（3）创新焦点。把创新作为战略思考的焦点的目的是捕获更多的思路和经验。好的创新体系是企业与市场进行同步的探索和实验，而不是独立于市场之外的闭门造车。民营企业转型升级涉及的问题是：①转型升级对企业创新的影响主要体现在哪些方面；②如何通过转型升级找到新的业务增长点；③如何找到转型升级创新的突破点等。

（4）业务设计。战略思考要归结到业务设计中，即判断如何利用企业资源，创造可持续的战略控制点。民营企业转型升级涉及的问题是：①企业的核心客户是谁；②企业的客户价值主张是什么；③企业有哪些合作伙伴；④

---

① 小阿瑟 A. 汤普森，A. J. 斯特里克兰三世，约翰 E. 甘布尔. 战略管理：获取竞争优势（中国版）[M]. 蓝海林，黄嫚丽，译 . 北京：机械工业出版社，2011.

企业的盈利点有哪些；⑤企业如何持续地为客户创造价值；⑥企业面对的风险点有哪些等。

（5）关键任务。关键任务的设定统领执行的细节，它是连接战略与执行的轴线点，给出了执行的关键任务事项和时间节点，并对企业的流程改造提出了具体的要求。民营企业转型升级涉及的问题是：①有哪些可持续的业务增长举措；②有哪些能力改进举措；③各项关键任务之间的关系是什么等。

（6）正式组织。正式组织是执行的保障，在开展新业务的时候，企业一定要确立组织结构、管理制度、管理系统以及考核的标准。民营企业转型升级涉及的问题是：①现有组织结构是否有效匹配转型升级战略；②现有的管理制度是否支持转型升级战略；③现有的渠道和平台能否有效地加强彼此的沟通；④现行的 HR 体系是否支持转型升级战略等。

（7）人才。战略的执行需要人有相应的能力，因此这个环节涉及人才的招聘、培训、考核、激励和保留等。民营企业转型升级涉及的问题是：①企业人才的数量和质量是否匹配战略需要；②如何更好地培养适应转型升级需要的人才；③现行的激励机制是否能有效促进企业的转型升级战略的实施等。

（8）氛围与文化。企业转型升级需要具备相应的氛围与文化，比如创新、开放、授权、共享等。民营企业转型升级涉及的问题是：①现有的氛围与文化是否支撑企业的转型升级战略；②企业的管理方式如何从控制向赋能转变；③人力资源业务伙伴在营造氛围上扮演什么角色等。

案　例　红领集团的战略转型①

青岛红领集团是民营企业在传承过程中解决企业转型升级的一个典范。

① 李秀娟，张燕．当传承遇到转型——中国家族企业发展路径图 [M]．北京：北京大学出版社，2017.

改革开放初期，张代理就开始经营服装，在服装行业摸爬滚打了近20年。1995年，张代理和弟弟在青岛即墨创办了青岛红领服饰有限公司（简称“红领服饰”），专做成衣生意。1998年10月正式成立了集团公司，2000年6月进行股份制改造，完成了向现代企业体制的转轨。

中国是世界上最大的服装出口国，占国际市场份额的1/6。2002年，中国每年的服装消费为2400亿元左右，其中，国内市场供应达95%。对于传统服装企业，在那样一个市场需求大于供给的年代，只要按照传统模式做下去就能赚钱。然而，张代理却看到了不一样的未来。作为制造业，传统服装行业的成本优势正在逐渐消失，服装从设计、生产到消费的周期过长，故成衣行业一直被库存难题困扰，而且还面临同质化的问题。同时，他认为传统服装制造业的商业形态非常不健康。厂家制造的产品通过中间商、渠道商，代理商卖给消费者，中间抽成、欺诈、欺骗等现象严重影响着整个商业生态。张代理意识到，“低成本+低价格+渠道”式的金字塔不是制造业的长期出路。那么，企业要如何突破传统服装行业的模式呢？

走向“个性化定制”

服装行业出身的张代理一直坚信最合身的服装才是最好的，他决心带领企业向“个性化定制”转型。一般来讲，服装定制分为三种：第一种是简定制，即按标准型号生产，不改动版型；第二种是半定制，即在标准版基础上简单地套码，按照成衣尺寸对个别部位的长度进行加减；第三种是全定制，即完全按照客户要求，为其量尺寸、匹配专属版型、配专属工艺，进行单件流制作。

但是，传统的服装定制业也存在一些痛点，例如，对经验的依赖性特别强、花费时间长、成本高。为了解决这些问题，张代理在20世纪80年代多次去德国、日本等国参观服装定制企业。在德国参观了一家全定制的服装企业之后，对方先进的技术和高效的生产力给张代理留下了深刻的印象。于是，他从德国引进了第一台服装定制的生产设备。在他看来，最好的未来就是最高的效率、最低的成本和最强的盈利能力，大规模个性化定制是创造这一未来的必经之路。他认为红领应该做的就是这种“一人一版，一衣一款，一件一流”的工业化流水全定制生产的模式。

应该说，在思考企业传承之前，张代理先想到了如何让企业活得更久、更好。在互联网时代，制造业将往何处去。张代理对于“红领”的发展转型定位十分清晰，而且也正是企业家精神的那股韧劲让他挺过了最初的艰难。

传统服装行业的颠覆者

在很多人看来，个性化定制和大规模生产本身就是一对矛盾体。张代理则认为，规模化最基本的要求就是标准化，而个性化就是标准化的最大化。如果定制的各个环节都变成标准化的环节，就可以实现大规模的个性化定制。为了证明这一点，张代理打造了一个3000多人的工厂实验室，借助大数据技术和互联网思维，搭建了具有自主知识产权的红领西服个性化定制（Red Collar Made To Measure，RCMTM）平台系统。

大数据技术驱动大规模定制

RCMTM平台于2012年4月上线。消费者在全球任何一个角落，只要能上网，就可以通过RCMTM平台下单定制自己想要的西装。整个定制生产流程包含30多个子系统，全部以数据驱动运营。通过这个数据系统，所有服装细节都可以实现个性化定制，在流水线上做到大规模工业化生产。这套系统是红领集团从过去10余年积累的200多万名顾客的个性化数据中找到共性研发设计而来的。每一项数据的变化都会驱动9666个数据的同步变化，数据之间有着很强的连接关系，因此确保了衣服的贴身合体。

独创“三点一线”量体法

一般而言，服装定制要经历量体、打版、剪裁、缝制、试穿、修改等步骤，基本由手工完成。因为每个人的体型都不一样，这些依赖于经验的人工环节就成了服装定制的高附加值所在。为了找到一种量得快而且量得准的方法，张代理咨询了很多有经验的量体师和服装行业的专家。他们都认为量体的技能没办法速成。无奈之下，张代理凭借多年的从业经验，在仔细钻研后，发明了具有自主知识产权的“三点一线”量体法，又叫“量不错的方法”。只需要一把尺子和一个专用肩斜测量仪就可以实现。按照这种方法，顾客只需要在5分钟内测量身体19个部位的24个数据，就能准确掌握自己的体型细节。

打造 3D 智能打印工厂

RCMTM平台的关键是用3D智能打印代替手工打版。在RCMTM平台上，顾客通过“三点一线”量体法采集身体数据，并将数据输入系统。随后系统就会进行数据建模，通过计算机3D智能打印形成顾客专属的数据版型。红领集团拥有上万亿个版型数据库，可以覆盖全球99%以上的人体体型。形成数据版型之后，系统会将成衣数据分解成一道道具体的工序，经电脑识别终端加工后会被传输到备料部门，随后在自动裁床上完成裁剪。裁剪后的所有布片会被挂在一个吊挂上，同时挂上一张附有客户信息的电子标签，存储顾客的个性化需求。流水线上的工人用手边的电脑扫描每块布料的电子标签后，可以从互联网云端上获取顾客要求的工艺标准和操作要求，根据里衬、扣子、袖边等技术数据，进行手工或机械缝制。各部门同步办公，全员在互联网端点上工作，从网络云端上获取数据，与市场和用户实时对话，零距离、跨国界、多语言同步交互。

颠覆过去，扬长避短

基于3D打印技术以及信息化与工业化的融合，红领集团打造了一个柔性工厂，最终实现了服装生产的个性化、柔性化、大规模、高效率、低成本。与原有的同质化服装批量制造模式相比，红领集团现有的工业化定制模式在很多方面的优势都很显著：服装销售的增长幅度达到100%，而原有模式仅为10%；在工业化定制模式的生产成本仅仅提升10%的情况下，其利润比原有模式高出5-10倍；工业化定制模式的生产周期更短，设计成本更低，库存已降为零；工业化定制模式下人均效益是原有模式的6倍；等等。这些数据使得工业化定制模式的市场竞争力远远高于原有模式。

此外，红领集团的这种模式既规避了传统的西装定制“生产效率低、制作周期长、人工成本高”的缺点，又弥补了工业化流水线生产难以满足顾客个性化诉求的不足。一般而言，纯手工高端定制西装的生产周期约为3-6个月，普通服装的价位是渠道价，即出厂价的2倍，而出厂价往往会达到生产成本的5倍；而红领模式下的定制西装在接单后7个工作日即可完成并出货，价格为生产成本的2倍左右，根据面料质量的不同，定制的服装最低只需2000元。

组织再造助力商业模式变革

大规模个性化定制模式对供应链、研发设计、生产物流、客服等系统的要求都很高，需要各个系统进行快速响应。所以，为配合商业模式的颠覆性变革，红领集团对管理和组织模式持续进行调整和创新，以充分整合内外部资源，2013年前后最终形成了以董事会领导的，以流程管控中心、投融资中心、大客服中心和供应链中心协同管理的组织结构。

战略转型以来，红领集团全面整合和清除冗余部门，对原有的30多个部门进行整合。原来是层级化管理，现在是平台化管理，无障碍点对点。以供应链中心为例，它囊括了仓储、供应、研发、设备、生产等部门，整合是为了更好地协同从而最高效地满足客户需求。这种点对点的高效率、扁平化管理模式就是红领集团所推行的节点管理模式。例如，客服中心汇聚顾客的所有需求，可向集团任何部门的任何岗位点对点下达指令。也就是说，顾客的需求可以直接下达给节点员工而非部门主管，客服中心因事找岗，需要时主管向员工提供支持。在考核上，当任务完成后，需求部门会给任务完成部门的主管打分，部门主管再根据打分情况对部门员工进行考核，即点对点机制下的部门主管负责制。节点管理模式的核心是标准化、规范化和体系化，把每个点需要员工用经验和能力解决的问题通过系统全部解决，每个岗位的权限非常清晰，员工只需操作执行，但有义务发现并反馈问题。

此外，红领集团还设置了诚信红绿灯机制。只要员工或管理者的诚信出了问题，如果是红灯，就要离开；如果是黄灯，其调薪和晋升就要暂停，但是可以通过做公益活动等来加分；如果是绿灯，员工和管理者就可以享受优先调薪、优先晋升的权利。红绿灯机制的设置与红领集团去部门、去科层、去领导化的绳织结构改造一脉相承。此外，红领集团还建立了积分商城，打造一种自助餐式的福利。员工可以使用其所获得的积分在内部商城上进行选择，就像选自助餐一样，自由选择。可以选旅游、自行车，或与董事长共进晚餐，等等。

风雨转型路，十年磨一剑

RCMTM平台灿烂光环的背后是创始人张代理在全体员工反对的情况下近乎痴狂的坚守。走在行业前端的优秀企业家往往最初都是孤独的，面对不被理解和支持的困境，张代理坚守的是一份事业，更是一份信念。在10年前服装行业一片大好的环境下，没有人明白为什么张代理要另辟蹊径，投入巨资搭建这个看不到未来的平台。在这条转型路上，张代理遇到了很多困难，但他从来没有想过要放弃。

最大的困难就是人的观念的转变。张代理对员工的反对与抵抗感到很无奈，但他相信这些员工不配合是因为他们没有看到未来，因此张代理经常开会教育他们，并开展各种员工培训活动。比如，转型前红领工厂的员工全部来自农村，开关电脑等基本知识都需通过培训来获取。在某些情况下，张代理不得不采取非常强硬的手段。比如，为了配合信息化建设，同时降低错误率，张代理要求量体部等部门“必须全部用计算机，不用计算机就不用工作了！”

此外，研发和创新层面同样存在诸多瓶颈。RCMTM平台建设的底层逻辑是由张代理负责设计的，系统的编程和具体建设却非常困难。2003年，国内的ERP系统尚不能满足大规模定制的要求，张代理只好设立一个由十几人组成的信息部。在系统的摸索阶段，信息部经常加班加点，但由于经验不足常常要推倒重来。为了建设这个史无前例的系统，张代理还尝试购买流水线式定制系统的专业平台和设备，甚至从国外引进先进的吊挂系统和物流系统，但都不能直接拿来使用。于是，红领集团通过兼并一些专业的信息公司，或与某些信息公司合作，储备了500多位精通大数据、云计算等各种专业技术的信息工程师，自行建设了独有的平台系统。

女儿勇接班，并肩促转型

在企业转型的当口，未来发展的担子要交到谁的肩上变得异常重要。谁可以和自己一样坚持转型理念，谁又可以为了红领无悔付出？2005年的一天，张代理亲自去上海找到了他的留学回国后在上每的一家外资企业中工作的女儿张蕴蓝，让她回红领担任公司总裁。

张蕴蓝并不是大家传统印象中的山东女人，她外表温婉，说话柔声柔气，但柔弱的外表背后却是雷厉风行。在她看来，父亲给她的不仅仅是公司总裁这个位置，而是一个很正确的方向，这个方向就是向大规模个性化定制的战略转型。

在转型之前，红领集团的外贸业务主要是低廉的OEM加工，利润非常低，订单操作稍有问题便可能出现亏损，而且公司从未到国外参展，在国际市场上几乎没有话语权。张蕴蓝上任之后，开始推动去美国参展，并招聘了一些能讲英语的大学生。借助RCMTM平台所带来的核心竞争力，红领集团在国际市场上的议价能力得到了增强，利润率也得到大大的提高。此外，为了配合红领集团推出的大规模定制模式，张蕴蓝还在不断地推动市场创新，建立了更加多样化的定制品牌。比如，针对婚庆礼服市场推出了R-PRINCE（瑞璞）品牌、国际化定制品牌CAMEO，以及最新推出的Cotte（酷特）品牌。此外，还推出了女装和童装的品牌。

拥抱互联网

2013年，张代理终于苦尽甘来，企业成功转型。从当初的孤军奋战，到与女儿并肩作战，再到企业员工一致拥护，红领集团“用工业化效率制造个性化产品”的模式迎来了它的新时代。如今，红领的工厂在一秒内可以自动生成20余套完全不同的西装制版，2014年以零库存实现150%的业绩增长，营业额达到60亿元。红领集团已由一个小企业发展成为一个平台——一个互联网工业的电商平台。

成功转型之后，“红领模式”开始频繁出现在各大媒体上，更是被中央电视台《新闻联播》节目两次报道，众多知名企业家陆续前来考察学习。海尔集团董事局主席张瑞敏参观后留言：“从大规模制造转为大规模定制，以满足用户个性化的最佳体验，正是互联网时代传统企业必须跨过的坎。‘红领’做到了，是其心无旁骛、几年磨一剑的结晶。”

战略新定位：为人类贡献一种互联网工业文明的全新力量

2013年，红领集团组织了一次公司战略定位大讨论，最后提出了“互联网+工业”的定位。张代理认为，“互联网+”是要将互联网思维融入企业血液中，而不是单纯地加上一点互联网元素。工业出身的红领集团提出了基于互联网思维的从消费者到工厂（Customer to Manufactory，C2M）模式，即借助互联网搭建起消费者与制造商的直接交互平台。“红领模式的核心价值在于探索出了传统制造业与信息化技术深度融合的新范式。这种新范式包含着工业生产的互联网思维、全程数据化驱动的生产流程、去科层化的组织、顾客和制造商直接联结的运营模式等，使得个性化需求和工业化的大规模生产得以兼容。”时任山东大学经济研究院副院长黄凯南评论道。

酷特智能：打造C2M商业生态

2013年整个企业改造完成后，集团的战略定位已经不再是张蕴蓝2009年上任时的“大规模定制化”，而是沿着“互联网+工业”的思路打造一个面向消费者的个性化定制平台，即C2M商业生态，让C端的消费者直接对接M端的制造工厂。同时，红领集团还将面向全国进行“传统工业改造”，并提供“一站式解决方案”。这一主要任务将由青岛酷特智能股份有限公司（简称“酷特智能”）来完成。2015年8月底，酷特智能推出其核心战略产品“魔幻工厂”，使消费者需求直接驱动工厂生产。

红领集团提出了“酷特智能C2M商业生态圈”，旨在让互联网与工业化深度融合，直接连接顾客和制造商。对于顾客，消费需求通过互联网平台快速而直接地对接生产，无须再通过传统的层层代理来连接，使消费和生产成为市场生态中的命运共同体。对于制造工厂，通过物联网、互联网等技术，人与人、人与工厂、工厂与工厂以及服务与服务之间能够互联，实现横向，纵向和“端到端”的高度集成。张代理相信它将能够为传统工业升级到互联网工业提供解决方案。为此，红领集团正在搭建酷特智能生态平台，并开发了具有完全自主知识产权和源代码的产品——源点论数据工程（Source Data Engineering，SDE），其核心能力是为企业提供“互联网+工业”的解决方案。

魔幻工厂是酷特智能的一个战略产品，是一个代表C2M模式的电商平台。名为“魔幻工厂”的手机App于2015年8月底正式上线。张蕴蓝介绍说，魔力在于“工厂能迅速响应顾客的个性化需求”。与此前红领集团推出的平台相比，魔幻工厂在很多方面做出了改进。在量体环节，顾客可以亲自到红领的门店，也可以预约上门量体，即将推出的科技量体方法可以在5秒钟内将顾客的数据采集精准。在物流交付环节，交货时间将会于2015年年底变成5个工作日，顾客可以选择到店面自取，或指定配送地址。此外，为了支持魔幻工厂的线上活动，魔幻工厂将辐射全国24个城市，在每个城市开设线下体验店，并提供量体服务。

战略落地：挑战与思考

过去20年，张代理为红领集团的发展铺好了路，并带领企业取得了骄人的成绩。但他深知一切都还在过程中，很多战略举措还没有落地（图5-4）。为了保证家族控股，投资人在红领集团的占比将低于10%。在张代理看来，未来两年企业的规模将很快达到百亿元，企业上市的目标将为千亿元。

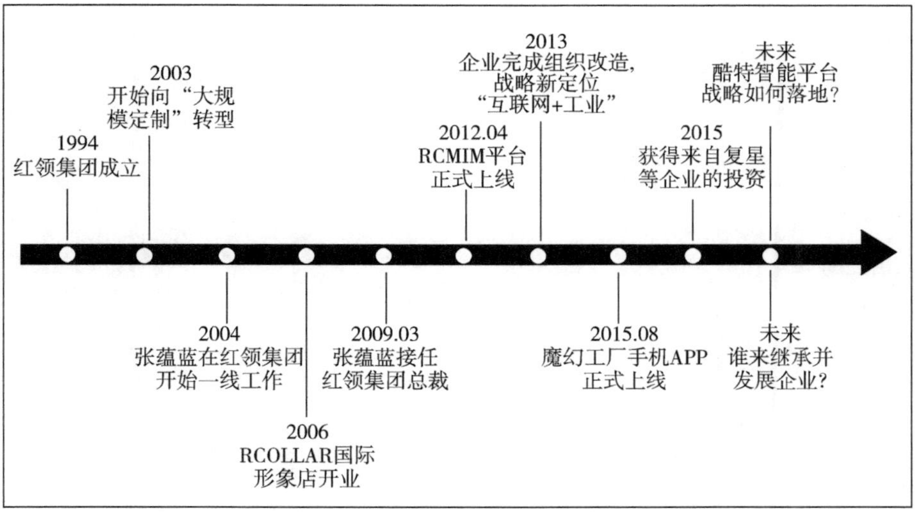

图5-4　红领集团战略转型及接班相关事件的时间轴

在互联网时代，企业往往追求跑得快、走得稳、活得久。在红领集团看来，走得稳和活得久才是决定这个企业基业长青最核心的要素，红领集团掌握市场先机的关键不在于走多快，而是要走得更扎实。站在巨人的肩膀上，张蕴蓝能否带领红领集团实现战略的完美落地？红领集团又将迎来一个怎样的明天呢？无论转型之下的传承未来会采取何种路径，他们之间都相互依靠、相互欣赏，需要时毫不犹豫地成为彼此最坚实的后盾。这些都让红领成为中国二代接班、企业转型时值得学习的典范。

第6章　民营企业成功转型升级需要重视的关键性问题

企业转型，最重要的是领导力，首先要改变一把手，只有领导者的脑袋变了，企业才能更好地转型和升级。

——马　云

能活下来的物种，并不是最强的，也不是最聪明的，而是最能适应变化的。

——［英］查尔斯·达尔文

成功的数字化变革就像毛毛虫蜕变成美丽的蝴蝶，而一旦数字化变革失败，你所拥有的仅是一条爬得快的毛毛虫。

——［美］乔治·韦斯特曼

企业制定转型升级战略，是做正确的事，但是要使企业转型升级取得成功，除了做正确的事之外，还应当正确地做事，即正确实施转型升级战略。因此，企业转型升级是做正确的事与正确地做事的有机统一。为此，民营企业在转型升级过程中应思考和高度重视转型升级过程中的关键性问题。这些关键性问题主要有如何分析外部环境、如何重塑战略、如何打造敏捷性的组织能力以及如何提升变革领导力等问题。

也就是说，企业成功转型升级首先需要深入分析外部环境，及时察觉外部环境的变化以适时做出转型，而转型首先要改变不适应外部环境变化的战略，即战略转型（战略重塑）以适应新的环境。战略的改变需要组织作出相应的调整与变革，提高组织的敏捷性即敏捷性组织能力，实现组织的转型与升级以适应战略的变化，而战略与组织的改变与实施需要新型的领导力，即强有力的变革领导力，如图 6-1 所示。

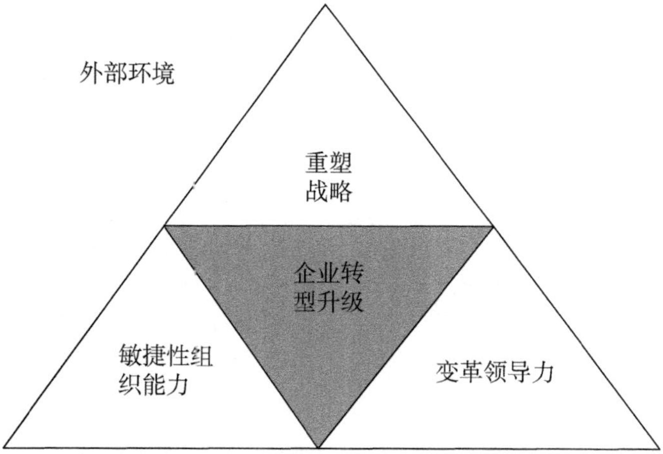

图6-1　企业转型升级成功的关键要素

6.1　如何分析外部环境的问题

如今，变化的速度越来越快，影响的范围越来越广，随之而来的机遇与挑战也出现得更频繁、更迅速。企业要实现成功转型升级，需要具备一些特别的能力，其中之一就是深入分析外部环境，需要对外部环境的敏锐洞察，也就是及时洞察外部环境的变化，认真分析、仔细研究企业所处的外部环境，对“时代精神”及其影响有系统和深刻的理解，这样才能更好地面对“适应性挑战”。因此，对外部形势的深入分析和深刻理解是成功的基础，也是判断采取何种战略转型和组织变革的前提。

当企业对外部环境变得更加敏感时，企业将不仅能看到不可阻挡的发展趋势，而且更善于察觉那些貌似微不足道但实际影响深远的细枝末节，比如竞争者推出了一款有划时代意义的突破性产品，或政府颁布了一项新政策或新规定等。这些外部环境的变化很可能会挑战企业的思维范式，并彻底改变行业或地区的游戏规则。因此，为了实现成功转型升级，企业需要深入关注、分析外部环境变化。

6.1.1　关注外部环境

当前全球经济环境正面临着史无前例的巨大变化，这些变化对企业产生重大的影响。比如，企业的议价能力越来越弱，到底是由于行业周期性波动造成的暂时产能过剩，还是行业结构性问题。企业需要通过分析才能把握这些变化对企业造成的影响是战略性的，还是战术性的，或者说是致命性的，还是非致命的。例如，20 世纪 80 年代英特尔正面临新的挑战。当时，存储芯片是英特尔公司的核心业务，但在日本企业持续低价竞争的冲击下，存储芯片的市场售价直线下跌。当时的 CEO 安迪 · 格罗夫及高管们就其根本原因及解决方案展开了激烈的讨论，历时数月，才最终达成共识：一是存储芯片行业的同质化竞争是不可避免的；二是公司应退出这个曾经是自己立足之本的核心业务。由此引起了英特尔公司史上最著名的商业模式转型，他们把资源集中到微处理器上。这一成功转型使英特尔直到今天在微处理器市场上仍保持着高度差异化的竞争优势。因此，企业需要密切关注外部环境的变化，这是企业成功转型升级的前提条件。

6.1.2 分析外部环境

企业在分析外部环境时，必须跳出企业，认真思考一些更为宏观的问题：比如，行业未来发展是否会以牺牲盈利为代价；哪些因素会把行业推入同质化竞争的深渊；是否会出现技术革命，彻底改变行业游戏规则；还有哪些企业会是潜在的竞争者；政府正在酝酿哪些政策，这些政策对企业意味着什么；行业是否存在结构性缺陷，或者正在朝哪个方向发展。最为重要的是，客户需要什么；最为关键的是，要从这些问题中找出彼此间的内在逻辑联系。

对外部环境的认真分析、对未来方向的正确把握，一靠深度思考；二靠科学流程。思考能力完全取决于决策者敢于打破砂锅问到底，不达目的不罢休的坚定意志。决策者需要不惜费时费力，耐心寻找，直到发现商业模式中存在的彼此矛盾或缺乏一致性的地方为止，从而发现转型升级的突破口。例如，1964年以来，波音公司每年都会发布市场现状及预测分析报告，其中一项重要内容就是深入分析与预测未来20年全球大型客机及支线客机的市场规模。依据其市场预测，为航空公司、飞机制造商及资本市场决策提供参考。波音2012年度报告预测，2030年世界飞机总数将翻一番，也就是说，未来20年累计需要33500架飞机，金额高达4万亿美元。未来20年，美国仍将是全球规模最大的地区市场，主要需求来自老旧飞机的更新换代。紧随其后，中国将成为全球第二大地区市场。整个亚太地区共需要11450架飞机，总额高达1.5万亿美元。从细分市场看，大型客机市场最大的买家也将会是亚洲国家。它们最青睐的机型估计是单通道客机，因为这种机型成本相对低，投资回报又相对高。[①]

流程方面，企业可以借助各种分析工具和程序研讨外部环境，发现机会，预判风险。例如，通用电气公司在分析外部环境时，要求每个业务单位的负责人都要认真分析外部环境，并列出对其未来影响较大的关键趋势，然后发布在专门的内部网上，公司排名前 40-50 位的高管可以看到这些来自各行各业、以各自的不同视角形成的对未来外部环境的分析。接着，各个业务单位的负责人齐聚总部专门研讨外部环境。在研讨会上，公司各级经理就行业未来展开热烈的讨论。同时，公司还邀请在政府监管政策、全球金融体系、技术发展趋势等方面有丰富经验的专家，分享各自的专业见解，解答各级经理的相关问题。比如通用电气飞机发动机事业部经过分析外部环境发现，由于各家航空公司都经营惨淡，波音与空客之间的竞争结局尚不清楚等原因，未来形势并非一片大好；新型支线航空公司（如美国的西南航空、捷蓝航空以及欧洲的瑞安航空）会不会真正撼动传统航空公司，如果会，这对未来机型有什么影响；如果波音进一步丧失市场份额，可能会采取哪些措施扭转局势；欧盟会不会一如既往地大力支持空客发展；美国政府会不会采取措施，帮助波音重振雄风；波音是否还会像以往那样，大胆冒险，勇于创新；如果波音经营持续恶化，而空客进一步扩大领先优势，会对行业结构有哪些影响；来自加拿大的庞巴迪公司和巴西的航太公司等全球著名支线飞机制造商，会不会借助支线航空公司的发展，变得更加重要。[②] 在研讨会上通过对这些问题的共同探讨、共同交流能有效促进参会人员更为深入地思考，形成对市场现实状况更为深刻的理解。

因此，分析判断产业未来发展大势，不能满足于表面现象，要深入思考和分析现象背后意味着什么，比如某个趋势会引发哪些连锁反应，哪些举措能够切断并终止这种反应。

---

① 拉姆 · 查兰. 引领转型：如何在大变革时代实现企业成功转型 [M]. 杨懿梅，译. 北京：机械工业出版社，2015.

② 拉里 · 博西迪，拉姆 · 查兰，查尔斯 · 伯克. 开启转型 [M]. 杨懿梅，译. 北京：机械工业出版社，2015.

6.1.3 追踪客户体验

随着竞争的日益激烈，企业能实现差异化竞争的唯一途径就是比其他公司更快、更好地了解客户。要真正了解客户，要求企业从最终用户的角度来审视自己，细致观察、认真研究，而且还要勤于思考。从产品概念到服务交付的各个环节，都必须以用户为出发点。要不断思考用户想要的是什么、真实的需求是什么、感受到的价值是什么，以及在此基础上，用户能接受的价格是多少。

企业要追踪客户体验，可以沿着供应链，全面细致地分析可能影响客户体验的每个环节，然后再思考自己能在哪些环节提供与众不同的体验，从而形成有效的差异化竞争。在乌卡时代（VUCA），企业要想在激烈的竞争中立于不败之地，必须比以往任何时候更加精准地了解客户的所需所想。只有这样才能把握客户偏好，才能依据不同偏好进行有效的市场细分，才能在供应链的全过程中为客户提供真正独特的全新体验。比如，美国的赫布莱克家装店不仅能成功抵御大型家装连锁店的冲击，而且其产品价格还高于竞争对手，原因除了家店位置之外，真正使其卓尔不凡的是服务。赫布莱克家装店的商品门类特别齐全，家装及维修可能用到的工具、配件、油漆等一切用品一应俱全。更重要的是，他们卖的不仅是商品，还提供解决方案。他们深知如何帮助客户在众多备选中找出最合适、最可心的商品。比如在帮客户挑选油漆颜色时，他们会不厌其烦地展示比较各色油漆样本，直到其色彩与客户想要的完全相符为止。再比如美国的伯克石油——一家专业润滑油公司，其创始人杰夫·伯克不仅对专用润滑油业务非常精通，而且深入了解客户。他详细研究了客户车辆及设备的使用状况，并根据每辆车及每台设备的具体情况，如主要用途、使用环境、设备状况等逐一测试此前用过的各种润滑油，看哪种更适合。通过长期检测及深入研究，他不仅能为客户提供最优的车辆设备润滑解决方案，还能量化说明其解决方案能为客户节约多少维护时间及维修费用。[①]美国通用电气医疗集团也正是基于对设备实际操作人员的深入了解，成功地发现了潜力巨大的售后服务业务。该公司的销售人员会花很多时间与一线医生在一起，与他们沟通，观察他们工作，从而真正了解医生对设备性能的主要关注点是什么，如放射科医生看重的究竟是成像分辨率、时间控制的精准性，还是其他因素。在确切把握医生诉求之后，该公司的研发工作就能更加有的放矢，因而新产品的成功率大幅提升。此外，通过与客户密切接触，还帮助该公司发现了医疗行业中的新领域，即信息管理。这一重大发现从根本上改变了该公司以往单一的医疗设备销售模式，形成了设备 + 服务的解决方案模式。这种对客户的深入研究及用心服务，正体现了通用电气公司所倡导的“扎根客户、服务客户”（At the Customer，For the Custom，ACFC）的管理理念。“扎根客户”就是要真正和客户在一起。如果客户是企业，通用电气的人员就在客户现场或在客户附近办公。“服务客户”就是要深入了解客户业务的方方面面，并在此基础上，从多种角度提供服务，帮助客户取得成功。“扎根客户、服务客户”的理念彻底改变了企业销售及服务人员与客户相处的方式。他们关注的重点不再是如何从客户那里得到更多的订单，而是如何形成帮助客户、成就客户的全面解决方案。

总之，外部环境分析是战略制定的起点，在大变革时代变得越来越重要。外部环境变化如此之快，如果企业还沉溺于对以往美好时光的回忆之中，不愿正视残酷现实、不敢直面现实挑、不能主动转型，那么其被超越、被淘汰也就不远。因此，面对不断变化的外部环境和不断出现的新机遇，企业都要深入分析各类驱动要素，充分认识这些要素变化对企业的深远影响，对外部环境纷繁复杂的各种变化形成自己的思路和见解，灵活调整、快速适应、把握机会。换言之，企业需要培养一种敏感性，不仅要对重要的历史能力敏感，还要对环境变化对企业产生的影响敏感。只有这样，企业才能在新时代的浪

① 拉里 · 博西迪，拉姆 · 查兰，查尔斯 · 伯克．开启转型 [M]．杨懿梅，译．北京：机械工业出版社，2015.

潮中，制定更明确的战略方向，做出更好的战略决策，推动企业变革、引领企业转型升级。

6.2 如何重塑战略的问题

每个10年里至少有一个这样的企业：20世纪80年代是IBM，90年代是通用汽车和玛莎百货（Marks & Spencer），21世纪之后是戴尔、日产、索尼、英国石油等公司，一个又一个曾被人们羡慕和尊敬的行业典范摇摇欲坠，陷入经济危机。面对危机，企业需要适应变化调整战略或重塑战略。

6.2.1 战略漂移与战略变革

曼努埃尔·亨斯曼斯等人（2013）的研究认为，成功是一个矛盾的统一体。它是人们艳羡、追求、庆祝和嫉妒的对象，同时伴随成功而来的还有看不见的危险。成功的企业往往在股东的认可下积极扩大胜利战果，企业主管们一心想的是豪情满怀地继续做他们擅长的事情。但是，随着时间的推移，先前的成功会蒙蔽他们的双眼，让他们看不到经营环境的变化，不知不觉地，他们对形势的看法偏离了真实的情况，企业发生了“战略漂移”（strategic drift）的现象，即企业战略行动脱离了环境的变化，因为大多数企业的战略建立在它们过去经历的基础上——尤其是过去的成功经历，而只做一些修补性的调整。在取得了成功之后，它们的战略长时间地保持着与先前战略相对的连续性，虽然也有调整，但只是修修补补，为的是继续扩大过去的战果。不知不觉地,企业就形成了一种“主导逻辑”。这是一种因公司而不同的独特做事方式，企业的各个方面以这种方式为中心慢慢地融合在一起。这种做事方式既是一种资产，也可能是一种巨大的隐患。其不利之处是这种做事方式的“主导性”很强，不但会将其他不同的方法“挤出去”，还会否定或压倒相反的证据，致使主导逻辑无法受到挑战。这种倾向实际上是，在企业主导逻辑的基础上对战略进行修修补补，而没有根据环境的变化而及时调整。这种倾向就叫做“战略漂移”。[①] 问题产生的原因并不是因为企业没有进行任何变化，而是战略调整的速度或性质落后于环境的变化速度。因此，我们认为，由于外部环境的变化，战略转型是必要的，但是同样重要的是在战略转型过程中如何防止发生战略漂移。

成功的企业会根据它们从顾客和竞争环境中获得的信息，时时刻刻、日复一日地重塑战略。企业战略的成功管理不是一件容易的事情，企业领导者能准确地觉察到其所在组织可用以打造当前竞争优势的传统能力是不够的，他们必须创造和培养动态能力，即有意识地修改这些组织能力，为未来的竞争建立新基础的能力。企业领导者必须随时察觉身边的变化，以及这些变化可能带来的机会和威胁，找到将之与过去的企业优势相平衡的方法，需要同时管理现有能力的利用和新能力的探索两个方面，即培养一种称为“动态能力”的能力。因此，管理企业战略，避免战略漂移需要杰出的、具有战略眼光的领导者，他们能够理解和管理保持连续性的能力与保证组织动态能力之间的微妙平衡，在保持良好表现的同时，还历练出了能够实现彻底变革的强大能力。因此，要想实现转型的可持续性，就必须在秩序与混乱之间维持足够高的紧张水平。企业领导者需要实现秩序与混乱、理性与非理性之间的平衡。这种状态也称为“混乱的边缘”或“适应性紧张”。正是在混乱的边缘，才会出现创新和变革。

斯坦福商学院的罗伯特 · 伯格曼（Robert Burgelman）认为，当所有的组织者面临“战略转折点”，他们必须意识到并采取行动以完成企业发展根本动力的漂移。他们需要随时关注所在组织里传出的任何“战略杂音”，学会怎样将组织内不和谐的“噪音”与潜在战略转折点的“战略信号”区别开来。因此，一定要重视而不是压制不同意见。他们必须能够将不同看法疏导为“尖刻的智力辩论”，直到出现一个更为明确的行动模式。

---

① 曼努埃尔 · 亨斯曼斯，格里 · 约翰逊，叶恩华. 战略转型：赢时思变 [M]. 扈喜林，译. 北京：机械工业出版社，2015.

6.2.2 战略转型的模式

曼努埃尔·亨斯曼斯等人（2013）对英国 215 家大型上市公司 20 年间的财务报表进行了研究，并对其中 28 家企业做了进一步的战略分析，并最终筛选出 6 家拥有持续优秀财务表现的企业，进行深入的公司历史研究与高层访谈。在研究公司的历史之后，他们得出一个截然不同的结论：那些“战略转型者”的表现植根于他们的历史，也离不开他们的历史。大量的研究往往忽视了企业表现的历史因素，认为公司的成功是因为它们“与过去彻底决裂”。实际上，每一家公司的成功，都应归因于数十年前开始的一个循序渐进的漫长过程。经过对 3 家公司（乐购、施乐辉、吉百利史威士）40 多年发展历史的研究，他们发现了大量贯穿于“成功的战略转型者”历史中的“传统”，这些传统实质上成了推动变革的动态能力。这些传统就是从过去跨越时代传承到当今的信仰模式或行为模式。正是这些“传统”的综合作用，才使得这些公司在 20 世纪八九十年代避免了经济危机的痛楚，帮助企业管理者成功地协调连续性和变革的挑战，形成了战略转型成功的四种模式。[①]

（1）连续性传统。如果公司连续几届占据主导地位的领导班子能够及时在公司过去的成功“主旋律”的基础上创造出新的“变奏曲”，那么该公司就会产生连续性传统。根据连续性传统，这些领导者的工作焦点是根据现有的行业条件来重塑公司历史上独特的管理模式。例如，在长达 100 多年的时间里，施乐辉选拔高管团队成员的标准一直是候选人能否重塑公司过去的经营模式：用相较于竞争对手更小的研发投入，获得相对更高的销售收入。而联合利华在 1929 年与一家荷兰公司合并以后，集团的主导逻辑就是在产品和地域两方面领先于竞争对手，以便最大限度地扩大规模，减少倒闭的风险。后来的几届高管团队始终坚持持续不断地消减成本策略，将联合利华打造成全球范围内的企业管理品牌。表 6-1 为连续性传统的表现。

① 曼努埃尔·亨斯曼斯，格里·约翰逊，叶恩华．战略转型：赢时思变 [M]．扈喜林，译．北京：机械工业出版社，2015．

表 6-1　连续性传统的表现

乐　购	贯穿乐购历史的中心理念可以追溯到创立者杰克·科恩。他最初提出了“堆得高，卖得贱”的做法，并且以“顾客满意”为名进行大胆尝试
施乐辉	施乐辉过去的主导逻辑是通过相较于竞争对手更小的研发成本来获得相对更高的销售收入
吉百利史威士	吉百利和史威士于 1969 年合并之后，经过 10 年终于将合并之后的主导逻辑明确下来：通过收购、投资、整合、剥离，用品牌和地域扩张打长久战；在产品方面，提出了以“经济原则”为基础的缜密方案

资料来源：曼努埃尔·亨斯曼斯，格里·约翰逊，叶恩华. 战略转型：赢时思变[M]. 扈喜林，译. 北京：机械工业出版社，2015.

但是，如果经营环境发生变化，仅凭连续性的传统不足以让企业取得长期的优异表现。因此，成功的转型企业还结合了其他因素，这就是第二个传统，即准备变革的传统，也称为预见未来的传统。

（2）预见未来的传统。所有成功企业必须在一定程度上能够预见未来。如果一个企业在制度上为后续领导者及时预见先前成功“主旋律”的“变奏曲”，也就是及时预见先前成功理念的新版本，并在幕后为抢建变革平台留下了空间，那么这个企业就拥有了预见未来的传统。这些预备领导者组成了一个“预备班子”或推动变革的影子领导班子，他们能够加快企业转型的步伐。例如，早在 20 世纪 60 年代，乐购的一些家族成员就因为“堆得高，卖得贱”零售模式已经过时而形成了一个预备班子。这一预备班子提出和实施了新的物流和选址方案，为公司未来几十年的转型打下基础。20 世纪 70 年代期间，越来越多的非家族成员加入了这一预备班子。这些预备班子为公司地迅速发展提出“突破性”方案。

为什么成功的战略转型者能够充分利用预见未来的传统，而其他企业却不能。曼努埃尔 · 亨斯曼斯等人（2013）的研究发现，至关重要的一点是，预备班子加快公司转型的步伐，不是通过强迫推进的调整方式，而是利用“变革良机”来获得广阔的支持平台。[①]“变革良机”是偶然发现的与现状格格不

① 曼努埃尔 · 亨斯曼斯，格里 · 约翰逊，叶恩华. 战略转型：赢时思变 [M]. 扈喜林，译. 北京：机械工业出版社，2015.

入的新趋势或事件，它们促使公司沿着预备班子预见的方向进行一系列快速的转型活动。企业在发展过程中可能都会面临各种不同的变革良机，如吉百利史威士就受益于四个变革良机：合并后的政治斗争、通用电影公司的敌意收购、可口可乐和百事可乐的夹击和收购亚当斯公司遇到的挑战。而施乐辉的变革良机是收购医疗研究公司、联合利华收购活动的失败、OPSite 的空难和东亚金融危机。战略转型成功的企业都能充分地利用这些重要的变革良机。预见未来传统的表现如表 6-2 所示。

表 6-2　预见未来传统的表现

乐　购	预备班子筹备幕后转型平台示例
	20 世纪 50 年代 -60 年代：埃德加·科勒、海曼·克里特曼、阿瑟·思拉什（财务和物流领域） 20 世纪 70 年代：伊恩·迈克劳林、莱斯利·波特、戴维·贝哈、科林·吉德费洛（为非家族成员施加影响、改革物流调整创造了条件） 20 世纪 80 年代：截维·马尔帕斯、麦克·达内尔、约翰·吉尔德斯利夫（选址研究、公司文化调整、专注于食品） 20 世纪 90 年代：特里·莱西、蒂姆·梅森、戴维·雷得（21 世纪零售店、国际化、回归非食品）
施乐辉	预备班子筹备幕后转型平台示例
	20 世纪 60 年代：唐纳德·西摩和一个化学家团队（公司内部研发） 20 世纪 70 年代：20% 的财务增长目标 20 世纪 80 年代：艾伦·萨盖特（从化学品制造到打造研发基础的转变、强化营销和研发的整合） 20 世纪 90 年代：克里斯托弗·奥唐奈（转向新兴市场、专注于高端医疗保健）
吉百利史威士	预备班子筹备幕后转型平台示例
	20 世纪 70 年代初：阿德里安预见到“信用和价值”方案 20 世纪 70 年代中期：麦克·吉福德预见到“让资产回报达到 25%”口号 20 世纪 70 年代后期 -20 世纪 80 年代早期：多米尼克·吉百利预见到“专注于核心业务” 20 世纪 80 年代后期：戴维·韦林斯、戴维·卡普勒带来了跨国收购专长 20 世纪 90 年代中期：约翰·森德兰预见到“价值管理”方案 进入新千年的第一个 10 年的初期：托德·斯蒂策、约翰·布鲁克、B. 斯蒂策预见到有利于被收购企业融合的新的组织结构和地域结构

资料来源：曼努埃尔·亨斯曼斯，格里·约翰逊，叶恩华．战略转型：赢时思变[M]．扈喜林，译．北京：机械工业出版社，2015.

（3）允许异见的传统。知识的交流、思想的碰撞，其过程是激烈的，而结果却是令人欣喜的。不同层次的人也许很难交流，但不同层次的人也能看到对方看不到的风景。无论处于哪个层次，他们看到的都是整个森罗万象的一部分。因此，想要让企业战略转型成功，需要多听不同见解。争论可以看作是一种强调内部竞争、辩论、讨论的挑战文化和管理风格，针对决策、表现和改进进行严格的自我检查。战略转型成功的企业都表现了这种允许异见的传统，如表 6-3 所示。而有的企业之所以战略转型不成功，其原因主要是保守主义文化，其特点是与高层保持一致或顺从后者，强调连续性，排斥来自公司外部的见解。迷信非我所创即是异端心理，为自己决策找理由，提升“听话”的人而不是质疑现状的人。

表 6-3　允许异见传统的表现

乐　购	20 世纪 70 年代，乐购形成了一种兼容并蓄的领导风格，不同性格和不同年龄的人都能各尽其用。乐购的成功基础是勇于质疑的公司文化。每个人都有信心去解决问题。这里不欣赏拉帮结派、走后门、拖延时间。一旦决定做出之后，每个人都要提供全力支持。整个组织都建立在统一的流程之上，而不是某个规则或个人之上。
施乐辉	新领导者上台。随着每一次领导者换届，公司内的政治氛围越来越淡。20 世纪 80 年代，人们形成了对不同战略观点的尊重，开始认真倾听他人的看法。
吉百利史威士	公司逐渐形成了一种没有任何政治斗争历史的学院式框架。先后几位董事长给业务管理者提供了很多自由的空间。他们信任从基层做起来的新主管，即使他们有时候对公司发展有其他的计划或优先事项。

资料来源：曼努埃尔·亨斯曼斯，格里·约翰逊，叶恩华. 战略转型：赢时思变[M]. 扈喜林，译. 北京：机械工业出版社，2015.

与其他传统一样，允许异见的传统不是某个管理决策的结果，而是随着时间推移而逐渐形成的现象，其来源主要是两种公司的文化合并或来自于人际对抗的情绪性冲突。在这些公司中，分歧从认知冲突发展情绪冲突，但是，这种情绪性冲突大多与领导班子的失败联系密切，而认知冲突往往与成功的预备班子联系密切。这是一种达尔文式的奖赏成功的过程。随着预备班子掌握实权，对认知冲突的容忍不仅会被后来接任的领导者接受，而且当它发展到成熟阶段，也就是"尊重差异"时，还会最终与成功联系起来。这是一个"公司成熟度"的体现，也就是既要自信地尊重异见的价值，也要在决策的某个阶段，为了大局果断地排除异见。实现这两方面的平衡并不意味着最高管理者需要运用专断权力压制异见，而是要求他们在认可多样性和不同意见之间益处的同时，能够在必要的时候运用权威，以尊重的态度进行干涉。一些公司的失败之处并不是最高管理者没有及时做出决策，而是因为没有管理好本来能够帮助他们做出明智决策所需要的不同意见——不是压制不同意见、过早地排除了异见，就是没有建立起一支能够自信地应对这种复杂形势的管理团队。

（4）流动性传统。一个公司如果在制度上形成了一套聘用、提升、退出机制，其特点是用非正式方式考核员工的能力，而不是采用正式的人力资源程序甄别员工，那么这家公司就具有流动性传统。这些灵活的非正式规则或做法不仅能够吸引到能力最强的应聘者，而且同样重要的是，不会过滤掉任何能力很强的持不同意见者。成功的战略转型企业一般采用4种非正式"考核"方式（替代逻辑招聘考核、预备班子招聘考核、当权班子晋升考核和自愿退出考核）培养出了各自的流动性传统，如表6-4所示。

表6-4　流动性传统的表现

	乐　购	施乐辉	吉百利史威士
替代逻辑招聘考核	公司积极吸引有独立看法的人，高管愿意竭力去辅导他们。 森斯伯瑞的招聘做法大不相同，官僚作风严重。	公司经常自己培养公司的领导者。公司的创业文化鼓励人们大胆尝试。公司最高领导层而不是人力资源部门，负责培训有潜力的员工。	从开始的阿德里安·吉百利到托德·斯蒂策，所有的首席执行官都来自公司内部，而且都是具有独到见解和方法的高级主管。

续表

	乐　购	施乐辉	吉百利史威士
预备班子招聘考核	乐购一个不成文的员工晋升标准是这个人能够解决他人不能解决的问题，并且能够不断地解决这种问题。例如，特里·莱西能和高级管理人员一起解决他人解决不了的问题的独特能力让他迅速获得提升，进入了董事会。	虽然开始的时候很多人反对，但是唐·西摩坚定地推动研发的能力和决心让他在公司成立没有多久就被提升进入董事会。克里斯·奥唐奈具有在实施巨大变革时绝不越位干涉每一个人的独特本领。	彼得·格雷戈被提升入董事会是因为他工作能力强，具有完全独立的思想。迈克尔·吉福德因为果断自信、做事雷厉风行而迅速成为董事会中有影响力的人物。
当权班子晋升考核	伊恩·马克劳林，不是奉行创始人路线的家庭成员。之所以由他接任董事长职位，是因为马克劳林被认为是保证公司生存的最佳人选。	在晋升高级管理人员的时候，除了看当前的工作成绩，公司还要考虑其思维的灵活性。	拒绝董事长候选人提名的原因，可能是因为人们认为他的看法过于僵化，而最终被任命的人通常被看做是持续变革的倡导者。
自愿退出考核	科恩在董事长职位上一直待到 79 岁，几位家庭成员担任终身总裁之后，公司文化有所改变，出现了主动提前退休的趋向。特里·莱西在年仅 55 岁时即从首席执行官职位上退下来就是一个很好的例子。	公司避免了相互责备的公司文化，从来没有用严厉的方式要求某位高管退出。	麦克·吉福德和约翰·布鲁克没有被任命为CEO后，自愿离开了公司。

资料来源：曼努埃尔·亨斯曼斯，格里·约翰逊，叶恩华．战略转型：赢时思变[M]．扈喜林，译．北京：机械工业出版社，2015.

总之，所有这些传统都有其历史根源。这些个性鲜明的特点不是在某个时间点一下子就出现的，它们是经过几代管理者的积累逐渐形成的。如果企业管理者意识不到这些历史遗产的价值或好处，不能珍视和扶持这些传统，就不能保证他们将来不会走上战略漂移的道路。成功战略转型的企业凭借这些传统，进行了大刀阔斧的战略转变，他们没有被那些过时的经营模式和战略束缚住手脚，帮助公司在紧要关头“壮士断腕”，摒弃过时的战略，做出战略变革。在这些公司里，公司能力和主导逻辑没有那么僵化，传统的信仰模式和行为模式允许更多持续的渐进变革，为的是随着时间的推移产生重大效果。在这些组织中，经理们习惯于也乐于互相质疑，提出不同看法，喜欢让公司赖以成功的工作环境。人们可以期待各级管理人员都会积极尝试新的想法，管理层往往很重视这一做法。威胁虽然无法每次都能预见到，但是这种管理方法可以将这些威胁变成能够带来新机会的“变革良机”。这些企业强调积极定期更新公司战略，以避免积重难返的组织危机。

6.3 如何打造敏捷性组织能力的问题

企业能够成功变革转型，最关键的是核心领导者的自我突破。为确保落实新的发展战略，企业必须重新设计、积极调整现有的组织结构及管理机制（即打造敏捷性组织能力），实现组织的转型与升级。

6.3.1 企业转型与组织能力

面对不断变化的环境，企业要成功转型，很重要的是必须能够确定和掌握正确的战略方向，比竞争对手更快地打造匹配的组织能力。

从战略方向上看，如前所述，如何充分利用现代技术的升级重塑战略，以全新的产品和商业模式为用户创造更高的价值或更好的体验，寻找更大的获利和成长空间，帮助企业管理者成功地应对连续性和变革的挑战，成为企业转型升级成功的前提条件。

在变革环境下，企业除了确定正确的战略方向之外，还要思考组织能力的建设。环境的变化促使企业的组织能力进一步升级，促使管理者思考如何能够把企业的整个组织能力变得更高效、更敏捷、更快速。组织的敏捷能力，或者说在核心业务中不断调整和适应战略方向的能力，也越来越被认为是企业成功转型的关键因素。

在企业转型的过程中，战略方向和组织能力的侧重点虽然不同，但是两者之间是相互约束、缺一不可的，两者之间的关系是乘号的关系。也就是说，如果战略方向有错，即使组织能力很强，也没办法使企业持续成功。反之，在战略方向正确的前提下，如果组织能力不行，企业也无法获得持续成功。所以，企业转型成功 = 战略方向 × 组织能力，如图 6-2 所示。

企业成功=战略方向 × 组织能力

能否寻找到高获利和高成长空间（用户更高的价值、共赢生态模式）　$\times$　能否比竞争对手更快、更好地执行战略（人才、文化、团队、管理）

图6-2　企业成功方程式

资料来源：杨国安，李波，芮益芳．变革的基因——如何创新战略、搭建团队、提升战略力：实践篇 [M]．北京：中信出版集团，2017.

虽然战略和组织能力在企业的持续成功中同等重要，但在现实中，组织能力在影响企业成功方面往往起到更为关键的作用。与战略相比，组织能力的高低，更能决定企业可否持续性地取得成功。因为战略的重新制定常常只需要高层领导团队的参与，快则几周，慢则数月就能完成，但是组织能力的打造却要数以年计，并且需要公司上下全体员工的投入才会见效。因此，组织能力建设是更为艰难，却又是对企业取得成功至关重要的一件大事。

6.3.2　组织能力的内涵与建设①

组织能力（Organizational capability）指的不是个人能力，而是一个团队所发挥的整体战斗力，是一个团队或组织竞争力的 DNA，是一个团队在某些

① 杨国安．组织能力的杨三角：企业持续成功的秘诀：第 2 版 [M]．北京：机械工业出版社，2019.

方面能够明显超越竞争对手、为客户创造价值的能力，是组织在人员招聘、培训、薪酬、沟通及其他人力资源领域进行持续投资的结果。它有三方面的特点：一是组织能力具有独特性，深植于组织内部、不依赖于个人，具有可持续性；二是为客户创造价值，即组织能力必须能够为客户创造价值并得到客户认可；三是超越竞争对手，即企业的组织能力必须超越竞争对手。组织能力主要包括三个维度：员工能力、员工思维和员工治理，如图 6-3 所示。

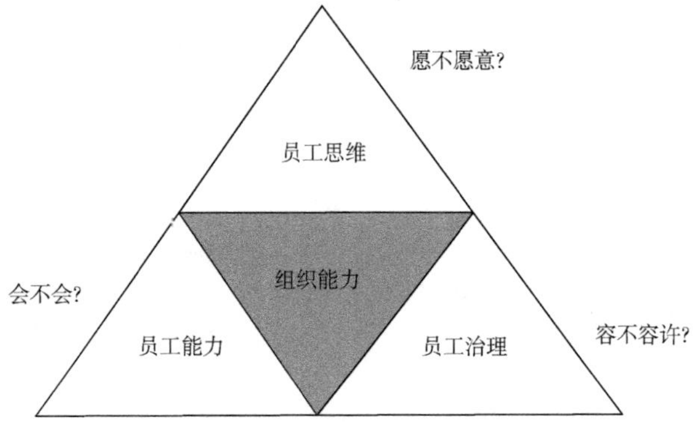

图6-3　组织能力的三角框架

支撑组织能力的第一个支柱是员工能力，即公司全体员工必须具备能够实施企业战略、打造所需组织能力的知识、技能和素质。也就是，公司员工会不会、能不能做出与组织能力（如创新、低成本、服务等）匹配的决策和行为。要培养员工能力，企业需要思考以下问题：要打造所需的组织能力，企业具体需要怎样的人才；员工必须具备什么能力和特质；企业目前是否有这样的人才储备；如何引进、培养、保留、借用合适的人才和淘汰不合适的人才。

员工会做不等于愿意做，因此打造组织能力的第二个支柱是建设企业文化，凝聚员工的力量，让每个员工关心、追求和重视公司的发展，与公司所需的组织能力相匹配。公司要做的是：了解员工的欲求、思维模式和价值观，建立适合企业发展的员工思维模式和价值观，形成独特的企业文化。

员工具备了所需的能力和思维后，公司还必须提供有效的管理支持和资源才能支持这些人才充分施展所长，执行公司战略。在员工治理方面，公司要做的工作是：设计和构建支持公司战略实施的组织结构；平衡集权与分权，充分整合资源，把握商机；完善和健全公司的关键业务流程，实现标准化和简洁化；建立支持公司战略的信息系统和沟通交流渠道。

员工能力、员工思维和员工治理这三个支柱缺一不可，组织能力要坚实，三个支持的打造必须符合两个原则：一是平衡（Balance），即三个支柱都要一样强，而不只是其中一两个强；二是匹配（Alignment），即三个支柱的重点都必须与所需组织能力协调一致。每个企业都要紧紧围绕各自战略提升所需的组织能力，进而围绕各自的组织能力设计与之匹配的管理工具，进行三大支柱的建设，才能取得成功。由此可见，企业必须要从所在行业的经营环境出发，制定正确的战略，选择合适的组织能力，并根据组织能力的要求来设计相应的管理工具，建立和强化组织能力三个支柱。

6.3.3　数智化时代组织能力升级：打造敏捷性组织能力①

在工业时代，企业核心组织能力都具有低成本、高质量、交付速度快、服务稳定等特点。从员工能力、员工思维、员工治理三个维度看，员工能力比较偏向于劳动密集型，企业对于员工的能力素质和要求不高。员工思维方面，很多企业靠外在的管理和规范让员工执行。企业一般会制定大量严格的考核和赏罚制度，尤其注重处罚，激励措施反而比较简单。员工管理，重要的是将工作任务简单化、标准化、稳定化。一般来说，层级清晰，很多决策和流程制度的设计全在上层完成，在中下层尽量简单化、标准化。部门与岗位的分工比较细，每个人所负责的任务很简单，只负责一个固定的环节，分工负责。各部门之间的沟通协作通过上一级的主管来进行。这是工业时代组织能力最常见的形态，如图 6-4 所示。

① 杨国安，李波，芮益芳．变革的基因——如何创新战略、搭建团队、提升战略力：实践篇 [M]．北京：中信出版集团，2017.

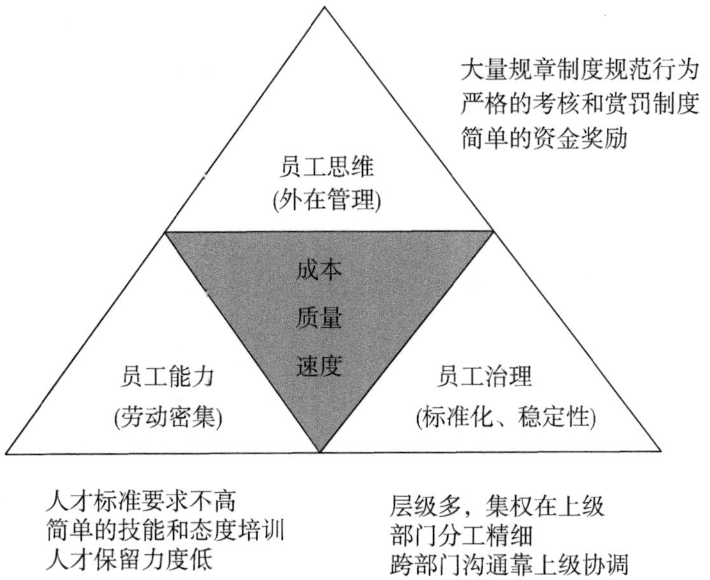

图6-4　工业时代的组织能力建设

随着知识经济、数智化时代的到来，企业为了成功转型，提升组织能力迫在眉睫。在数智化时代，由于有很多颠覆创新的机会，所以企业必须深刻地理解最终用户的需求，而不是下一个环节的直接客户的需求。还需要深刻地理解最终用户的痛点是什么，用户潜在的需求又是什么。企业根据用户需求，调整战略和组织结构，创新产品、服务、商业模式。这个过程需要“敏捷弹性”，即迭代速度要快。在遇到突发事件并需要有效应对不断变化的环境时，需要不同形式战略敏捷性的能力，以便在复杂和快速变化的环境中不断纠正和调整核心业务领域战略方向，改善自身生存条件，通过产品创新、服务创新、商业模式创新和创新路径创新创造新的价值。[①]它涉及采取迅速的、创新的、针对具体情况的、强有力的和具有变革性的行动，来尽量减少可能危及组织长期生存的重大事件的影响。敏捷弹性不仅能够迅速响应不可预见的和有问题的变化，而且能够以足够的速度和决

① 琳达 · J. 霍尔比契．敏捷组织：如何建立一个创新、可持续、柔性的组织：第 2 版 [M]．刘善仕，眭灵慧，等译．北京：机械工业出版社，2020.

心从挫折中恢复过来，即反弹能力。当一个组织经历了严重的、危及生命的挫折，但能够围绕自己的核心价值重塑自己时，就表现出了弹性。战略敏捷性和弹性是组织在动态环境中蓬勃发展的先决条件。只有能够成功地响应和学习外部变化、在技术上和组织上进行创新、计划和执行新的行动方案的敏捷组织，才能更好地、持续地、成功地适应不断变化的环境。“用户导向”“创新”“敏捷弹性”成为数智化时代企业转型升级成功最重要的组织能力。

为了培育用户导向、创新和敏捷弹性的组织能力，企业同样必须从员工能力、员工思维和员工治理三个方面进行调整。员工能力方面，强调的是精兵强将，因此对于人才的挑选非常关键，甚至比人才培养更重要，一定要找到一些非常有激情的、聪明的人才。人才的保留也很重要，因为换一个人对企业整体产出的影响巨大。在人员的淘汰方面，不适合的人要快速处理。因为数智化时代的变化速度太快，时间窗口很短，一个不合适的人员留在岗位太久的话，耽误业务发展的代价太大。“Hire slow，fire fast”是美国硅谷企业的用人哲学，意思是招聘时要慢，但是处理不合适人员的时候要快。

在找到精兵强将之后，在员工思维方面，强调的是自我驱动和自我管理。当员工更多地依靠强烈的使命感，认同公司现在做的事情可以改变这个世界、对社会大有好处时，员工会有很大的激情和共同价值观。在工作目标设定方面，一般只明确任务，不会很在意 KPI（关键绩效指标）的设定。因为做这件事情的时候有很多不确定性因素。最终的激励看最终的结果，不是 KPI，强调以奋斗者为本的激励。在传统行业，企业最多的回报如利润、分红等，大都归投资者所有，因为他们的资本是最关键的价值创造要素。但在数智化时代，最核心的价值创造要素是人才和天才。以奋斗者为本的意思是他们必须能够共同享受或更大部分地享受企业的经营成果。同时，强调过程中的反馈，帮助团队不断成长。

从员工治理的维度看，灵活和宽松成为主流，企业越来越注重小团队运作，并给予小团队高度的授权，从而可以敏捷、快速地对外部市场做出反应和应对，像特种部队一样。小团队之间的协调还依靠公司提供的公开、透明的信息，帮助他们了解公司目前的发展现状和要调整的方向。以小团队为单位进行独立核算，在企业内部以市场化的形式相互竞争，同样也互利共赢。小团队动作还可以通过数据的验证和反馈进行试错迭代。数智化时代组织能力建设如图 6-5 所示。

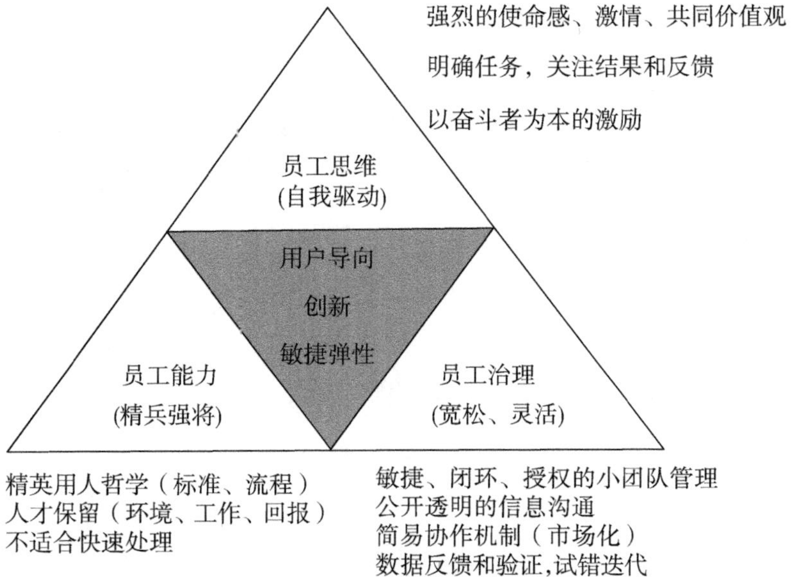

图6-5　数智化时代的敏捷性组织能力建设

总之，在数智化时代，技术快速发展引发的商业模式变革必然带来新的商机。但与此同时，外部环境的快速变化、行业颠覆性创新的不断涌现、竞争的不断加剧，任何企业要想获得持续的成功变得难上加难。企业必须从客户的角度出发，适应数智化时代的变化进行转型与变革。而要让转型与变革有效发生，组织各个层级的员工都要接受改变，且拥有面向转型与变革的思维方式和行动能力。敏捷弹性、创新性、适应能力这三个层面都要发展起来，为个人、团队和组织的转型与变革做好准备，使组织变得更敏捷、更具弹性、更能响应客户的变化。这一组织能力升级过程意味着：（1）每个人都需要有外在的意识和警觉，愿意发表看法并被允许采取行动；（2）产品和服务都需要不断创新，以满足市场和客户的需求；（3）各方面的成本需要保持在低水平，赢得本地员工的信任来实行成本削减的举措，同时保持创新；（4）组织需要在角色、责任和结构上灵活、适应；（5）核心员工需要能够并且愿意不断提升自己——灵活的资源协调能力和多技能处理能力；（6）为了充分利用所有知识型员工的自主努力，组织需要致力于与员工的密切接触；（7）组织文化需要高度的适应性、敏捷性和有机性——每个人，无论等级高低，都愿意并能够为组织及其成功做出贡献。①

6.4　如何提升变革领导力的问题

一个变革中的企业，迫切需要领导者，因为变革的过程模糊不清，过程具有挑战性。这时候领导者要发挥很大的作用，才能带领员工完成目标。因此，领导力是决定企业变革及转型成败的关键因素。②

6.4.1　变革领导力模型③

美国创新领导力中心副总裁比尔 · 帕斯莫尔（Bill Pasmore）(2015) 认为，清晰、持续的领导力，致力于一套有效的方法论，用同一方法论训练出足够多的内部变革经理人，是变革成功的保证。他提出了一个领导复杂、持续的变革模型，如图 6-6 所示。

---

① 琳达 · J. 霍尔比契．敏捷组织：如何建立一个创新、可持续、柔性的组织：第 2 版 [M]．刘善仕，畦灵慧，等译．北京：机械工业出版社，2020.

② 拉里 · 博西迪，拉姆 · 查兰，查尔斯 · 伯克．开启转型 [M]．杨懿梅，译．北京：机械工业出版社，2015.

③ 比尔 · 帕斯莫尔．变革领导力：动荡年代如何引领复杂、持续的变革 [M]．沈小滨，郑园，潘平，译．北京：电子工业出版社，2016.

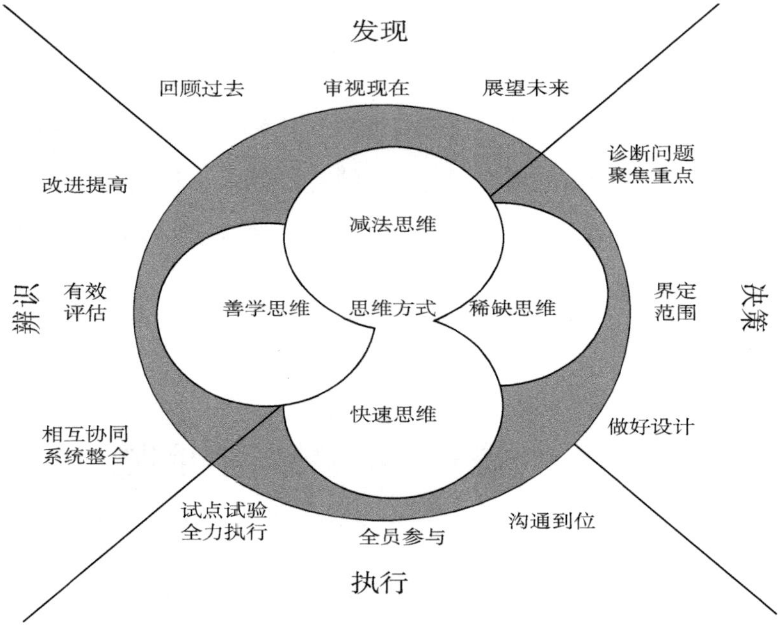

图6–6　领导复杂、持续的变革模型

资源来源：比尔·帕斯莫尔. 变革领导力：动荡年代如何引领复杂、持续的变革[M]. 沈小滨，郑园，潘平，译. 北京：电子工业出版社，2016.

1. 变革领导的四大关键行动

比尔·帕斯莫尔认为，应对复杂、持续的变革需要采取四大关键行动：发现、决策、执行和辨识（Discovering，Deciding，Doing，and Discerning，4D）。与线性变革模型不同，这些行动策略并不是依次顺序进行的，而是同时发生的，是一系列持续的活动，如图 6-7 所示。

（1）发现（Discovering）：放慢脚步，审时度势，收集信息，明晰愿景。转型与变革是必需的，但并非所有的转型与变革都需要立即进行。发现涉及审视大局、决定转型与变革的大方向。发现阶段有两项重要的工作：一是它让高管领导者对公司长期发展的大目标和大方向更加协调一致；二是它帮助领导者制定绩效指标、里程碑和变革的框架，从而奠定计划与过程监控的基础。发现涉及三个关键因素：①审时度势，即暂时放下当前的工作，做一次彻底的可行性评估；②收集信息，即收集当前业务状态有效信息；③明晰愿景，即清晰绘出所期望的未来。发现的目的是明确有哪些现实可行的变革机会。确定机会之后，企业才能判断从何处切入去推进组织的转型与变革。

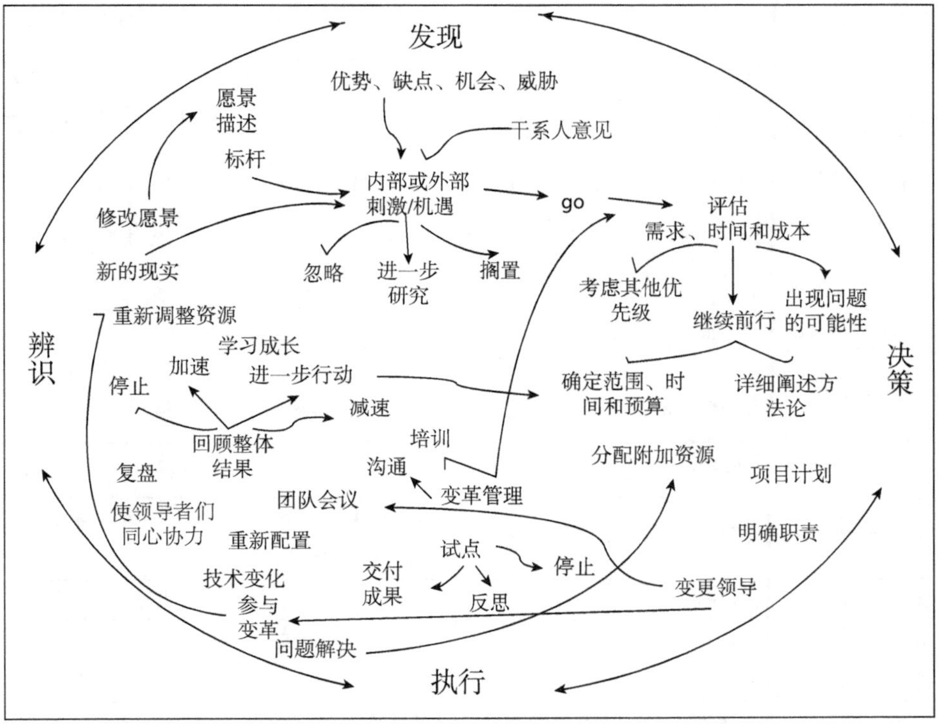

图6-7　变革领导的四大关键行动

资源来源：比尔·帕斯莫尔. 变革领导力：动荡年代如何引领复杂、持续的变革[M]. 沈小滨，郑园，潘平，译. 北京：电子工业出版社，2016.

（2）决策（Deciding）：差距诊断，排序聚焦，明确范围，制定路线。为了增强转型与变革的能力，企业需要做一些调查研究。在决策阶段，企业要编制转型与变革的指导手册用于指导整个组织的转型与变革工作。转型与变革的愿景目标为组织如何在竞争环境中保持发展指明了大方向。决策阶段明确了组织内部什么方面必须转型与变革以实现组织愿景目标。对现状和期望状态所做的诊断帮助企业明确转型与变革的重点所在。聚焦的重点工作使企业领导者能远离各种可能的诱惑，确保所开展的工作能解决真正的最重要的问题。最后，明确范围、做好设计，为企业的转型与变革提供实施的路线图，即谁、什么时候、在哪里、应该做什么以及如何做。合理的决策需要系统思考——纵览全局而非局部的能力；了解在何处展开最小行动能够产生最大收益；时刻监测系统是否在关键事项表现优秀的同时，还能关注其他正在发生的事情。决策的目的是确定任务优先级，缩小组织现状和理想之间的差距。复杂、持续的变革需要频繁改变方向，因此决策是一个持续不断的活动，有时甚至会做出与不久之前正好相反的决定。德国科学家迪特里·希多纳开创性地研究了人们在复杂的条件下如何解决问题。他发现优秀的决策者和平庸的决策者非常不同，如表 6-5 所示。他的研究还发现，一个人成功解决复杂问题的能力与智力没有什么关系，聪明并不意味着可以做好复杂、持续的变革。解决问题的关键不在于你是否聪明，而在于你如何运用才智。

表 6-5　希多纳关于优秀的决策者与平庸的决策者特征的描述

优秀的决策者	平庸的决策者
全面思考，在解决复杂问题时考虑多种要素	简单思考，认为一旦解决关键要素，问题就会迎刃而解
做很多决策，并在过程中学习	很少做决策，不管发生什么都坚持不变
收集数据去检验之前的假设，并随着时间推移证实或证伪假设	如果没有直接的负面影响就认为一切都没问题
多问“为什么”（例如，问为什么会发生；寻找事件之间的联系）	参与项目之中，对身边发生的变化毫无觉察
深入探讨真实发生的事情，以便更好地了解环境的变化	事情不顺利的时候，怀疑而非探究
摘清楚什么值得关注并聚焦重点，注意力不会被紧急但不重要的事情所分散	认为他们的假设都无须测试
思维更具逻辑性、结构性（第一、第二、第三），不会试图立刻解决所有事情	从一个问题跳到另一个问题，缺乏大局观，很容易被其他事情分散注意力
坚持不懈（不会在困难刚出现的时候就选择放弃），但是保持开放，在最后一刻也可以改变自己所有想法	把可行的和不可行的全部否定掉
从经验中学习，理解每件事情发生背景的差异	只关注支持自己观点的数据，为现实中的矛盾之处辩解

资源来源：比尔·帕斯莫尔．变革领导力：动荡年代如何引领复杂、持续的变革[M]．沈小滨，郑园，潘平，译．北京：电子工业出版社，2016.

（3）执行（Doing）：随时沟通，集体参与，快速试点，实施落地。从开始转型变革到结束转型变革，如何加快转型变革的速度，通常不仅与流程变革有关，还与企业领导者如何看待转型与变革有关。在复杂、持续的变革中，执行方面的问题无处不在。帮助人们理解要注意什么和为什么，在任何时候都需要不断的沟通。充分发挥组织的集体智慧可以帮助组织的整体变革流程变得更快、更有效，让人们更愿意兑现他们的承诺和提出更多的想法。使用快速的方法做试点和试验，能节省大量的时间和精力，最终保障转型与变革的成功。

（4）辨识（Discerning）：协同整合，评估进展，学习调整，事半功倍。辨识是一项有目的的学习行为，核心在于如何更好地应对复杂、持续的变革。要做好经验总结，企业领导者需要知道企业当前的情况正变得更好还是变得更差，这项工作要从开发评价指标开始。企业的转型与变革需要各方面的协同与配合，以使员工能看到一种趋势，告诉员工什么事情正朝着正确的方向发展。变革行动的协同与配合，需要适时地在过程中学习。评估实施完成的结果与期望的结果之间的差距，需要向内做自我反省。辨识的全部意义是如何对未来的行动进行调整，从而使用更少的成本和时间以获得更多的变革成果。其目标在于从经验中学习，提升组织转型与变革的能力，不断与时俱进。

2. 变革领导的四大思维方式

转型与变革会面临各种各样的难题与挑战。要解决这些难题与挑战，企业领导者必须抛弃过去的假设，跳出思维的限制，才能解决问题。领导者要支持变革模型中有关复杂、持续的变革中的四项关键行动（发现、决策、执行和辨识），需要四种关键思维方式：减法思维、稀缺思维、快速思维和善学思维，如图 6-8 所示。在面对复杂、持续的变革时，一个组织的成功不会超过领导者的思维高度。因此，企业在实施持续的变革行动措施之后，需要更仔细地研究领导者思维方式的作用。

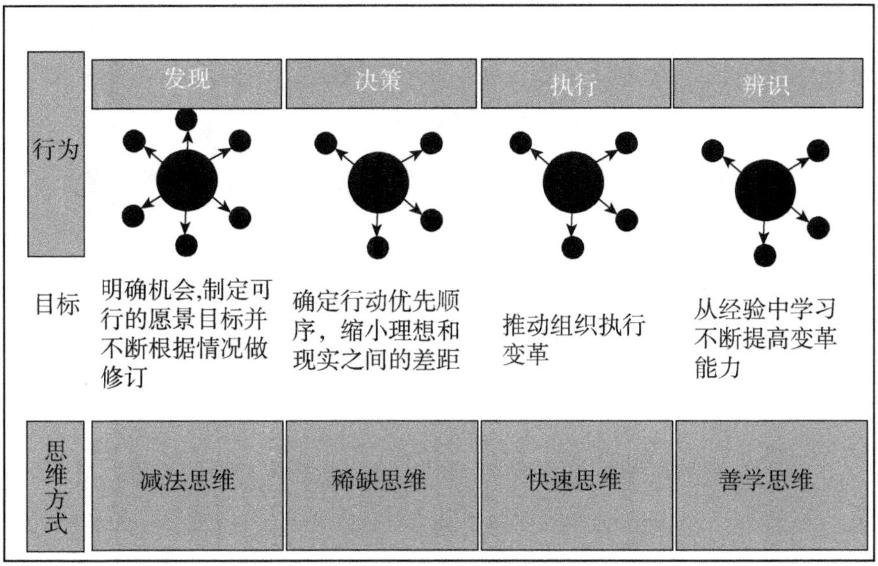

图6-8　变革领导的四大思维方式

资源来源：比尔·帕斯莫尔．变革领导力：动荡年代如何引领复杂、持续的变革[M]．沈小滨，郑园，潘平，译．北京：电子工业出版社，2016.

（1）减法思维（Think Fewer）。在发现阶段提倡的是“减法思维”。发现的过程就像编织一个大网去探测商业模式的细微因素。在此过程中，需要将有限的精力聚焦在真正需要关注的方面。减法思维意味着企业目标要现实一点、想得透彻一点，想明白你到底想要人们做什么。它的意义是聚焦、专注，不要放弃任何重要又激励人心的事情。要挑选一两个大目标并努力去实现它，但不要一下子同时追求太多的想要做的事情。只有运用减法思维，企业才有机会去实施一些重大的转型与变革。聚焦关注的重点，做减法思维，这样你才能采取正确的行动，推动组织向前发展。

（2）稀缺思维（Think Scarcer）。人、资本、时间和精力都是转型与变革的稀缺资源。企业领导者不要在没有认真思考清楚的情况下轻易地消耗它们，要适时评估企业转型与变革的进展情况，并且做出严谨的决定，考虑企业的资源与能力是否能够承受。不断地发现，不断地辨识，领导者就需要不断地做出选择，考虑如何做资源聚焦，如何做优先级选择。运用严密的优先次序标准和细致的备选方案评估，能让领导者在转型与变革进程中井然有序，也为开发新的运营办法创造了空间。

（3）快速思维（Think Faster）。真实的世界需要企业通路适时对变化做出响应，而不能只基于计划，按计划行事对人们来说最方便。快速思维涉及做事方式的改变。为了速度再快一点，企业领导者不能只一味地增加资源，而必须做出决策，要么采用不同的做事方式，要么删减一些工作。在不确定性时代，企业必须快速行动，快速跟进。

（4）善学思维（Think Smarter）。保持一种在实践中学习的心态让领导者能够不断提升转型与变革的能力。面对快速变化环境，领导者要不断投资开发你的能力以便更快、更有效地应对变革。不论转型升级是否成功，都不要放弃学习的机会，要学习和了解如何工作得顺利，什么引发的问题。但是，善学思维需要时间，也需要成本。它意味着对一些事情而言，领导者需要慢下来再快起来（Slow down to speed up）。

需要指出的是，对于任何领导者来说，并不要求每一个人都需要具备以上所有的思维方式，能够做到所有的事情，但是作为一个领导团队，应该具备这些共同的思维方式。因为在面对复杂、持续的变革时，一个组织的成功不会超过其领导者的思维高度。当变革的幅度超过领导团队的思维时，组织的转型与变革就如同坐过山车，只能跟着感觉走了。

6.4.2　变革领导者的素质与能力

领导力是决定企业转型升级能否成功的关键。企业要想在新的市场环境下取得成功，就必须提高领导者的素质与能力，以适应新的市场环境，企业的转型升级才可能取得成功。

1. 变革领导者的素质

事实上，企业的转型升级要取得成功，就必须提高领导者的素质，才能适应和应对转型升级中面临的各种困难与问题。传统素质标准中的某些品质是永恒的、需要遵守的，如自律、诚信、成熟、虚心等，但过去选拔领导人时常被忽视的某些品质，现在却成了重要的考量因素。这些品质是现在所不可或缺的，但很多人还没有充分认识到其重要性。这些品质主要是：商业智慧、求知渴望和坚定变革勇气。①

（1）商业智慧。商业智慧，是指人们常说的精明或有商业头脑，其具体内涵取决于个人的认知水平。具体来说，“商业智慧”体现在两方面：

第一，有商业智慧的人懂得如何赚钱。他们对外部环境有本能般的敏锐，能发现变化模式及变化趋势，尤其是那些会对企业产生重大影响的变化；他们对企业经营也有自知之明，清楚地知道自己的优势和劣势；他们会依照商业模式制定合适的财务目标，为此不惜循环往复、动态调整，直到商业模式的各个组成部分完全相互匹配为止。

第二，有商业智慧的人还懂得，任何事物在其纷繁复杂的表面之下，都蕴含着简洁明确的内在逻辑。在分析各种变化因素、判断各式复杂局面时，他们不仅知道全知全能是不可能的，还能准确区分哪些可知而哪些则完全不可知，哪些是客观具体的评估而哪些是虚无缥缈的忽悠。在分析判断的过程中，他们思路清晰、方法简洁，不仅能把握事物的内在逻辑，还能用简明易懂的方式，把自己的思想与他人分享。

（2）求知渴望。求知渴望是指对新生事物、不同观点充满好奇，遇事不想当然，更不盲信盲从。求知渴望是一种坚持不懈的追求，即非要找到那决定企业命运的 1% 关键信息的坚定决心；也是一种探究未来的渴求，即尽一切可能把握未来趋势的强烈意愿。商业智慧是难能可贵的，但再加上孜孜不倦的求知渴望，才能直面现实挑战，成长为卓越的领导者。

要想从容应对模糊性，就必须建立在坚持不懈的求知渴望上。这样领导者才会有自信，才敢于做出艰难的抉择。这种自信与自大不同。自大是指自我膨胀时的盲目自信；而自信是与商业智慧相伴相随的，其根基在于强烈的求知渴望，对外部市场环境、企业内部经营以及两者之间的内在联系的细致

① 拉里·博西迪，拉姆·查兰，查尔斯·伯克. 开启转型 [M]. 杨懿梅，译. 北京：机械工业出版社，2015.

分析和深刻理解。这种自信能够帮助领导者不畏困难、不怕非议，勇于为提高企业内在价值采取一切必要的行动。拉姆 · 查兰等人（2004）的研究发现，能预见危急和机遇的领导者总在寻求新的信息：他们有兴趣了解各种想法、观点、理论及未来预测，他们有意愿与客户、供应商以及其他企业外部人士密切沟通，倾听心声、交流看法。他们深知求知无止境，过往经验也不总能帮助他们把握当下、预测未来。他们通过不同的方式获得新知，少说、多听、勤思考。他们会认真审视商业模式的所有组成部分，从外部环境到根本原因，从财务目标到自身能力无一疏漏。因此，他们对现实状况的认知更清晰、更深刻，不会为安全感死守陈规、不思进取。[①]

（3）坚定变革勇气。转型与变革意味着巨大的风险，风险可能导致失败。企业领导者必须意志坚定，无论遇到多么大阻力，都有勇气坚持到底。因此，有魄力的领导者内心必须十分强大。不论现实多么残酷，他们都会直接面对。即使现实是伴随自己职业成长的、原来无往不利的商业模式已经完全过时，需要推倒重来，他们也能接受。他们会细致分析商业模式中错综复杂的各个组成部分，会深入研究到底哪些该保留、哪些要调整，会果断做出调整商业模式时不可避免的各种艰难抉择。他们深知推动转型与变革就必须承担风险，他们更明白当今时代如果自己不革自己的命，对手就会革你的命。

内心强大领导者的勇气体现在精于观察、直面现实、思路清晰、决策果敢，只要是对企业应对现实、创建未来有益的事，再大的反对，他们也要坚持到底。例如，伊梅尔特上任之初，全球经济正面临重大转变。他严谨细致地分析了外部环境，从未来长远发展的角度、重新评估了商业模式。他发现通用电气的商业模式亟需调整。新商业模式的核心是未来 5 年的财务目标，即公司收入增长不低于美国经济整体增速的 2 倍，净资产收益率高于 20%，净现金流年增长超过 10%。此外，他还要求公司股份上涨达到或超过标准普尔 500 的平均水平，以及资产负债达到 AAA 级水平。要实现这些目标，商业模式所涉

① 拉里 · 博西迪，拉姆 · 查兰，查尔斯 · 伯克. 开启转型 [M]. 杨懿梅，译. 北京：机械工业出版社，2015.

及的各个方面都必须调整。比如在战略方面，他将公司的关注重点放在了未来增长潜力巨大的全球市场，并构筑了 6 大增长平台：医疗信息技术、水处理技术及相关服务、原油天然气开发技术、安全及传感技术、西班牙语媒体和美国信贷消费。这些战略重点都源于不可阻挡的全球经济发展大势。根据这一战略思路，伊梅尔特进行了业务梳理，果断砍掉了保险等传统业务，还出售了一些其他业务，并投入巨资用于兼并收购，进一步提升了战略重点业务的竞争力。仅 2003 年的并购支出就高达 300 亿美元，其中包括对英国安玛西亚公司的收购，填补了医疗集团在生命科学业务方面的空白，打造了全球最全面的医疗诊断业务；还收购了维旺迪环球集团娱乐业务，将 NBC 变成了业务覆盖广、增长潜力大的综合性媒体公司。伊梅尔特还把所有业务分为两类：一类是增长型业务，如医疗、金融等业务；另一类是现金型业务，如保险、设备服务等业务。他认为，提高企业长期价值的最好方式是依靠企业自身的增长潜力，而建立通用电气差异化竞争力的主要途径是技术领先及关注客户。他继续推动六西格玛体系，并把重点放在了数字化和“扎根客户、服务客户”两大变革举措上。在选人用人方面，他致力于发现并培养能带领企业实现持续增长的管理人员。他们不仅要懂技术，还要有意识聚焦客户，帮助客户获得成功。与此同时，他还调整了薪酬激励机制，把所有管理人员（包括他自己）的收入与未来五年公司的收入增长、现金流提升以及股价涨幅是否达到或超过标准普尔 500 指数直接挂钩。经过两年多的时间，伊梅尔特完成了影响深远、重点突出的大规模转型。①

总之，在全球经济日趋复杂、变化日益迅速的时代最关键的领导力特质应该包括商业智慧，尤其是能够以商业模式的视角全面考虑业务发展规划的能力，以及由强烈好奇心引发的求知渴望和坚定变革勇气。除此之外，还要在寻求独特解决方案时，有灵活调整的心态、有自我改变的意愿，以及承担风险的勇气，有大局观，能高屋建瓴地看待自己的工作，并有自省力，充分

① 拉里 · 博西迪，拉姆 · 查兰，查尔斯 · 伯克．开启转型 [M]．杨懿梅，译．北京：机械工业出版社，2015.

认识自己能力及经验的不足等方面的特质。只有这样，企业才能直面现实、引领转型与变革。

2. 变革领导者的关键能力[①]

不同变革的难易程度不同，对变革领导者的能力要求也不同。因此，面对复杂、持续的变革，变革领导者除了具备相应的素质之外，还要具备转型与变革的关键能力。

（1）洞察力。在当今错综复杂的形势下，领导者要有超凡的洞察力，拨开重重迷雾、直指问题核心，敏锐捕捉不可阻挡的大势所趋，在关键事件发生时迅速做出反应。当今时代的变化，使许多过去有效的思维、经验变得不再适用。只有那些有勇气、有自制力的领导者，才能主动转变传统的思维范式，从零开始推进企业转型，从而创造丰厚的回报。例如，塑料业务曾是美国 GE 公司的核心业务，不但规模巨大、利润率高，而且还是卓越领导的摇篮，GE 的前几届 CEO 都曾就职于塑料业务部。但是，GE 高管团队并没有被眼前利润和个人感情蒙蔽，他们清楚地认识到，一家新成立的波特基础工业集团将会彻底改变塑料行业的格局。为了确保 GE 未来的竞争优势，他们以壮士断腕的勇气调整了自身的业务结构，果断将其塑料业务以 110 亿美元的价格卖给了沙特基础工业集团。在全球经济重心转移的新时代，迫切需要所有企业领导及管理层，都要摒弃既定的假设及其行规，从全球的视角出发，重新审视自身业务，拓展视野，敏锐捕捉那些似乎与自身毫不相关的发展趋势，分析它们的相互作用，推断各种因素对企业所处行业和公司自身业务的影响。无论现有的商业模式是什么、有多好，在未来都可能会变得日益过时且无关紧要。有了洞察力，领导者才会有充足的时间、足够的勇气，在必要时采取强有力的变革措施。因此，变革时代对于企业发展来说，最重要的领导能力就是寻找、判断潜力巨大且持续时间长的发展机会，以及把机会变成业绩的能力。

---

① 拉姆 · 查兰．引领转型：如何在大变革时代实现企业成功转型 [M]．杨懿梅，译．北京：机械工业出版社，2015.

（2）决断力。在市场机会刚刚萌芽、尚未长成之际，企业领导者要有想象力，在心中勾画出其未来意象；领导者要有勇气坦然接受未来的不确定性；有魄力冒些风险、果断行动；要有胆识，在只有定性描述、缺乏定量数据分析的市场环境下，果断决择。关键时刻敢于壮士断腕，敢于放手一搏。

（3）感知力。初进新市场时，企业领导者要有敏锐的感知力，迅速把握当前的道德行为准则，快速适应多种文化以及在当地开展业务的基础及关键要素。

（4）社交能力。初进新市场时，企业领导者要有强大的社交能力，与当地政府、监管机构及其相关部门及企业建立良好关系，密切交流、沟通信息。

（5）转型能力。在适应市场变化、把握市场机会的同时，企业领导者有能力推动组织转型：减少汇报层级，加速决策制定，改变行为模式，并通过相互交流、相互协作迅速打破由来已久的各产品条线、总部与分公司之间、不同职能部门之间以及不同业务之间的藩篱。

（6）业务能力。开阔眼界、深入研究、敏锐感知，全面掌握行业大势，并将行业大势与当地实际情况相结合，带领当地市场制定出自己的发展道路并实现丰厚的回报，同时鼓舞其他地区的业务发展。

（7）执行力。严格管理时间、坚持学习、恪尽职守。无论是战略调整还是企业转型，一旦启动，无论多难都必须坚持到底。

案　例　美的——如何穿越时代①

美的在时代浪潮中的数字化转型充分体现了数字化“是工具，更是战略”的洞察。在这个过程中，美的也逐渐意识到，自己必须全面拥抱数字化和智能化才能持续成长，从一个制造硬件的传统家电公司变成软硬件结合的互联网科技公司。

美的数字化转型穿越了两大时代命题。

① 杨国安．数智革新：中国企业的转型升级 [M]．北京：中信出版集团，2021.

第一个命题是中国制造业升级。长期以来，制造业企业的竞争力依靠的是人口红利、土地成本、市场未饱和等时代红利。它的经营动作是建立工厂、向渠道商压货、产品多元化等，目标是做大企业规模而不是提高净利率和毛利率。时任美的电器董事长兼CEO的方洪波相信，这种规模导向的发展路线在2008年金融危机后的世界已经走投无路，美的必须转向以利润为导向的发展路线。在这个阶段，IT技术是解决美的管理痛点的工具，其深远影响在于美的积累了标准化的数据，植入了标准化的思维。标准化给美的之后的各种数字化战略打下了良好的基础。但标准化也是很多传统企业进行数字化转型时相对容易忽略的基础环节，因其具有烦琐细碎、耗时久、见效周期长的特点。

第二个命题是2015年前后移动互联网、物联网、人工智能等技术在国内产业界的兴盛所带来的“互联网+”浪潮。凭借着远远领先于传统企业的数字科技能力，国内互联网公司纷纷进入了此前从未涉足的服务业、制造业，在产品、渠道、运营等多个价值链环节向传统企业发起了冲击。

方洪波带领美的在渠道变革、柔性制造、决策效率等优势环节展现出了深厚的积淀和快速的反应能力。也受企业基因所限，美的在智能产品、用户思维一侧的动作迟迟未见明显成效。意识到这一波数字化基础设施的迭代将把世界带入“用户主权”的时代后，方洪波以彻底自我否定的决心果断更新了美的的战略主轴和组织架构——从以企业为中心转向以用户为中心。美的也终于在产品、用户运营上取得了累累硕果。数字化转型作为核心要素之一，支撑着美的集团实现了10年间营收增长近3倍、净利润增长近4倍、市值增长近9倍的辉煌业绩（见图6-9）。

美的在两大时代背景下的数字化转型，充分体现了数字化“是工具，更是战略”的洞察。在方洪波眼中，随着美的对数字科技重要性的理解逐渐加深，美的从数字化转型中尝到的甜头越来越多，美的正在从以生产家电产品为主的硬件公司转型为以生产智能产品为主、软硬件结合的科技公司（见图6-10）。对于企业最高领导者而言，方洪波在面对人事调整和数字技术投入上的坚定值得借鉴。近20万员工几乎裁减了一半，十年间在数字化上投入了

100多亿元。方洪波有过高压的时刻，也有过犹豫的时刻，但他没有因暂时的焦虑而怀疑过数字化转型升级的大方向和自己设定的战略主轴。

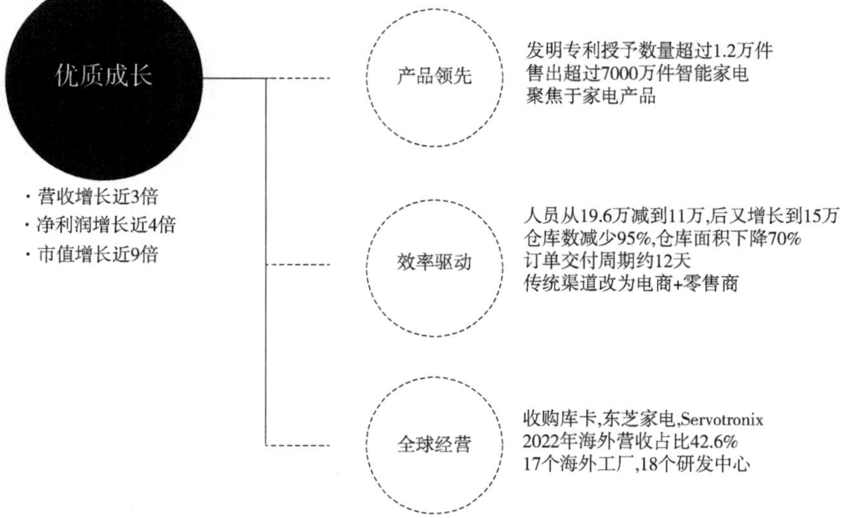

图6-9 美的集团数字化转型阶段性成果（2011-2020年）

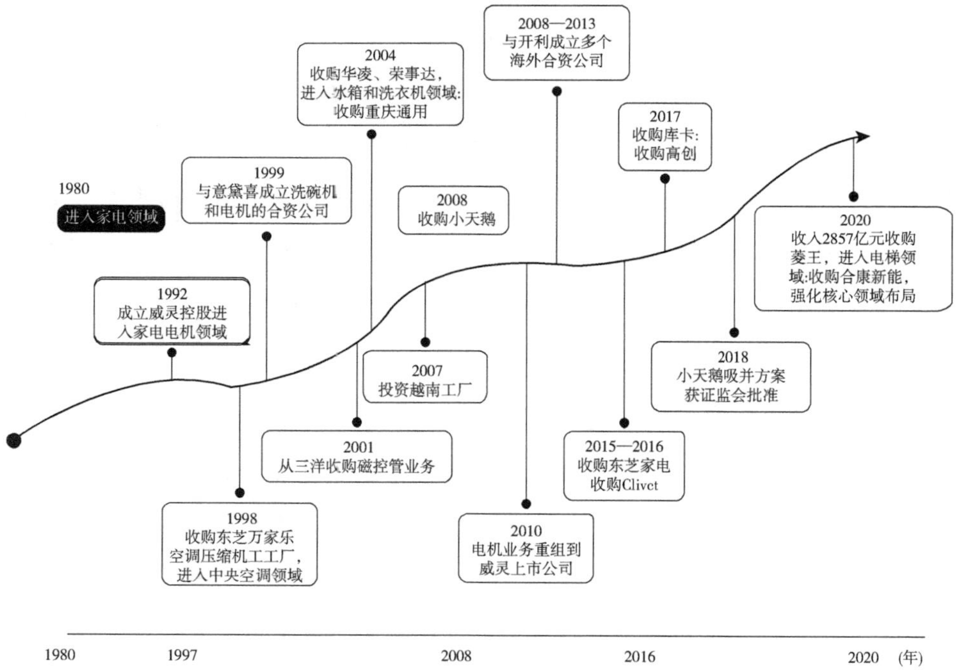

图6-10 美的发展历程

为什么要改变

2010年美的电器的营业收入同比增长了58%，2011年又增长了大约25%。母公司美的集团的营业额则在2010年突破了1100亿元，2011年突破了1400亿元。一时间员工的士气颇为高涨，在一些美的人的回忆里："那段时光总让人感觉世界太小，天下就没有我办不成的事。"但是2009年接任美的电器董事长职位的方洪波完全不这么想。金融危机和职位的高升迫使方洪波进行了"非常大的思考"。他觉得公司的发展模式似乎不可持续。美的过去走的是规模导向的发展路线，目标、动力、盈利……"所有都来自规模"，方洪波表示。规模导向的成长方式本质上依赖的是外部环境提供的红利，比如未饱和的市场、廉价劳动力和土地、政府的刺激政策。包括美的在内的中国家电巨头们的最优发展路径一直是扩充品类、建设工厂，低成本、大规模地生产尽可能多的产品，然后向渠道商压货即可实现收入规模的扩大和市场份额的提高。

技术研发、精细化管理、产品设计、自动化等要素并不是竞争中的主角，它们更像是让企业实现差异化的调味品。能抓住时代红利做大企业规模当然算得上一种成功，但红利正在越来越少。2010年房地产行业即将进入增速下滑、竞争激烈的白银时代，冰箱、洗衣机、空调的普及率达到了相当的水平，城市市场正趋于饱和。中国的劳动力成本则急剧上升，珠三角地区甚至出现了"招工难"的现象。方洪波隐约觉得大环境变了。

观察了政策刺激带来的短期效果后，2010年方洪波坚决否定了规模导向的发展思路，转变为"结构调整和转变发展方式"。2011年初，美的集团上下进行了内部反思，认为公司的发展主题不应是"规模扩张，应该以提高毛利率为基础"。2011年7月，在美的集团的内刊上，创始人何享健也提出了"转变发展方式，实现战略转型"。发展目标由规模导向转为利润导向，考核激励从注重销售额向注重利润额转变。2011年下半年，方洪波已经明确了美的电器的转型战略。他对标华为、美国丹纳赫、韩国三星，提出了美的电器的三大战略：产品领先、效率驱动、全球经营（下称三大战略主轴），并将其改革思路推广到了全集团（见图6-11)。

图6-11 在美的集团战略主轴下的数字化

数字化1.0和标准化

根据2015年年报的解释，美的三大战略主轴的具体路径是通过技术驱动、结构升级和品质提升来系统性地增强产品竞争力，通过业务、管理和资产效率的提升，降低企业运行成本、费用率与经营成本，通过加大合资、合作力度，把过去较为单纯的出口产品升级为在海外建立制造、研发、运营等完整的价值链，提升自有品牌比例与赢利能力。

美的集团旗下诸多子公司、事业部的流程不统一，管理方式不统一，数据标准也不统一。比如，有些事业部对于营收的定义是产品送到仓库，有些部门的定义是产品出仓库，有些部门则以海关清关开始计算营收。与之对应的软件也五花八门，运行的ERP就有七八套，集团的各类IT系统合计有100多套。这些外购自各类第三方的软件个个都是信息孤岛，协同效应难以发挥出来。比如，由于生产、销售、购买环节互相断裂，美的渠道体系内库存高，同时部分物料又很匮乏。工厂、渠道等单元的仓库各自为战，物流效率低、成本高。

方洪波就此提出了“三个一”的整合战略：一个美的，一个体系，一个标准。其中IT技术被方洪波认为是最有力的抓手，美的集团打算从数据标准化这份基础工作做起。美的集团在该阶段的人力投入规模已经超过了1000人。他们的目标是标准化到名词释义的水平。比如将物料编码指代的每个产品都重新定义清楚，各事业部描述同一款钢板产品时使用同一个词。员工、供应商、客户等主要数据类型的定义都需经历同样的整理过程。同步推进的是梳理流程，即统一做事的标准动作。他们以家用空调和厨房电器两个事业部为试点，颗粒度由大到小不断拆分，从中寻找新规定动作的方向。

随着底层数据标准化的推进，方洪波面临着一个难题，是否该上一套新的IT系统？新的数据、流程继续在那10O多套IT系统上运行似乎不太现实，替换成一套系统也麻烦很多。但他和IT团队都相信一套新IT系统对美的的未来至关重要。未来美的要想成为优秀的企业、伟大的企业，必须要搞，就是要彻底推倒重来。“789”组织架构[①]就对美的集团的数字化水平提出了更高的要求。数据流动如果不精准、不够快、不够多，集团总部无法向事业部赋能。

定制化系统的开发并没有以整个集团为对象，IT团队还是谨慎选择了一个试点单位——家用空调事业部。后者既在集团的收入结构中占据着举足轻重的地位，又是组织架构中的一个事业部。一年后，代号为“632”[②]、拥有

① “789”组织架构是指7个平台，包括物流平台、看图平台、售后平台、创新平台、金融平台、国际化平台、采购平台；8项职能，包括用户与市场、产品管理、财经、人力资源、法务、企业发展、流程工厂、审计；9大事业部，包括家用空调事业部、中央空调事业部、冰箱事业部、洗衣机事业部、热水器事业部、厨房电器事业部、环境电器事业部、生活电器事业部、部品事业部。

② “632”系统指的是：6个运营系统，包括PLM（产品生命周期管理）、ERP（企业资源计划系统）、APS（高级计划与排程系统）、MES（生产执行系统）、SRM（供应商关系管理系统）、CRM（客户关系管理系统）；3个平台，包括BI（报表系统）、FMS（财务管理系统）、HRMS（人力资源管理系统）；2个技术平台，包括MIP（统一门户平台）、MDP（集成开发平台）。

2000多个接口的新系统如期上线。方洪波非常高兴，不仅给团队奖励了500万元人民币，还在年会上把IT团队全身心投入的姿态拔高为“632精神”。随后，新系统又推广至厨房电器事业部。

去中心化

随着转型的深入，方洪波力图同步改变美的企业文化。以前重视层级划分，比如公司管理层有专属的用餐空间。方洪波希望打破这种阶层感，将企业文化氛围扭转为“所有人都处在一个非常去中心化的平等的环境。”。方洪波取消了几乎所有人的个人办公室，电梯、餐厅里针对管理者的特殊待遇也被取消。

与平等伴生的往往是集体决策。总部的执委会以前更多是个形式，如今方洪波要求与会的每个管理者在重要决策事项上必须讲自己的观点。事业部层面则被要求建立管理委员会进行集体决策。

去中心化的另一层含义是不苛求研发人才一定要去顺德北滘镇的美的总部工作，而是人才在哪个城市，研发机构就设在哪个城市。2015年美的集团在深圳成立了人工智能研发中心，在上海成立了设计中心。2016年又在上海设立了电机与驱动控制研究所。

薪酬设计上也体现出了类似的灵活性。美的需要的软件人才、数字化人才的薪酬水平比制造业的薪酬体系高出很多，美的允许公司不同的人力梯队适用不同的薪酬、激励体制。

勇气与决心

有员工在美的的内网留言：不知道我明天早上上班的时候隔壁的同事还在不在。在媒体眼中，业绩下滑、市值下跌的美的已经不行了，而且其战略转型看上去是老调重弹。强调增长质量和提升科技水平，已经被喊了太多年。政府不明白美的为什么要进行这么剧烈的转型。2010年之后，美的不再建设新的工厂、开拓新的生产线，还向政府退还了6000亩土地，给政府贡献的税收也减少了。社会各界不知道美的的转型为什么如此不太平。

尽管美的的裁员实行“N+1”补偿机制，但巨大的裁员规模下还是产生了大量纠纷，仅员工找美的打的劳动仲裁官司就有1400多起。

方洪波相信自己的战略判断。他在高管会议上告诉大家要做到4个“忍得住”：忍得住员工的不理解，忍得住政府的不理解，忍得住媒体的不理解，忍得住社会的不理解。

问题是不少高管也并不认可方洪波的战略思路。他们觉得过去规模导向的发展路线仍然成功，为什么要变呢。一次高管会议上，甚至有一位副总裁公开挑战方洪波：“你这个做法有问题。”

（转型中）外面所有的东西我都不担心，最担心的困难就是内部人的思维转变不了。方洪波感到很多高管其实内心也相信过去的方向走不下去了，但就是不愿意尝试另外一个方向，因为不愿意放弃过去的成功经验，觉得2011年、2012年也还是不错的。新的东西变化又快，他们不敢去面对、去拥抱新的变化。

方洪波果断调整了100多位核心管理层的职位，其中堪称高管的人也基本上都调整了。2020年时，美的集团的9位执委几乎都是2012年后进入美的的。

但给方洪波带来最大压力的是资本市场，因为投资者的心态很难调整。因美的集团的股价下跌严重，不少股东的财富也随之减少。在2014年中的一次聚会上，一位股东当着方洪波的面评价美的说：“股价跟盈利没关系，跟战略有关。大家不是怀疑美的的赢利能力，而是怀疑美的的战略方向有问题。”

各方面的压力汇聚到了方洪波身上，但他仍然坚持推动三大战略主轴、“632”系统和“三个一”等既定思路。美的集团的数据标准实现了统一，大部分流程也实现了统一，最终也成了日后美的集团所有数字化转型的基础。

战略驱动

随着每个事业部都差不多拿出200人来支持“632”系统的落地，到2015

年上半年，那些标准化的流程和数据终于被“632”系统在整个集团范围内固化了下来。最终各类财务数据也证明了三大战略主轴是正确的，但这只是个开始。

美的集团的运营效率出现了提升。2011年美的人工成本率为11.7%，即每100元的营收中有11.7元是发给员工的薪酬福利，到2015年这个数据已经降至大约6%。

美的的增长方式也完成了转变。2014年美的集团的营收超过了2011年的1400亿元，归母净利润从2013年的73亿元增加到了2014年的105亿元，2015年增加到了127亿元。经营活动产生的现金流量净额从2013年的约100亿元，增长到了2014年的248亿元，2015年增加到约267亿元。

美的的组织架构也进行了调整。自从2015年美的把产品线梳理清楚，大、小家电事业部不再混淆、各有对应后，就开始在集团层面建设横向的协同平台，比如电商、采购、研究院、资金中心，这样就更加明确了总部的赋能功能。扎实的业绩渐渐获得了资本市场的认可，美的集团的股价从2015年下半年开始进入了较为稳定的上升通道。

一个目标集中、一致性高、走向精细化经营的美的，与家电同行们逐渐拉开了差距。但方洪波来不及喘息，因为美的的安全感并没有提升，反而下降了。它的竞争对手们，已经不再是家电同行。2015年前后，PC互联网时代的胜者阿里巴巴和腾讯在移动互联网时代又各自焕发出了惊人的生机。滴滴、美团、小米等新一代公司的接连成功，证明了数字科技卓越的互联网公司不仅可以渗透消费互联网，在产业互联网领域也大有可为。

小米尤其震动了家电企业。强调互联网思维的小米不仅在3年多时间里实现了营收从0到743亿元的爆炸性增长，还以投资打造小米生态链企业的模式进入了智能家居领域。小米不仅想掌握作为软件的智能家居控制中心，其生态链企业的硬件产品也涵盖了智能家居的方方面面——电饭煲、洗衣机、扫地机器人、手环……一时间，互联网企业、绝大多数媒体和专家、创业者都相信耳联网将颠覆、至少将极大地冲击传统行业。他们的口号是：互联网可以把每个行业都重做一遍。

美的集团的管理层心想：那不就是要颠覆我们吗？我们属于要被颠覆的典型传统行业！方洪波对互联网的迅速发展感到“有些焦虑”，他担心互联网会颠覆家电行业传统的商业模式。“移动互联网已经颠覆了一大批行业……未来不再有家电企业的说法，而是智能硬件……现在门口的野蛮人已经冲进来了，家电企业要守绝对守不住，只能往前赶。”

美的集团的管理层一方面去小米、阿里巴巴、腾讯等互联网公司学习，并与小米、阿里巴巴等公司达成了深度的合作；另一方面则讨论如果美的不想被颠覆，可以做出哪些改变。

他们意识到互联网公司在运营效率、产品形态、用户互动等方面的能力确实具有颠覆性，但既没想明白互联网公司会在哪个环节率先颠覆自己，也不知道美的应该作何应对。因在“632”系统建设中表现出色而被晋升为美的集团流程IT供应链系统部长的张小懿回忆当时集团管理层的思考说：“大家争论得非常多。有的人说我干脆就拥抱互联网，但怎么拥抱也没说清楚。有的人说（美的）没问题，互联网也做不了空调这些，就等着，我们还是按照自己的节奏来。”

最终方洪波提出了“双智”战略作为应对之策。“双智”的意思是智慧家居+智能制造。智慧家居很好理解，没有智能模块、Wi-Fi模块，不能用App远程控制的硬件产品都是旧时代的产品。智能制造则要求美的聚焦于交付精准、效率提升、品质改善、数字化透明，这意味着智能制造主要体现在设备自动化、管理移动化等维度。美的希望深刻改造自己的工厂以实现柔性生产。

双智战略，本质上是三大战略主轴中产品领先、效率驱动在新时期的体现。在新战略的指引下，美的集团重点打造机器人产业，试图通过自动化来提高工厂侧的生产效率。美的与全球机器人巨头日本安川电机设立了工业机器人及服务机器人公司，投资了国内工业机器人第一梯队企业安徽埃夫特智能装备股份有限公司，投资了汽车用工业机器人公司德国库卡等。2012-2015年美的在自动化改造上投入了约50亿元，累计投入使用了近千台机器人。

对应双智战略，美的提出了新的数字化战略“+互联网”：移动化，将内部员工、外部合作伙伴的工作场景搬到了App上面，并将“632”系统改造成移动版；智能制造，将智能模块加入工厂的运营链条；大数据，互联互通的“632”系统沉淀下的内部数据被建设为大数据平台，其中，移动化在与用户建立联系上取得了突破性进展。美的把全国十几万售后技术工程师从“400体系”搬到了“美的通”App上，让他们在线上解决客户的问题，客户则能看到清晰的作业流程和给工程师的星级评定。美的通发展成了业内唯一一个用户可以选择维修师傅的平台，并在2020年实现了85%的在线支付以及杜绝了乱收费现象。不仅是工程师，安得物流的司机、导购等其他合作伙伴也在美的通上向消费者提供服务。

业务重构

如果说美的的以上策略是主动为之，那么接下来美的是被迫感受到了互联网推动的趋势到底是什么。

渠道要变了。电商已经成为中国零售市场的主流渠道，就是在美的这样的传统公司，电商的增长势头也是惊人的，美的全电商平台的销售额在2013年不到40亿元，在2014年暴增至近100亿元，2015年增至160亿元。三年四倍。具体到产品线的数据更加惊人，比如小家电产品的营收中，电商渠道已经占据了30%-40%的份额。与电商渠道相比，那时层层代理与分销的传统线下渠道虽然仍贡献了美的内销的大部分营业收入，但它臃肿、低效，增长也很缓慢。方洪波认为这是典型的“不可持续的商业模式”。

企业把产品生产出来放在渠道里面慢慢卖的传统做法，现在已经行不通了，线上动作越来越快，线下的效率也要越来越高。渠道变革背后的主要推动力来自用户，用户需要更加精准、周到的服务。小米等互联网公司通过线上渠道满足了用户需求，并做到了依靠用户画像来指导产品设计、营销互动。而美的离用户过于遥远，客户和用户错位严重。它的主要销售对象看似是消费者，事实上是经销商。美的其实是一家B2B公司。美的线上渠道兴起也无法掌握准确的用户画像，美的不知道是谁买了产品，不知道他为什么买，也不知道他后续使用产品的情况。因为美的的线上渠道主要依靠天猫、京东等平台，它只能看到来自天猫或京东的一个个ID。离用户遥远的美的完全没意识到消费者已经发生了根本性的变化。2015年前后，购置家电产品的主力人群已经是80后，他们购买力强、品牌意识强，既要求产品具有高性价比，又期待它能满足自己的个性化诉求。美的无法满足他们的需求。这个尴尬的局面可以用方洪波在2015年反复强调的话来概括：在移动互联网时代，家电产业里那些传统的经验、方式和方法都已经失效。

最先对新一代用户诉求做出反应的是美的集团的洗衣机事业部，即小天鹅。原先的美的生产是备货式(make-to-stock，MTS)，即大规模生产标准品，目的是补充库存。事实上它是以品牌商为核心的以产定销。美的眼中的客户并不是消费者，而是代理商、零售商、经销商等，其销售动作的核心是向他们压货。美的销售网络内的渠道商们合计拥有大量仓库，储存的商品可以让美的至少大半年都不用再产。这个低效的现状意味着物理空间和现金流的占用，以及极大的减值风险。

价值链的这些环节要服从客户需求往更快、更灵敏、更加柔性的方向进行调整。美的虽然也追求C2M（用户直连制造商），但他们知道自己没有合适的抓手去触达消费者，所以他们把客户定义为终端的零售商。美的希望把自己的销售对象先从大经销商更替为小零售商。美的将备货式生产改为客户订单式生产，实现按需生产、以销定产。零售商要多少、要什么，美的就生产什么。库存则推行从2014年启动的“一盘货”模式。核心是“统仓统配”，所有的仓库、商品集中到安得物流，零售商有需求时也由安得物流统一配送。渠道商只需要卖产品、安装产品，服务好用户。这一模式称为“T+3”，即客户下单为起点日为“T”，“T+l”为物料准备期，“T+2”为成品制造期，“T+3”为物流发运期。T+3的核心业务逻辑是从以品牌商为核心改为以客户订单为核心。

如果说ERP等系统不支持T+3是因为核心逻辑不同，那么另一些系统不支持T+3则是因为美的的需求过于复杂。需求复杂的典型例子是柔性化的高级排程系统（advanced planning & scheduling system，APS）。APS系统一般针对大规模生产场景所设计，默认机床、注塑机、冲压机等设备拥有无限产能，规划层次一般只有主计划和作业两层。而美的的场景具有多品种、小批量、个性定制的特点，产能受到限制。同时美的习惯于在采购钢板、铜管、塑料粒子等原材料后，对其层层加工生产出空调，所以APS需要实时同步各类供应商的计划，其排程需求多达十几层。原来的APS系统无法应用。美的只好自研APS系统。巨额的投入引来了需要分摊IT成本的事业部和财务人员的抱怨。每个人都在问：“IT投入的效果到底在哪里。”但是，面对总规模达十几亿元的投入，方洪波有时会产生些许困惑。但过往数字化成效的体现，让方洪波始终相信IT投入至少会有长期价值。

美的自研的APS于2017年上线后，可以做到在客户下单的那一瞬间，供应商通过系统就知道自己该准备什么物料、排期是什么等等。当供应商发车后，美的可以通过安得物流系统追踪到车辆轨迹。当车辆驶入离工厂三公里范围内，系统自动帮它预约车位，到工厂后自动指引它去下一班生产线需要的地点卸货，卸完货直接离开。

2017年美的集团开发的美云销App上线，让旗下渠道商们也进入了数字化、智能化时代。他们在App内即可完成订货、进销存数据管理、政策兑现等支持保障，一切都一目了然，零售商不用再与上游经销商博弈价格和产品。对于美的集团而言，渠道库存也一目了然，可以据此制定出更恰当的销售策略，支持渠道商更好地销售产品和服务用户。在这一年，美的取消了二级经销商，可在美云销上直接针对零售商发货。

完成数字化2.0转型后的美的集团的经营效率再次得到了大幅提升。2017年美的全网电商平台的销售额突破了400亿元。2018年全年美的自有库存下降

36%，美的渠道库存下降32%，产品品质指标提升17%，综合效率提升15%，截至2019年第三季度的物流成本下降了8%左右。2017年美的集团实现营业总收入为2419.19亿元，同比增长51.35%；归母净利润为172.84亿元，同比增长17.7%。2018年美的集团实现营业收入为2618.2亿元，增速下滑但归母净利润为202.31亿元，仍然实现了17.05%的同比增长。

输出工业互联网

T+3模式和数字化2.0在美的集团范围内的陆续成功，意味着美的在硬件、软件、制造业技术诀窍（know-how）上的能力积累已达到了相当的水平。

美的觉得是时候将这些经验总结、沉淀为平台能力向外“溢出”了。2017年2月，美的集团建立了美云智数，作为对外输出数字化经验、向外部企业赋能的平台。

过去美的工厂体系的数字化侧重于用APS、MES、SRM等软件在人和设备之间实现互联互通，并进行数据挖掘，以及尽量推动机器人的落地使用，提高自动化水平，至于设备之间、物料之间的互联互通基本处于空白状态。这意味着，美的还没有真正进入物联网。

物联网能提供的数据量将远远超过互联网。它与4G/5G、人工智能等技术的结合，可以进一步提高信息的流动性和一致性，让企业在过程管控上变得更加透明，而且在智能化、自动化的应用场景上的潜力十分惊人。美的如果想继续提高效率，那就必须进军物联网。

美云智数的第一个客户就是美的集团。这个事业部一边在工厂里铺设各类传感器，一边布置可实时采集、监视和控制设备，并将数据实时传递给MES 等数据采集与监视控制系统（Supervisory control and data acquisition，SCADA)。

2018年美的终于将数字化2.0、SCADA系统、库卡机器人等成果融合成了M.IoT工业互联网平台。美云智数在2018年即实现了约3.5亿元的营收。员工数在几年内达到了1200人，2019年获得了20多个行业的150多家企业客户。

数据驱动经营

至此，美的在价值链的渠道、制造、供应链、内部运营等环节均已实现了数字化甚至智能化，但方洪波还是看到了数字化提升效率的空间，比如经营决策环节。

过去的美的还是太慢了。比如财务报表，就算IT人员、财务人员连续加班，方洪波看到反映最新经营情况的财务报表也需要十天半个月——距离决策落地还得再隔上一个月。

方洪波在2019年底提出了“全面数字化、全面智能化”的新战略，其中的“全面数字化”就是要打造名为移动端经营驾驶舱的系统。

驾驶舱基于内部数据和外部数据，可形成业务分解、预警、改善、复盘的闭环，在销售、财务、供应链、产品、零售、电商等领域的共计45项关键指标上能及时发现问题，然后向管理层发出预警和催办提醒。内销业务打造完成后继续在海外业务上搭建海外版移动经营驾驶舱，同样要实现实时在线、数据透明和风险预警。

在方洪波看来，价值链过去那些子环节的数字化如同珍珠散落在美的，驾驶舱就像一条线能把它们产生的数据串联在一起，让美的高管从依靠系统确认经营转向数据驱动做决策。而且要快，方洪波的目标是“每一刻、每一分、每一秒的过程”都在用数据驱动所有的经营环节。比如厂长看到产品滞销、库存高后，可以迅速停止生产线，分析问题所在。事业部总经理看到季度赢利能力下降后，可以立即分析数据，思考是产品线有问题还是事业部有问题，是国内市场有问题还是哪个海外市场出了状况。最后，方洪波坐在办公室里即可通过手机知晓美的天下事，他说：“手机一点开，每天所有的东西都展示在网上。比如说此刻天热，有人在安装美的空调，每装完一台，我这（驾驶舱）上面就反映出来。我知道所有的存货、生产现状。”

驾驶舱要串联的不只是旧系统。方洪波希望每一个业务流程、每一个环节都要做到软件化，“所有的产品和服务要变成数字化的产品和服务”。于是美的集团2019-2020年进行开发的软件就有1000多个。

但还是没有减轻方洪波对未来的焦虑。在智能手机掀起的消费电子智能化浪潮中，软件驱动硬件、内容也需要靠软件驱动的趋势清晰可见。硬件更多是作为软件的载体内容的通道。方洪波很担心美的将来仍会是一个纯粹的硬件公司，那将“步彩电后尘……如果美的今天做的产品都像彩电一样，哪里有未来”？

可美的的软件和内容能力平平，该公司过往的数字化成就着重体现为价值链中的to B环节，价值链to C环节的数字化效果很一般，尤其是作为用户抓手的App和产品智能化的普及度。经多次努力，美的离用户还是不够近。这也是方洪波为什么在2019年底提出的新战略中既有“全面数字化”，又强调“全面智能化”。

智能家居歧途

那时用户与美的的正面互动更多体现在复购率、投诉率上。但美的还是没有用户黏性。而智能家居则可以让冷冰冰的家电产品与用户互动起来，比如通过App来查看空调的耗电量、洗衣机的耗水量、设定扫地机器人扫地时间等。基于此，美的早早就打算进军智能家居领域。

2013年它开始积累智能产品的开发和销售经验，2014年提出了M-Smart智慧家居战略并建立了智慧家居研究院，2015年的双智战略再次强调了智能产品。还与阿里巴巴、京东、华为、小米、中国家用电器研究院、香港科技大学等多个机构展开了合作，一起打造智慧家居平台。

更深远的影响是，每个事业部只管建设自己的智能产品所对应的App。结果美的一度有36个官方App！在无人统筹的松散局面下，连研发工程师自己编写一个App也可以以研究院的名义发布出去。这会给用户带来灾难性的体验。可想而知，这些App的月活不会很高。一个恶性循环便开始了：产品思路不对，折腾用户→App月活低→美的还是不了解用户→没有用户思维，推出的产品还是不能贴合用户需求……不幸中的万幸是，在智能化产品市场，还没有哪一家企业占据绝对优势地位，尤其是空调、冰箱之类的大家电领域。这是方兴未艾的新兴市场，美的仍然有机会，但不能再犯错误，必须进行调整了。

全面智能化遇阻

2018年4月，美的成立了IoT公司，替代了智慧家居研究院。IoT公司的职责主要是与各事业部一起改善用户体验，提高产品的智能化水平。

与当年的“三个一”一样，IoT公司首先要做的也是标准化。他们花了将近一年时间整合各个App和产品的联网标准为一套模组，用同一个交互界面、颜色、图标大小和位置等。2019年3月，在标准化的基础上，美的正式推出了美的美居App作为面向用户的统一平台。

只有产品智能化了，用户才愿意下载App来使用其功能，所以提高美的美居App月活的最佳途径是提高产品的智能化水平。

尽管不知道到底能不能做成，会不会有相应产出，但方洪波仍然决定在数字化上保持10亿元级别的投入。在他眼里，一旦做成，这是可以改变美的企业性质的大事件。

在各事业部的支持下，2019年美的美居App的月活达到了400万，产品智能化也取得了一定突破。虽然比起每一年大约2亿台家电产品的出货量、大约5亿个非智能化家电产品家庭用户的累积量，截至2019年11月美的累计售卖出的7000万件智能家电业绩不值得一提，但已有很大的进展了。

2019年底、2020年初美的集团正式确立“全面数字化、全面智能化”战略后，方洪波2020年初在执委会再次强调了产品智能化的重要性。他强调：“既然提出全面智能化，那所有的产品都生产智能的。无条件，必须推。”

这时遇到了很现实的阻力。在一个家电产品上增加一个智能模组少则十几元，多则几十元。就是这十几元，让各事业部旗帜鲜明地表达了反对意见。

为了美的的数字化2.0、工业互联网等，方洪波已经做了相关的人事调整，架构调整也没停过。2015年开始建设的四大协同平台，在2018年已经更迭成了资金中心、安得物流、中央研究院、IoT公司。但这些调整并没有明显提升美的“全面数字化、全面智能化”的水平。方洪波预期中的“靠数据驱动的数字化企业，数字化的产品、服务、商业模式”也没做到。思前想后，他觉得原因或许出在战略主轴需要更新了。三大战略主轴没有强调用户和数字化，以至于大家没有充分意识到全面智能化、全面数字化的重要性。

四大战略主轴与智能化破局

在方洪波眼里，虽然美的2020年的营收、净利润逆势微增，但新冠肺炎疫情这面放大镜暴露了美的的问题，他们有可能错失下一个时代。他认为，新势力相信所有东西都可以改变，自己的固有思维也没有那么重要。美的要做新势力，接纳和拥抱新思维，不能成为旧势力的陪葬品，要真正地到用户中去。

每个行业都认为用户很重要，但绝大多都不直接面向用户，而是靠着层层叠叠的渠道商来掌握用户需求的变化。随着移动互联网、人工智能、大数据、云计算等技术的落地，直接掌握用户需求并随机应变的方式成为可能，也成为很多新锐公司的撒手锏。为此，方洪波认为美的需要先彻底地自我否定：过去的成功法则需要全面迭代，不仅要重构，而且要剧烈重构，包括行业格局、商业模式、产业结构、业务变革、行业规则、机制体制、产品形态、新业态催生、管理逻辑等各个层面，没有任何竞争优势是永恒的，而且优势越来越短暂。美的没有东西可守，要捍卫未来，而不是驻足过去。

2021年1月，在美的内部年度总结会上，方洪波正式宣布了美的的破局思路。已执行10年的“产品领先、效率驱动、全球运营”三个战略主轴升级为“科技领先、用户直达、数智驱动、全球突破”（图6-12）。

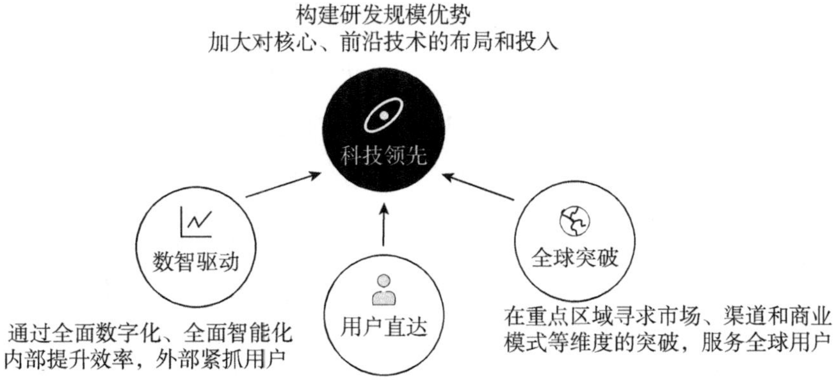

图6-12　美的新时代的四大战略主轴

新增的“用户直达”即反映了方洪波对于经营逻辑的思考，美的必须从B2B转向B2C，从以企业为中心转向以用户为中心。相比“效率驱动”，“数智驱动”“科技领先”更加强调数字科技的底层驱动力。“全球突破”则体现了浓厚的升级意味。美的国际总裁王建国说：“美的已经具备了全球经营的组织能力，希望在全球市场取得全线突破。”

在四大战略主轴的引导下，美的集团也重新调整了业务板块。过去的四大板块——消费电器、暖通空调、机器人与自动化系统、创新业务，被重组为智能家居事业群、机电事业群、暖通与楼宇事业部、机器人与自动化事业部和数字化创新业务五大业务板块。

美的集团将旗下所有面向C端的业务，比如空调、冰箱、洗衣机、厨房和热水、生活电器、微波和清洁以及IoT事业部全部置入了智能家居事业群。仅从命名就可以看出美的已将智能产品的突破列为自己面向C端消费者的最显著标签。事实上，美的还将品牌口号“原来生活可以更美的”改为了“智慧生活可以更美的”，并开始升级旗下门店“美的智慧家”。

组织架构的调整终于克服了产品智能化最艰难的障碍。美的的产品研发逻辑必须有智能化功能。2021年美的集团的全面智能化取得了显著的提升。2020年8月时美的的大家电产品中智能产品只有20%左右。2020年11月起美的陆续上市了众多搭载华为鸿蒙系统的产品，包括空调、冰箱、洗衣机、空气净化器、电饭煲等。到2021年8月，美的的大家电产品的智能化比例大幅提高，其中约80%的美的空调都是智能空调。在众多智能产品的带动下，美的美居App的注册用户数接近1亿，月活则在2021年中超过了1000万。与之相比，小米米家App 的月活增长放缓，仅仅接近5000万。美的美居的日活也超过了300万，其中超过100万用户使用了美的的云管家服务。该服务通过云端的算法帮助消费者更智能地使用家电，比如根据用户的睡眠曲线数据自动调整空调的运转时间和温度高低。以前美的做产品研发是工程师、策划在会议室里猜测用户喜好，然后进行样本量为几百的用户调研，再入户访谈，最后确定新产品。现在不同了，研发工程师得到的不是几百个用户的调研数据，而是海量的各种类型的用户声音汇总。而且美的的产品研发还实现了场景化驱动。从用户的家里开始研究，再研究它的场景，研究它的数据，再决定生产什产品，有什么功能，然后各个事业部再拿回去研发。

方洪波说：“在将来的某一天，随着美的企业价值链的高度数字化，所有的流程、工作方法、业务模式都高度数字化，加上智能产品的推动，美的可能就是一个互联网公司。”

参考文献

［1］赵永杰．家族企业转型探究——基于动态能力生成机理与路径［M］．北京：中国时代经济出版社，2017.

［2］伊万·兰兹伯格．家业永续——家族企业如何成功地完成代际传承 [M]．许玉林，付亚和，等译．北京：商务印书馆，2005.

［3］拉姆·查兰．引领转型：如何在大变革时代实现企业成功转型 [M]．杨懿梅，译．北京：机械工业出版社，2015.

［4］托马斯·西贝尔．认识数字化转型 [M]．毕崇毅，译．北京：机械工业出版社，2022.

［5］吴小节，谭晓霞，陈小梅，等．中国企业转型升级研究的知识结构与未来展望 [J]．研究与发展管理，2020，32（2）：167–178.

［6］吴家曦，李华燊．浙江省中小企业转型升级调查报告 [J]．管理世界，2009（8）：1–9.

［7］Poon T S C. Beyond the global production networks: a case of further upgrading of Taiwan's information technology industry[J]. Technology and Globalization, 2004, 1(1): 130–145.

［8］赵昌文，许召元．国际金融危机以来中国企业转型升级的调查研究 [J]．管理世界，2013（4）：8–15.

［9］余建平，孙冰锋，胡峰．价值链动态嵌入与本土企业转型升级：能力维度、路径及海信案例 [J]．福建论坛·人文社会科学版，2020（9）：97–107.

［10］郭丕斌，张爱琴．负责任创新、动态能力与企业绿色转型升级 [J]．科研管理，2021，42（7）：31–39.

［11］张晓辉，王洋，陈捷，等．民营企业转型升级路径研究 [J]．长春师范大学学报，2021，40（5）：45–49.

［12］刘锦英，徐海伟．企业转型升级路径研究：技术创新与价值创新耦合视角 [J]．科学管理研究，2022，40（2）：96–104.
［13］张亮．我国民营企业转型升级的政府作用研究——基于政府行为视角的实证分析 [J]．当代经济管理，2014（5）：14–19.
［14］曼努埃尔·亨斯曼斯，格里·约翰逊，叶恩华．战略转型：赢时思变 [M]．扈喜林，译．北京：机械工业出版社，2015.
［15］张建锋，肖利华，许诗军．数智化：数字政府、数字经济与数字社会大融合 [M]．北京：电子工业出版社，2022.
［16］拉兹·海飞门，习移山，张晓泉．数字跃迁：数字化变革的战略与战术 [M]. 北京：机械工业出版社，2021.
［17］陈雪频．一本书读懂数字化转型 [M]．北京：机械工业出版社，2021.
［18］新华三大学．数字化转型之路 [M]．北京：机械工业出版社，2020.
［19］李新春，张书军．家族企业：组织、行为与中国经济 [M]．上海：上海三联书店，上海人民出版社，2005.
［20］罗伟．经济新常态下中小型民营企业转型升级浅谈 [J]．广东经济，2016（12）：80–82.
［21］毛蕴诗，张伟涛，魏姝羽．企业转型升级：中国管理研究的前沿领域——基于 SSCI 和 CSSCI（2002—2013 年）的文献研究［J］．学术研究，2015（1）：72–82.
［22］莱斯利·W．鲁，劳埃德·L．拜厄斯．管理学：技能与应用：第 11 版．刘松柏，译．北京：北京大学出版社，2006.
［23］汤姆·彼得斯．乱中取胜 [M]．朱葆琛，等译．海口：海南出版社，2000.
［24］L．克拉克．改革 [M]．张建，张兰青，译．北京：中信出版社，PRENTICE HALL 出版公司，1999.
［25］Schmitz H. Transitions and Trajectories in the Build-up of Innovation Capabilities: Insights from the Global Value Chain Approach［J］. Asian

Journal of Technology Innovation，2007，15(2) : 151–160.
[26] 程虹，刘三江，罗连发．中国企业转型升级的基本状况与路径选择——基于 570 家企业 4794 名员工入企调查数据的分析 [J]．管理世界，2016，（2）：57–70.
[27] 甄珍，王凤彬．全球价值链嵌入企业转型升级研究述评 [J]．管理评论，2020, 32(8):254–268.
[28] 汪碧刚．新常态下民营企业转型升级的战略与路径 [J]．财经问题研究，2016（12）：99–103.
[29] 陆奇岸．中小企业成长机理与模式研究 [M]．南宁：广西人民出版社，2006.
[30] C. W. L. 希尔，G.R. 琼斯. 战略管理 [M]. 孙忠，译. 北京：中国市场出版社，2005.
[31] 迈克尔·波特．竞争优势 [M]．陈小悦，译. 北京：华夏出版社，1997.
[32] 陆奇岸．战略管理——基业长青之道：第二版 [M]．桂林：广西师范大学出版社，2019.
[33] 赵金航，孙善勇．略论企业战略转型——基于价值链重构的思想 [J]．兰州学刊，2006(6):127–129.
[34] 拉里·博西迪，拉姆·查兰，查尔斯·伯克．开启转型 [M]．杨懿梅，译．北京：机械工业出版社，2015.
[35] 剧锦文．中国民企 40 年：转型升级与高质量发展 [J]．中国经济报告，2019（2）：86–94.
[36] 剧锦文. 中国民营企业转型与升级：演化历程与路径选择 [J]. 江海学刊，2013（3）：92–98.
[37] 刘迎秋．中国民营企业发展新论 [M]．北京：社会科学文献出版社，2012.
[38] 罗仲伟，陆可晶．转危为机：运用数字技术加速中小企业群体性转型升级 [J]．价格理论与实践，2020（6）：10–17.

[39] 李秀娟，张燕．当传承遇到转型——中国家族企业发展路径图 [M]．北京：北京大学出版社，2017.

[40] 蒋兴明．产业转型升级内涵路径研究 [J]．经济问题探索，2014（12）：43–49.

[41] 郑季良，陈白雪．制造企业转型升级的条件组态路径对比研究——企业资源视角 [J]．科技进步与对策，2020，37（6）：1–10.

[42] 曾繁华，何启祥，冯儒，等．创新驱动制造业转型升级机理及演化路径研究——基于全球价值链治理视角 [J]．科技进步与对策，2015，32（24）：45–49.

[43] 金京，戴翔，张二震．全球要素分工背景下的中国产业转型升级 [J]．中国工业经济，2013（11）：57–69.

[44] UNIDO. Industry Development Report 2002/2003: Competing through Innovation and Learning[R]. Beijing: China Textile Publishing House, 2002.

[45] Gereffi G, Humphrey J, Sturgeon T. The Governance of Global Value Chains[J]. Review of International Political Economy, 2005, 12(1): 78-104.

[46] 刘志彪，张杰．全球代工体系下发展中国家俘获型网络的形成、突破与对策——基于 GVC 与 NVC 的比较视角 [J]．中国工业经济，2007，（5）：39–47.

[47] Aggarwal S. Smile Curve and Its Linkages with Global Value Chains[J]. Journal of Economics Bibliography，2017, 4(3) : 278–286.

[48] Humphrey J, Schmitz H. Inter-Firm Relationships in Global Value Chains: Trends in Chain Governance and Their Policy Implications[J]. International Journal of Technological Learning Innovation & Development, 2010b, 1(3): 258–282.

[49] 汪建成，毛蕴诗，邱楠．由 OEM 到 ODM 再到 OBM 的自主创新与国际化路径——格兰仕技术能力构建与企业升级案例研究 [J]．管理世界，2008，（6）：148–155.

[50] 杨桂菊，程兆谦，侯丽敏，等. 代工企业转型升级的多元路径研究 [J]. 管理科学，2017，30（4）: 124–138.

[51] Humphrey J, Schmitz H. Governance in Global Value Chains[J]. Ids Bulletin, 2010, 32(3): 19–29.

[52] Gereffi G, Humphrey J, Sturgeon T. The Governance of Global Value Chains[J]. Review of International Political Economy, 2005, 12(1): 78–104.

[53] Gereffi G. International Trade and Industrial Upgrading in the Apparel Commodity Chain[J]. Journal of International Economics, 1999, 48(1): 37–70.

[54] 陈明森，陈爱贞，张文刚. 升级预期、决策偏好与产业垂直升级——基于我国制造业上市公司实证分析 [J]. 中国工业经济，2012（2）: 26–36.

[55] Achabou M, Dekhili S, Hamdoun M. Environmental Upgrading of Developing Country Firms in Global Value Chains[J]. Business Strategy and The Environment, 2017, 26(2): 224–238.

[56] Choung J Y, Wang H R. Institutional Capabilities and Technology Upgrading: The Case of the Nuclear Industry in Korea[J]. Technological Forecasting & Social Change, 2019, 145(1) : 284–294.

[57] 杨桂菊，刘善海. 从 OEM 到 OBM : 战略创业视角的代工企业转型升级——基于比亚迪的探索性案例研究 [J]. 科学学研究，2013，31（2）: 240–249.

[58] 顾慧君，杨忠. 外部资源与企业转型 : 以高管团队异质性为调节变量的实证研究［J］. 东南大学学报（哲学社会科学版），2012，14（4）: 36–39.

[59] 杨桂菊. 代工企业转型升级: 演进路径的理论模型——基于 3 家本土企业的案例研究 [J]. 管理世界，2010（6）: 132–142.

[60] 周正柱. 民营企业转型升级路径——基于上海市奉贤区企业多案例研究 [J]. 首都经济贸易大学学报（双月刊），2017（6）: 79–85.

[61] 李景海，林仲豪. “互联网 +”、创新驱动发展与广东民营经济转型升级路径研究 [J]. 江淮论坛，2016（2）：50–56.

[62] 李军，甘劲燕，杨学儒. “一带一路”倡议如何影响中国企业转型升级 [J]. 南方经济，2019（4）：1–22.

[63] 黄鸣鹏，户国栋，高照军. 新常态下互联产业推动传统企业转型升级的路径与机制 [J]. 管理现代化，2015（5）：21–23.

[64] 毕克新，王晓红，葛晶. 技术标准对我国中小企业技术创新的影响及对策研究 [J]. 管理世界，2007（12）：164–165.

[65] 周桂荣，魏亭亭. 中小企业转型升级多重路径研究——基于文献分析的角度 [J]. 经济界，2015（4）：67–74.

[66] 刘焕蕊. 新常态下中国企业转型升级的路径选择研究 [J]. 技术经济与管理研究，2016（11）：59–63.

[67] 秦静. 数字经济时代的企业转型升级路径研究 [J]. 财经界，2020，10（下）：22–23.

[68] 郑子辉. 生态圈化：中国大企业转型新路径 [M]. 北京：企业管理出版社，2019.

[69] 陆奇岸. 企业战略管理高级教程 [M]. 西安：西北工业大学出版社，2021.

[70] 危正龙，宋正权. 商业模式突围：中小企业的转型与重生 [M]. 北京：中国经济出版社，2014.

[71] 杨国安，李波，芮益芳. 变革的基因——如何创新战略、搭建团队、提升战略力（实践篇）[M]. 北京：中信出版集团，2017.

[72] 杨国安. 组织能力的杨三角：企业持续成功的秘诀：第 2 版 [M]. 北京：机械工业出版社，2019.

[73] 琳达 · J. 霍尔比契. 敏捷组织：如何建立一个创新、可持续、柔性的组织（第 2 版）[M]. 刘善仕，眭灵慧，等译. 北京：机械工业出版社，2020.

[74] 比尔·帕斯莫尔. 变革领导力：动荡年代如何引领复杂、持续的变革 [M]. 沈小滨，郑园，潘平，译. 北京：电子工业出版社，2016.
[75] 杨国安. 数智革新：中国企业的转型升级 [M]. 北京：中信出版集团，2021.